博雅煮酒论史系列丛书

迷局

不忍细读的历史真相

上官尚云◎编著

中国華僑出版社
·北京·

图书在版编目（CIP）数据

迷局：不忍细读的历史真相/上官尚云编著. —北京：中国华侨出版社，2011.7（2024.10 重印）
ISBN 978-7-5113-1294-5

Ⅰ.①迷… Ⅱ.①上… Ⅲ.①中国历史—通俗读物
Ⅳ.①K209

中国版本图书馆 CIP 数据核字（2011）第 124977 号

迷局：不忍细读的历史真相

编　　著：上官尚云
责任编辑：刘晓燕
责任校对：雷一平
装帧设计：胡椒设计
经　　销：全国新华书店
开　　本：710mm×1000mm　1/16 开　印张：16　字数：200 千字
印　　刷：三河市华润印刷有限公司
版　　次：2011 年 7 月第 1 版
印　　次：2024 年 10 月第 3 次印刷
书　　号：ISBN 978-7-5113-1294-5
定　　价：48.00 元

中国华侨出版社　北京市朝阳区西坝河东里 77 号楼底商 5 号　邮编：100028
发行部：（010）64443051　　传　真：（010）64439708
网　址：www.oveaschin.com　　E-mail：oveaschin@sina.com

序　　言

中国古代讲求“为圣人隐，为尊者讳”，也就是对那些有身份地位的人（尤其是最高统治者）的丰功伟绩可以大讲特讲，而他们干过的不太体面的事或者坏事则不能提不能讲，否则就犯了大忌。谁敢冒天下之大不韪，就有性命之虞。于是，为了隐圣人，讳尊者，人们对历史的记录不再那么客观，历史一直被后人用曲笔书写，一些史实也在人为的加减中若隐若现。

于是，我们看到，有些史实被模糊地表达，有些被晦涩地撰写，有些被刻意地回避，有些被边缘化地选择，有些真相被选择性地遗忘，有些被驱逐到历史深处，还有一些已经被蓄意篡改，面目全非……也就是说，历史在成为历史后，已经失去了其自主性，只能任由后来的人随意打扮，改造成符合人们利益和上位者政治统治需要的模样。于是，我们看到的是经过改造和加工过了的历史，是“再生史”而非“原生史”，是“生成史”而非“自生史”，是历史的“副本”或“复印件”，历史的真迹或“原件”已经无迹可循。

应该承认，历史中总有一些看似言之凿凿的定论可能还有值得商榷之处，也总有一些貌似板上钉钉的史实也许并不一定就是那么回事。那些我们看到的，并不是它们本身应该呈现的面貌；那些我们听到的，并不是历史本来发出的声音；那些我们所认为的，并不是历史本体可以告诉我们的。有些历史真相看起来无可置疑，可在它们的背后，却隐藏着另一层真相，玄机重重，迷雾层层。当我们试图从历史中发现前人经验，为未来提供借鉴时，却发现历史并非全部都是真相，而是被增删加减过的。

一些微小事情的波光水影，掀起来就是滔天巨浪；一潭看上去动静全无的死水，只要稍加搅动，立马牵一发而动全身。让我们一起去重温那些惊心动魄的画面，触摸那一张张鲜活生动的面庞，聆听那一曲曲壮丽无比的历史叹歌。这其中，有些是智慧，我们可以学习；有些是教训，我们可以记取；有些是阴谋，虽为我们所不齿，但让我们警醒。过去的历史，我们可以静默去面对，尽情去浩叹，唯独不能去假设，正如人生不能再重来一样。

在风雨无情的荡涤中，这些历史被岁月的荒烟蔓草层层掩盖，中华五千多年的历史显得如此扑朔迷离，也就更让人有了一睹为快的想法——历史到底有怎样的内幕？那些绝密档案里到底有什么样的机密？重重迷雾掩盖下的到底是什么？历史的深处到底有怎样的细节？历史的瞬间又发生着怎样惊心动魄的故事？那些如戏的历史真相到底是什么？隔世听风雨，抚卷品清茗。当所有的繁华都成为过往，所有的辉煌都已黯淡，静心去品读那些被岁月掩埋、被人为改写的历史真相，探索被疑云笼罩的谜案，揭穿骇人听闻的政治阴谋，洞悉历史深处的人世变迁，还原惊心动魄的真实瞬间……

本书撷取了中国历史中几十个历史故事，内容涉及帝王身世、战争悬案、宫廷政变、历史谜案等，故事生动耐读，内容选材丰富，深入解读历史，力争给读者提供有关历史事件最权威、最丰富、最真实和最生动的信息，用现代眼光揭开历史真相，还历史一个清白。

目　　录

一、刨根究底——揭露历史内幕 / 001

历史上发生过许多重大的历史事件，其间有些有着鲜为人知的内幕——有的让人触目惊心，有的令人毛骨悚然，但在正史中它们却被轻描淡写。揭开那些内幕，我们会发现活生生的历史。揭露历史内幕，就是要让那些不为人知的重大史实曝光于天下。

二、抽丝剥茧——开启绝密档案 / 043

中国历史卷帙浩繁，光是那些明面上的历史就足够人们好好琢磨了。而有一些历史档案，它们尘封已久——或是蒙上了一层厚厚的灰尘，或是被人为地束之高阁，或是刻意地掩藏在表面光鲜的文件背后。打开一封封绝密档案，让我们重读那些难得一见的绝密往事。

三、拨云见日——拨开重重迷雾 / 081

历史迷雾重重，令人难辨真伪。我们看到的并非我们看到的，我们听到的也并非我们听到的，一切都似是而非，许多看似不可能的就那样实实在在地发生了，有的深藏玄机，有的机关重重。让我们睁开慧眼，拨云见日，一睹重重迷雾下的历史原貌。

四、真相大白——还原真实瞬间 / 127

我们现在读到的历史，是经过人为加工过了的副本，已经沉积在记载中，已经凝固成文字，成为静止的固体。但根据一些史实，我们还是可以还原最初发生时最为真实的瞬间，感受历史最为本真的魅力。

历史的最深处，有一些不轻易为人所知的细节，它们盘根错节，水静流深，隐藏着历史事件发生最为详细的底色和最为真实的意蕴。让我们将目光投向更为深沉辽远的地方，细细探究历史的细节，将会惊奇地发现：事实竟然是这样的。

我们是一个喜欢研究故纸堆的民族，当现实中不能突破现状改善自身时，就只能在历史中寻求缓解，于是就有了历史的戏说。历史原是一出出戏，人们都在舞台上尽兴尽情地表演，唯独忘了自己应该是谁。历史可以戏说，但真相不容隐瞒。

一、刨根究底——揭露历史内幕

历史上发生过许多重大的历史事件，其间有些有着鲜为人知的内幕——有的让人触目惊心，有的令人毛骨悚然，但在正史中它们却被轻描淡写。揭开那些内幕，我们会发现活生生的历史。揭露历史内幕，就是要让那些不为人知的重大史实曝光于天下。

巫蛊之祸：汉武帝重用小人必杀太子

公元前92年，已经60多岁的汉武帝做了一个梦，他梦见一个高个子男子举着一柄长剑，慢慢地走到他面前，然后举起剑来，正要砍下去……他大呼一声，醒了，朦胧中发现一个男子从门口逃了出去。

汉武帝立即派人去追带剑男子。两个侍卫队长领着侍卫搜了大半天，鬼影也没找到。但这位老人不相信自己是在做梦，命人把侍卫们斩首，又下令先搜皇宫，接着是后苑，最后连京城老百姓家里都被他的士兵搜了个遍。结果是：没有他想要找的那个人。

汉武帝渐渐相信那的确不是一个人，很可能是鬼怪妖魔。武帝时期，因为他的提倡，神仙术盛行，“巫蛊”术伴随而来。所谓“巫蛊”，就是将桐木雕刻成木偶作为自己的仇人的象征挖个坑埋了，大意是我祝你早日入土。然后，每天都要对着所埋木偶之地念念有词。这些“词”大都是中国本土道教的一些顺口溜。

汉武帝决定向鬼怪妖魔开战，他把这个任务交给了宠臣江充。江充是赵国邯郸人，当初，他的妹妹嫁给了赵太子刘丹，他也因此而成了太子府的常客。不过，刘丹对此人的所作所为颇不满意，有一天，就把他赶出了太子府。此人一气之下，也不管妹妹日后的幸福了，跑到了长安告发刘丹在地方上违反法纪。武帝大怒，把刘丹捉进牢里，不久，刘丹死了，而江充却升官了。到了公元前92年时，他已经是西汉最大的特务机构的头子（直指绣衣使者）了。

江充在接到任务后，一时之间还找不到突破口，但有人报告，监牢里有线索。所谓线索，就是一个叫朱安世的强盗爆料，内容是，公孙敬声用巫术害皇上。

公孙敬声官居太仆，其父公孙贺之妻就是汉武帝的皇后卫子夫的姐姐。公元前103年，公孙贺被升为丞相。父子两人都居高位，自然骄横无比。有一次公孙敬声居然动用军饷多达两千万。案发后，公孙贺为了救儿子，请求抓捕震动京城的强盗朱安世以赎子之罪。汉武帝允许，公孙敬声也的确有能耐，通过各种各样的手段，终于捉到了朱安世，但在被扔进大牢时，这个强盗对公孙敬声道："公孙家从此可矣。"

公孙敬声当时还没有明白过来，朱安世平时口口声声说自己光明磊落，无论如何他都想不到这个人是个污蔑者，更是一个靠污蔑来达到目的的人。

江充在监狱里听了朱安世的报告之后，多年的"同行"经验使他感觉朱安世在撒谎。但他不想拆穿他，而是把内容又重新润色了一遍，以达到逻辑清晰，有理有据。在润色完后，他把密信呈送给了汉武帝。内容是：公孙敬声与皇后卫子夫的女儿阳石公主私通；两个人之所以私通，是想在汉武帝经常经过的甘泉宫驰道埋偶人，诅咒皇上的言语恶毒之极。

汉武帝对江充是充分信任的，所以，立即对公孙贺父子展开了调查，两父子在江充的酷刑之下，不久就死于狱中，其整个家族都被处死。几个月后，卫皇后的女儿诸邑公主和阳石公主都因为巫蛊罪行被处死。

卫子夫着急了，因为汉武帝明显是在对自己的骨肉开刀，很可能下一步刀锋就要转向她本人了。就在此时，汉武帝又做了一个梦：梦见许多人拿着大棒，向他脑袋乱舞。他大惊，忽地从床上坐起，浑身冷汗，急忙把江充找来，问这又是怎么一回事。江充想了一想，就试探地说道："巫蛊?"

汉武帝愣了："公孙父子不是已经死了吗?"

江充道："恐怕还有别人。"

汉武帝思考良久，说道："去给我查!"

于是，江充先是在宫廷中四处挖，然后是京城百姓家，一旦挖到木头之类的貌似人形的东西就把该地的主人找出来，严刑逼供。由于江充的查案，不良之徒纷纷而来，他们要么是检举某人家里有木头之类的东西，要么是检举某人家里可能有木头之类的东西。江充对此绝不怀疑，只要有人告密，他都要去进行实地检验。这一年是公元前91年，京城内外因遭巫蛊之祸无端被杀的达数万人之多，人人自危，人心惶惶。

在查了几个月后，江充仍旧一无所获。他建议汉武帝去甘泉宫养病，因为有人说，皇宫之中才是犯罪现场。之所以让汉武帝走，一来，许多人想要说情无处说，二来，不必担心影响武帝的休息。

汉武帝果然听话，在他走后，江充就派人到始终对他抱有偏见的太子刘据的东宫中挖掘。刘据非常不喜欢特务江充，在他看来，这个人除了拍父皇的马屁，就是喜欢告密，是一个不折不扣的奸诈小人。江充自然也感受到太子对他的敌意，想到武帝百年之后，太子登基，自己怎会有好果子吃?

所以，他趁着这次大查探之际，想把太子拖下水。他来到东宫，对太子说，有人密告，您这里有不可告人的东西。我奉皇帝命，特来查探。

刘据只能让他查，让人感到惊讶的是，在挖了几天后，江充真的就挖出了如下东西：桐木人无数个、帛书一卷，上面写了谁也看不明白的咒语。但江充一下就看明白了，得出结论：是诅咒皇上早死的咒语。

他挖到这些东西后，就跟太子说："你看，巫术那一套东西你这儿都有了，我要去甘泉宫报告皇上。"

太子刘据浑身冒汗，他不知道是谁有这么大的能耐可以未卜先知，在自己的地盘，连自己都不知道的东西，居然有人会知道。

江充满意地走后，太子刘据的一位家臣对他说道："这显然是诬陷，太子可还记得公孙贺父子事件？"

太子道："当然，就是有人告密，所以才被江充那厮给扳倒的。"

家臣还有更深层的看法："公孙丞相一死，您的两位妹妹也被处死。这是您家族的不幸。他们之所以死，是因为挖出了证据。而现在太子您的情况也是如此。皇上年迈，为江充所欺却不知。一旦江充把事情报告给皇上，太子您的厄运就来了。"

刘据听后，觉得很有道理，问他该怎么办。家臣胆大，索性道："可以冒用朝廷的符节收捕江充及其党羽，然后马上处死，再向皇上解释。"

刘据连连摇头，因为擅自冒用朝廷的符节是谋反，但他的家臣却道："现在皇上说是在甘泉宫养病，但生死谁知道？而江充却以皇上的名义如此作恶，太子殿下难道忘了当初秦时太子扶苏被诬杀的事情吗？"

刘据思考良久，又去请示了自己的母亲卫皇后，最终，决定谋反。公元前 91 年七月初九，刘据先派自己的门客充当使者收捕江充等人。当门客当众宣布圣旨时，江充的同伙韩说跳了起来，说圣旨是假的。门客当场就将其杀死，其他人只好乖乖就范。但还是有个人趁乱跑了出去，快马加鞭奔至甘泉宫。江充不服，刘据并不想让他服，让人杀掉了他。同时他又调出武库的武器，调动长乐宫卫队，发布告说江充造反已被诛杀。

武帝在甘泉宫得知此事后，立即下诏令当时的丞相刘屈氂调动军队捉拿刘据。又下诏，令京城诸县的将士都归丞相调遣，并把自己印有玉玺的诏书让人交给刘屈氂，上面写道：“捕斩反者，自有赏罚！当用牛车为橹，毋接短兵，多杀伤士众！坚闭城门，毋令反者得出，至要至嘱。”

刘屈氂果然忠心，带领军队就与太子刘据的东宫士兵在长安城的大街小巷里开战。经过四天的血战，太子一方死伤惨重，无辜的百姓也死伤不少。刘据急忙逃出长安城。汉武帝回到长安城后，下令对太子余党进行大清洗。长安城一时间成了地狱。对于儿子刘据，汉武帝更是痛下杀手，下令不论死活，只要捉住自己儿子的，就有封赏。

当时，谁都不敢为太子说话，只有一个叫令狐茂的壮着胆子给汉武帝上书：“臣闻父者如天，母者犹地，而儿子好比是天地之间的万物。所以天平地安，万物才茂盛。父慈母爱，儿子才会孝顺。而今皇太子为汉家社稷的正式继承人，将承受万世的基业，担负祖宗们的重托，而且他又是皇上的嫡长子。江充只不过是一介布衣，穷乡僻壤出来的无赖，陛下使他显贵，给他高官大权，而他竟迫害太子，栽赃陷害。而且这些邪佞之人把事情搞得一团糟，太子进则不能见到皇上，退则被那些乱臣贼子围攻，他蒙受了冤屈却无法奏告，所以郁积愤怒之情到了无法控制的地步，这才杀了江充。他心怀恐惧，所以子盗父兵，用以救难自保罢了。臣窃以为太子并无谋反之心。《诗经》上有一首《小雅·青蝇》是这样写的：绿头苍蝇真正讨厌，把它赶出篱笆外面。和善明理的正派人，绝不听信挑拨离间。从前江充陷害赵国太子刘丹，天下人有目共睹。现在江充又进谗言挑拨皇上和太子的关系，激怒皇上。皇上偶尔疏忽，过度责备太子刘据以致派大兵围攻，由三公亲自指挥作战。智者不敢言，辩者不敢说，臣感到无限痛惜。愿陛下放宽心怀，慰平怒气。对亲人不要过于苛求，不必担心太子的错误，应迅速解除这么多守兵，别让太子在外面长时间地流亡，以致再误入奸人的诡计。臣一片忠心，谨在建章宫阙外待罪，昧死上闻。”

汉武帝却并不为所动，“追捕太子，无论死活，捕获者封侯”的命令依旧不变。

太子刘据最后还是死了，他从长安城中跑出来后，跑进了一个穷乡僻壤泉鸠里，跟着他逃跑的是他的两个儿子。三人在一穷苦人家住了下来，但很快，他就觉得生活清苦，所以就去投奔了一个朋友。他给这个朋友写了封信，朋友很欢迎他。但是，这封信却被一些人看到了，他们觉得太子三人不像是善类，就跑到地方官那里报告。结果，新安县令李寿迅速带兵赶往泉鸠里，把小小的几间民房围得水泄不通。

刘据一看逃生无望，就返回到里间，关上房门，上吊自杀。房屋的主人冲了出去，挥舞着擀面杖似的武器想要杀开一条血路，被乱刀砍死在地。太子刘据的两个儿子见父亲关上内房房门不出来，还以为他要逃跑，为了保护父亲逃跑，他们也冲了出去与官兵搏斗，被乱刀砍死。

李寿冲进房子，发现的确是当今太子，已经死掉了。他立即高兴地派人去京城里上表奏功。汉武帝得知儿子死了，虽然有点儿伤心，但说话算话，还是封李寿为邗侯。李寿以为这下可以过上幸福的生活了，想不到老百姓在这个时候站了出来，背后骂他，诅咒他生孩子没屁眼。李寿被封了侯，倒真成了被人耍的猴了。

此后，武帝依旧对太子的亲属与同党进行屠杀，这就是中国历史上的“巫蛊案”，此案持续数年，长安城里几乎到了血流成河的境地。

这场因为“巫蛊”而杀死太子刘据的血案，不仅是汉朝历史上的一个大血污，更是中国历史上的一个大污垢。

玄武门惊变：兄弟内阋的真相

公元617年，李渊在李世民支持下在太原起兵反隋并很快占领长安。公元618年，隋炀帝被弑之后，李渊建立唐朝，并立长子李建成为太子。《大唐创业起居注》中说，太原造反是李渊本人的主意。但是《唐书》中却说太原造反是李世民的谋略，李渊曾答应他事成之后立他为太子。天下平定后，李世民功名日盛，李渊却犹豫不决。李建成随即联合李元吉，排挤李世民。李渊的优柔寡断，也使朝中政令相互冲突，加速了诸子的兵戎相见。

公元626年，突厥侵犯中原，李建成向李渊建议，让李元吉出征迎战。李渊同意了，李元吉却提出要调李世民手下的大将尉迟恭、秦琼等一起出征，还要求把秦王府的兵马都划归他管。并有消息说，他把这些人马调去后将全部活埋，进而除掉李世民。性命攸关之际，尉迟恭等人不干了，他激愤地表示："我不能留在大王这儿，陪着挨杀！"长孙无忌等人也认为，他们不仁，我们也可不义，应该先下手把他们除掉。在将士们的强烈要求下，李世民终于听从劝告，在危急时刻决定背水一战，先发制人，先下手为强，借李渊召见他们兄弟三人之际准备发动"玄武门之变"。

李世民向李渊告发了李建成和李元吉的阴谋，李渊决定次日询问二人。李建成获知阴谋败露，决定先入皇宫，逼李渊表态。在宫城北门玄武门执行禁卫总领常何本是太子亲信，却被李世民策反。

武德九年六月初四，清晨，一切看起来都跟平常一样。李建成和李元吉会合之后，从东边走进玄武门。让李建成比较放心的是，玄武门这个最重要的地点，守卫的将军是自己的人。但是，他做梦也没有想到，玄武门屯守的将军，对于发生在眼前的战斗，要么抱着观望态度，要么跟随了李世民，唯独没有人肯为太子拼命。其中，当天在玄武门当值的常何，正是李世民从太子阵营争取过来的军官，而在这一天，常何起到了关键作用。史书记载，李建成到达临湖殿的时候，发现情况异样，立刻拨马回撤，但是已经来不及了。李世民出现了，高声叫住李建成。在大战来临之际，显然李世民要从容得多。而李建成和李元吉此时发现情况不妙，李世民的伏兵出现了，他们全副武装，杀气腾腾。李元吉首先摘下弓箭，但是他太紧张了，虽然兄弟不容，势同水火，但是他们看来从没有预计过会有这样的场面。所以，李元吉的弓箭竟然再三不彀，就是拉不开弓搭不上箭。还是李世民沉着，一箭射出，箭头穿过李建成的喉咙，李建成当场毙命。这一箭，李建成猝不及防，直到死眼睛还死死盯着二弟李世民——自己的亲兄弟兼政治对手。这是玄武门事变的第一箭，是由李世民亲自发出的，这第一箭就定了乾坤，解决了最主要的对头。随着李世民的第一箭划破玄武门清晨浓重的空气，李世民的伏兵众箭齐发，李元吉中箭落马。李建成和李元吉虽然随从不多，但毕竟也有一小队，他们展开了还击。

双方的混战开始，李世民的马受了惊，跑到丛林里，被挂到树上。一时间人马受困，不能起身。他的心中有些乱了方寸，因为为了当皇帝是他亲手射死了自己的大哥，此刻竟然忘记了控制坐骑。当他终于反应过来的时候，马已经被树枝绊住，自己也被困住不能动弹。更没有想到的是，他受困的地点，正好距离李元吉很近。李元吉看到这个情况，立刻奔来，他取了李世民的弓箭，准备用弓弦勒死李世民。双方展开搏斗，千钧一发之际，尉迟敬德一边大喊，一边飞马赶到。李元吉一看敌我悬殊，转身逃跑。尉迟敬德当然不会放过他，立即从他的背后开弓射箭。这是玄武门事变的第二箭，也是非常重要的一箭。这一箭解决了李建成阵营的第二号人物。尉迟敬德一箭杀了李元吉之后，从容取下李元吉的人头。李世民和他的伏兵一起，迅速进入玄武门。不久，东宫和齐王府的卫兵也赶到玄武门，开始攻打玄武门。这时，李世民的秦王府是没有设防的，所以当东宫的薛万彻高喊要去攻打秦王府的时候，守卫在玄武门上的将士非常紧张，因为那里太容易受到攻击了。这时，又是尉迟敬德，及时地把李建成和李元吉的人头高高举起，让他们手下的士兵知道首领已死，继续作战没有意义。于是攻打玄武门的李建成、李元吉的军队开始溃散。这就是玄武门之变惊心动魄的场景。

唐高祖正在皇宫里等着三人去朝见，尉迟敬德却手拿长矛气喘吁吁地冲进宫来，说：“太子和齐王发动叛乱，秦王已经把他们杀了。秦王怕惊动陛下，特地派我来保驾。”高祖这才知道外面出了事，吓得不知道该怎么办才好。宰相萧瑀等说：“建成、元吉本来没有什么功劳，两人妒忌秦王，施用奸计。现在秦王既然已经把他们消灭，这是好事。陛下把国事交给秦王，就没事了。”到了这步田地，唐高祖要反对也没用了，只好听左右大臣的话，宣布建成、元吉罪状，命令各府将士一律归秦王指挥。

这是一场无法避免的事件。按封建的宗法制（古代维护贵族世袭统治的制度），李渊称帝后只能立长子李建成为太子，在建立唐王朝中屡立战功、有智有勇有才干的李世民只被封为秦王。李建成因此对李世民非常不放心，他与李元吉结成同党，拉拢李渊宠爱的妃子们，让她们在李渊面前说李世民的坏话，使李渊逐渐疏远了李世民。他们还不罢休，想进一步谋害李世民。一天，李建成请李世民去太子宫喝酒。谁知他在酒里下了毒，李世民喝了几口就腹痛呕吐。多亏陪席的李渊弟弟、淮安王李神通救护及时，李世民才保住了性命。李世民对此一再忍让，可李建成却步步紧逼，他和李元吉又想出了挖空秦王府的主意。

“玄武门事变”后过了两个月，唐高祖让位给秦王，自己做起了太上皇。李世民即位，就是唐太宗。李世民是在唐统一全国后通过“玄武门惊变”而夺取帝位的。近现代学者对玄武门之变从道德、对以后历史的影响或对玄武门的地理位置考据等角度出发进行论述，颇多腐儒之言，如王夫之说：“太宗亲执弓以射杀其兄，疾呼以加刃其弟，斯时也，穷凶极惨，而人心无毫发之存者也。”要知道当时形势危急，所有参与事件的人物皆命悬一线，内心的道德谴责与生死存亡比较起来是显得微不足道的。

李世民善于安抚人心，在“玄武门惊变”中，他不得已杀了李建成兄弟。当他登上帝位，就追封李建成为息王、李元吉为海陵郡王，并下诏以王子之礼将他俩改葬。落葬之日，李世民不仅允许两宫旧部去吊唁，他还亲自参加了葬礼。

烛影斧声：宋太祖驾崩的背景和背景音乐

中国古代社会自夏禹传位于子启，即开始了帝王子承父业、世代为君的先河。从此在数千年的历史长河中，“社稷永存，福绵子孙”成为历代封建帝王恪守的信条，很少发生既有子嗣而拱手将皇位传于他人的事件。但是宋朝开国之君宋太祖赵匡胤，自己有儿子，却将皇位传给了自己的弟弟赵光义。

宋开宝九年（公元976年），赵匡胤年方五十，正当年富力强的年龄。就在国家需要他大展宏图时，赵匡胤却病倒了。十月二十日晚上，卧床不久的宋朝开国皇帝宋太祖赵匡胤突然去世。赵匡胤有子嗣，按照前朝的皇位继承制度，皇帝之位传给儿子理所当然。可是赵光义却最终继承了皇位，巧合的是，赵匡胤驾崩的那天夜里，只有赵光义一个人在场。

在中国民间，曾流传着一个关于宋太祖死亡的故事：太祖背上生疽，痛苦万分。一天，赵光义进屋探视兄长，突见其背上竟有一女鬼，于是便操起斧头朝女鬼砍去，结果女鬼一闪，斧头重重落在太祖背上，使其当即死去。更有戏曲故事说，太祖喉咙长疮，无法呼吸，命赵光义戳破脓疮，而后者竟借机将太祖戳死，随后篡位夺权，逼死太子。在皇后的痛骂下，又被迫封年幼的赵德芳为八贤王，有上打昏君、下打朝臣之权。不过在正史中，却是另一番情形。

公元976年十月二十日，天气本来一直都很好。一整天，宋太祖的心情似乎都不错。不料到傍晚时分，天色突然大变，顿时乌云密布，紧接着就出现了罕见的恶劣天气，大雪与冰雹齐下。似乎是受到天气的影响，太祖的心情也变得很糟糕。为了打发这难挨的长夜，太祖命太监宣召皇弟、时任开封府尹的晋王赵光义入宫，说是要商议国家大事。

不一会儿，晋王赵光义匆匆赶来。太祖立即把他召到寝宫，命人摆下酒席，然后将侍从悉数屏退，兄弟二人就开始对饮起来。一直到深夜，二人的饮酒仍未结束。由于距离较远，那些站在寝宫门外的侍从，基本上听不清他们谈论的内容。到三更时分，侍从们忽然听到一阵吵闹之声，只见在屋内的烛影下，赵光义不时离席，好像是在躲避什么，继而又听到似有斧头戳地之声，接着太祖大声对赵光义说："好做！好做!"声音激动而凄惨。随后，太祖就解带就寝，鼻息如雷霆。当夜，赵光义也没有回去，而是就寝于宫内。

到五更时分，赵光义突然走出屋外，急切唤醒太祖手下的宦官与侍女们，宣称太祖皇帝已经驾崩，让他们赶快去请皇后皇子来。不大工夫，皇后皇子陆续赶到，他们进宫一看，宋太祖果然已经死去，顿时放声恸哭。紧接着，赵光义宣布令受遗诏，于太祖灵柩前即位，成为大宋王朝的新任皇帝。

以上场景就是古代众多历史文献中关于太祖猝死一事的大致记载，并基本上为后世所确认。通过这些记载，我们不难发现，整个事件的确充满了疑问和玄机。由于这一事件直接关系到大宋王朝皇统的承继，加上几乎所有的记载都是语气隐约，文辞闪烁，不由使人对那个"烛影斧声"的夜晚充满了猜测。

关于赵匡胤之死，官修的宋史均是语焉不详，原因可能是自宋太宗赵光义以后北宋皇帝均是由太宗一支人继承有关。直到南宋才在孝宗朝史官李焘所编录的国史《续资治通鉴长编》里简单地记录了一下，不过说法也是极为简单模糊，后人根本看不明白。野史倒有不少这方面的记载，然而记载说法不一，经不起推敲。赵光义即位，成了历史上一宗离奇的悬案。

在宋朝僧人文莹的《湘山野录》中曾经记载了关于宋太宗即位的“烛影斧声”的故事，其中提到了赵匡胤之死。说赵匡胤听信了一个术士的话，知道自己气数已尽，便召赵光义入宫安排后事。当时赵匡胤患病已久，他把宦官和宫女撤走，自己与赵光义对酌饮酒。喝完酒已经是深夜了，赵匡胤用玉斧刺雪，同时说：“好做！好做！”当夜赵光义留宿寝宫，第二天天刚刚亮，赵匡胤不明不白地死了。赵光义受遗诏，于灵前即位。这种说法是最传统的观点，但也是最受非议的观点。按照宋朝的宫廷礼仪，赵光义是不可以在宫里睡觉的，他却居然在宫里睡觉。太监、宫女不该离开皇帝，却居然都离开了。也许这是一场事先策划的血腥谋杀，“烛影斧声”只不过是宋太宗登位的一种粉饰。

《烬余录》对“烛影斧声”的故事又进行了深化，说赵光义对赵匡胤的妃子花蕊夫人垂涎已久，趁赵匡胤病中昏睡不醒时，半夜起身调戏花蕊夫人，但是惊醒了赵匡胤，并用玉斧砍他，但力不从心，砍到了地上。于是赵光义一不做二不休，杀了赵匡胤，逃回府中。这一记载好似赵光义杀死其兄是迫不得已的，事实上掩盖了他蓄谋已久的篡位野心。

《涑水纪闻》里记载：太祖去世时已是四鼓。宋皇后叫内侍王继恩把皇子德芳叫来。王继恩考虑到太祖早就打算传位于晋王光义，却找来了赵光义。进宫后，宋皇后问：“是德芳来了吗?”王继恩回答：“晋王来了。”宋皇后惊诧莫名，后来突然醒悟，哭着对赵光义说：“官家，我母子的性命，都托付给你了。”这一记录也存在疑点。王继恩有何胆量，敢违背宋皇后的旨意，本该传赵德芳，却传来赵光义？倘若事败，不是杀身之祸吗？这种说法，只不过把篡位的罪过加在一个太监身上而已，同时掩盖了杀兄的罪行。

那么事情的真相到底是什么呢？史学家们透过这些当时的野史记录，大致认为太宗与太祖积怨深久，太宗篡位夺权的事情是属实的。

当时太祖在后周做武将，东征西战，功绩极大，受到了将士们的广泛拥护，所以太祖做皇帝，也是无可厚非的事情。只是在太祖“黄袍加身”的事件中，宋太宗与赵普是主谋，功劳确实很大。当太祖临终想把皇位传给自己的儿子时，野心很大的宋太宗一想到自己跟着太祖南征北战，对宋朝的建立立下了汗马功劳，心里便有一万个不愿意和不甘心。尽管传说杜太后临终有遗言命太祖先传位太宗，再传位弟廷美，子德昭，并立下“金匮之盟”，在正史中也记载着太祖说赵光义“龙行虎步，他日必为太平天子，福德非吾所及”。不管这些说法是真是假，史学家们分析当时的情况可能是太祖不愿从母愿立弟，但是没有果断立子，并且就在这种矛盾心理的支配下单独召见太宗赵光义，于是使得赵光义夺权称帝，也给后人留下了“烛影斧声”的疑案。

永保江山万代：朱元璋杀光文臣，杀完武将

众所周知，朱元璋为了巩固一姓之天下，为了永保江山万代，兴起了两次大规模的政治屠杀，也就是著名的胡蓝党狱，经过这两次集中杀戮之后，活跃在14世纪中国政坛长达30年的淮西政治集团土崩瓦解，不复存在。然而，这两次屠杀也只不过是朱元璋杀戮功臣庞大计划中的一个重要章节，并非全部。其实，如果细细读来，朱元璋早在洪武七年就开始有计划地清洗功臣了，只是因为那时候数量较少、手段比较隐蔽、方法比较柔和，所以，并不引人瞩目。

洪武十年之前，朱元璋前后一共杀害了两名功臣，如果把死因不明的刘伯温算上，则有三个。他们是淮安侯华云龙、德庆侯廖永忠，他们两个人的罪名都是违制。华云龙是因为“据元相脱脱第宅，僭用故元宫中物”得罪，《明史》上没有说明华云龙的死因，只是含糊地说他“未至京，道卒”，但是，也语焉不详地道出了一点细节——“召（华云龙）还，命何文辉往代”。何文辉是何许人也？只要看一下他在

《明史》的本传就知道了，这是一个和李文忠等人齐名的军事特务，是朱元璋的义子，长年负责代替朱元璋监管统军诸将的类似于后来的锦衣卫头子似的人物，以他这样的身份被派到北平显然是特别具有深意的。据考证，华云龙是被赐死的，死得也还算是体面，因为随后朱元璋让他的儿子华中接替了侯爵，功臣没有除爵，应该是洪武朝的“善终”。

德庆侯廖永忠是兄弟共同辅佐朱元璋，特别值得一提的是，廖永忠为朱元璋办了一件大事，那就是奉命凿沉小明王韩林儿的坐船，给朱元璋解除了后顾之忧。然而，朱元璋为了掩盖自己的真实意图，居然没有封给廖永忠上赏，当然，理由还是老一套，就是亲近儒生、窥测朕意等。当初鄱阳湖之战，廖永忠几乎杀身于鄱阳湖，朱元璋手书“功超群将，智迈雄师”赐给廖永忠，而后平蜀，以永忠军功最高，呼之为“傅一廖二”（意为傅友德第一、廖永忠第二）。洪武八年，廖永忠因“僭用龙凤诸不法事，赐死”。五年之后，儿子廖权才被允许袭爵，而廖永忠的孙子廖镛兄弟是方孝孺的弟子，后来奉命劝降方孝孺，不果被杀（理由居然是给方孝孺收尸）。

朱元璋本人出身寒微，深知民间疾苦，所以，比较痛恨官吏违法的事情。他执政期间处分贪污、挪用、空印、盗饷等罪行最重，不惜以骇人听闻的“剥皮实草”置之。因而，即使功臣如傅友德、周德兴等人以功乱法也是朱元璋不能容忍的。朱元璋自己的驸马因为乱法而被处死，因此，其他人更加不在话下。可是，唯独像所谓的僭越龙凤这一类的事情最为模糊，类似于莫须有，比如后来明成祖嫉恨耿炳文，就指使陈瑛以这样的罪名揭发耿炳文，以致耿炳文自杀，可见，这种罪名其实完全可以说是欲加之罪，和朱亮祖等人的罪过有本质的区别。不过，联系到华云龙被赐死，当年朱元璋颁发的《资世通训》中警告臣僚“勿欺、勿蔽”的话语时，也就不难理解廖永忠和华云龙的取死之道了。

刘伯温的死是比较离奇的，刘伯温和杨宪都是淮西集团的眼中钉，所以，刘伯温虽以大功，只封伯爵，而且，在洪武初年就辞仕还乡了。按照朱元璋和刘伯温的次子刘璟的对话，刘伯温是死在胡惟庸的手中。但是，洪武八年刘伯温死的时候，胡惟庸正是宠信正隆、如日中天，刘伯温入京的原因按照《明史》的说法是胡惟庸离间朱元璋造成的，《明史》作者同时比较晦涩地指出：“帝虽不罪基（刘伯温），然颇为所动，遂夺基禄。基惧入谢，乃留京，不敢归。”刘伯温活着的时候就被夺取爵位，处分显然相当严重。刘伯温辅佐朱元璋，屡出奇谋，朱元璋当然不能不考虑他的存在的合理性和非合理性的比例。而刘伯温能够接胡惟庸推荐的医生之药而不疑，自然是医生来得有背景。这点，刘伯温自己有过预见：“我欲为遗表，惟庸在，无益也。惟庸败后，上必思我，有所问，以是密奏之。”所以，刘伯温的后人见到朱元璋从来只提胡惟庸的毛病，一语不及朱元璋，联系到后来的徐达、李文忠的死因之蹊跷，得证刘伯温之死也应该不是胡惟庸这一层面的人物能够下手解决得了的。

朱元璋建立明朝之后，一直以元朝的弊政作为提醒自己的名言，他多次表态说：“元之大弊：人君不能躬览庶政，故大臣得以专权自恣。”（《明太祖实录》卷五九）从朱元璋称吴王时期，李善长、徐达就是中书省的右左丞相，但是，到了开国后的洪武四年，朱元璋让李善长致仕。徐达虽然还一直兼任着中书省的丞相，但是，他长年领兵在外，并不参与朝政。这时，朱元璋的亲信是汪广洋、杨宪这几个人，随后，杨宪被淮西集团构陷遭杀头，汪广洋成为朱元璋的实际办事的丞相，朱元璋把他比作张良一流的人物。此时，胡惟庸进入了宰执的行列。

胡惟庸是在朱元璋起兵后的第三年投靠朱元璋的，他是安徽定远人，是淮西集团的核心人物，李善长也是定远人。沐英也是定远人，当时有人写诗比喻淮西集团是：“马上短衣多楚客，城中高髻半淮人。”

胡惟庸在朱元璋手下混了12年也才做到县主簿，但是，后来由于李善长的援引，很快被提拔到了中书省参知政事，而后又代替汪广洋出任中书省左丞。杨宪死后，胡惟庸逐步得宠，朱元璋问策于刘伯温关于宰相的人选时已经把胡惟庸列在其中，这还是洪武三年之前的事情，可见，胡惟庸当时在朱元璋眼中的地位了。

但是，包括胡惟庸、李善长在内都不明白朱元璋的本意。朱元璋其实早就不想设置宰相了，他之所以让李善长罢相，贬逐汪广洋，并不是为了给胡惟庸腾出空间，而是给自己兼任宰相制造口实。这点只有聪明的汪广洋读懂了，所以，朱元璋让他回来做右丞相以钳制胡惟庸的时候，汪广洋只是喝酒，不问政务。联系到汪广洋之前的“屡献忠谋”，几乎很难令人理解，而实际上，汪广洋看透了朱元璋的本意，也正为此，朱元璋后来才下决心整死汪广洋。

胡惟庸之所以被提拔重用，并不完全是李善长的功劳。朱元璋在用人行政上从来都是不肯假手于人的，何况像宰相这样重要的位置。朱元璋虽然依靠淮西集团起家，但是，一旦大功告成，这个羽翼丰满的政治军事集团就成为朱元璋在背的芒刺，必欲除之而后快。李善长是淮西集团的文臣的头子，经年经营地盘，已经形成了独特的政治势力，所以，朱元璋虽然口头上说善长“功甚大，宜进封大国”，而暗中则指使汪广洋、陈宁弹劾李善长，败坏李善长的政治声誉。胡惟庸不过是朱元璋原来帐下的一个文书，朱元璋正是看中了胡惟庸并无党羽而且又是李善长阵营的力量，才决定把胡惟庸抬起来以制约李善长的。然而，他没有想到胡惟庸居然不能体会皇帝的本意不过是想把宰相变成高级秘书、帮办的宏伟战略意图，反而加紧和李善长搞好个人关系，这让朱元璋不能不紧张，不能不恼火，不能不重视了。史称胡惟庸“尝以曲谨当上意，宠遇日盛，独相数岁，生杀黜陟，或不奏径行。内外诸司上封事，必先取阅，害己者，辄匿不以闻。四方躁进之徒及功臣武夫失职者，争走其门，馈遗金帛、名马、玩好，不可胜数”。胡惟庸的所作所为和朱元璋骨子里的指导思想“至尊之位，操可致之权，赏罚予夺，得以自专”已经完全南辕北辙了，皇帝不杀他已经不行了，有点儿时不我待的感觉。

朱元璋的步骤很紧凑，先是杀了他一直觉得不对劲的汪广洋，然后让涂节上表告变，说是胡惟庸联络陈宁等人准备造反，就此杀掉了一大批功臣宿旧，包括依附胡惟庸的官员和六部官属。大小官员被处死者多至一万五千余人，而后在洪武十九年究治胡党，竟然编造出了胡惟庸通倭的证据，就此又杀了唐胜宗、陆仲亨、费聚、赵庸，最后连李善长也成了胡党最后的党徒。其中，吉安侯陆仲亨 17 岁开始追随朱元璋起义，朱元璋说他是“此我初起时腹心股肱也”，而后在所谓的谋反审讯过程中，朱元璋明明知道陆仲亨并不是什么真正意义上的大逆不道，仍然编造了一个借口说：“朕每怪其居贵位有忧色。”这简直就是莫须有的罪名了。平凉侯费聚连儿子费超的命都给朱元璋赔进去了，反过头来还要被朱元璋说是胡党，朱元璋说：“聚曩使姑苏不称旨，朕尝詈责，遂欲反耶!”陈年的老账都翻了出来，可见，费聚不死都不行。这点就是《明史》的作者都看不过眼去。

在胡惟庸死后，朱元璋毅然废除了丞相制度，暴露出他蓄谋已久的真实想法。

李善长的弟弟李存义虽然和胡惟庸有姻亲的关系，但是，并没有把李善长牵连进来，只是贬斥了李存义而已。但是，李善长不知是什么缘故居然没有谢恩，这让朱元璋老大地不快活，联系到洪武初年李善长的种种骄横的做法，朱元璋准备对李善长动手了。

对付李善长这样的功臣，自然不能像对付胡惟庸那样简单。偏偏李善长因为建造府邸的缘故向汤和借了三百人使用，让汤和给告发了，善长又给丁斌求情。这让朱元璋抓住了把柄，用严酷的刑讯逼供丁斌，得出了李存义奉了胡惟庸的口信请李善长加入谋反同盟的所谓证据，还有李善长不举报胡惟庸交通倭寇的旁证，总之，一个家奴居然把主人在密室内说的话都举报到了御前。

朱元璋这才从容地下命令说："善长元勋国戚，知逆谋不举，狐疑观望，心怀两端，大逆不道。"然而，还是不杀善长，直到有司说星变，需要杀大臣消灾，于是，李善长为了朱元璋做了最后一次贡献，全家70多口人同时被杀。李善长时年已经是77岁的人了，赐死给予全尸，算是朱元璋对这位开国辅运推诚守正文臣、特进光禄大夫、左柱国、太师、中书左丞相，封韩国公，岁禄四千石，子孙世袭，予铁券，免二死，子免一死的多次称之为"赛萧何"的最大功臣的酬劳。

李善长冤死之后，郎中王国用上表抗言，以朱元璋的暴烈的性格竟然也理屈词穷，无言以对。

胡惟庸一案标志着淮西集团文官势力的基本铲除殆尽。下面的目标就是武将势力了。

明初武将的首领是徐达、常遇春，洪武三年之后，将领经常统兵在外，剿灭北元势力的也就是徐达、李文忠、邓愈、汤和、冯胜等人。洪武十八年，徐达、李文忠死后，克靖沙场的基本就是冯胜、傅友德、蓝玉三人了。其中，蓝玉成为明太祖朱元璋晚年军事上的主要助手，朱元璋把他比作卫青，可见信任之专，宠遇之隆。然而，也就是因为这个开平王常遇春的内弟、淮西集团军事首领，在朱元璋临死前的几年中，竟然掀起了一起比之胡惟庸一案更大的政治谋杀案。

蓝玉本人，史称："饶勇略，有大将才。中山、开平既没，数总大军，多立功。"特别是在洪武二十一年，蓝玉大败元军于捕鱼儿海，"杀太尉蛮子等，降其众。元主与太子天保奴数十骑遁去。玉以精骑追之，不及。获其次子地保奴、妃、公主以下百余人。又追获吴王朵儿只、代王达里麻及平章以下官属三千人，男女七万七千余人，并宝玺、符敕金牌、金银印诸物，马驼牛羊十五万余。焚其甲仗蓄积无算"。这是明朝建国之后对北元取得具有决定意义的关键一战，至此，北元一蹶不振，不敢再与明朝正面相较于北方。洪武二十四年（公元1391

年），元降将月鲁帖木儿在建昌起兵反。蓝玉领兵平乱，擒月鲁帖木儿父子，送京师处斩，进封太子太傅。蓝玉早年追随沐英、傅友德、冯胜等人或定云南，或平蜀中，或征沙漠，军功显赫无比，朱元璋以大将军冯胜获罪在军中任蓝玉为大将军，恩比徐达、常遇春。但是，蓝玉本人是一个赳赳武夫，对待朱元璋的宠信显然估计不足，以为可以就此子孙万代了，所以，经常暴露出功臣素有的骄纵来，“黜陟将校，进止自专”，平北归来，就有人告发蓝玉逼奸元妃，又闯喜峰口，蓝玉以军功最大，封为太傅，本人居然说：难道我不配做太师吗？蓝玉的干儿子实在太多，这和元末起义军的传统有关，朱元璋的干儿子据说就有数十人之多，关键是蓝玉的这些义子平素狗仗人势，四处惹是生非，御史告发他们，蓝玉一怒之下把御史给赶跑了。朱元璋曾经在颁发给蓝玉的铁券中写进了蓝玉的不法之事，在于警告蓝玉安守人臣之分，但是，蓝玉并没有引起重视。洪武二十五年，太子朱标死，皇长孙朱允炆孱弱，朱元璋开始对功臣的存在倍感不爽起来，而这时候，一贯干犯法度的蓝玉成为首当其冲的靶子。

早在洪武十三年胡惟庸一案初起时，朱元璋就开始有计划地诛杀武将了，只是还没有大规模地铺开而已。洪武二十三年先后杀了陆仲亨、费聚等人之后，朱元璋的态度已经相当明显，特别是洪武二十五年八月，借故儿子不法杀害老朋友江夏侯周德兴一事在功臣中引起很大的波澜。在朱元璋的老乡和朋友中，幼年和朱元璋关系最好的就是周德兴和汤和，周德兴年长，朱元璋呼之为兄，洪武十四年五溪蛮乱，朱元璋不顾周德兴年高，仍然请周德兴出面，还给周德兴戴了一顶高帽子，说德兴是马援和赵充国。后来，福建有事，朱元璋又找到周德兴，说得更加恳切，“福建功未竟，卿虽老，尚勉为朕行”，结果，周德兴仍然不免被赐死的下场。即使是这样，蓝玉也没有感觉到朱元璋的屠刀正在逼近自己。当然，朱元璋并不会因为蓝玉的浑然不觉而放弃屠杀。相反，则加快了屠杀的步伐。

洪武二十六年，锦衣卫指挥使蒋瓛受命告发蓝玉在私第蓄养家奴披甲，将有变。又拘审元将纳哈出之子察罕，追讯蒙古降将与蓝玉来往事。朱元璋以谋反罪将蓝玉处以磔刑，牵连到十三侯、二伯，前后诛杀二万余人，军中为之一空。和胡惟庸一案同样编造了里通外寇的所谓证据，而编造的手法比之胡惟庸一案更差。在明末清初谷应泰所著的《明史纪事本末》中就公开怀疑蓝玉谋反的真实性，谷应泰指出蓝玉之死是由于朱元璋“遂疑尾大之图”属于“傅会难明之事”，最为朱元璋隐讳的《明史》作者也不相信蓝玉的谋反，仍把蓝玉归入本传系列，而没有像胡惟庸那样列入奸臣传中。

蓝玉死后不久，定远侯王弼就对傅友德说：“帝晚岁峻诛杀，我辈几无噍类矣。”结果，谈话被朱元璋侦知，王弼被赐死。王弼人称“双刀王”，骁勇善战、万夫莫当，连常遇春都对他礼敬有加，女儿嫁给朱元璋的儿子楚王，以亲家的身份犹不能免于一死。王弼死后，朱元璋索性一不做二不休，把最后的两员功勋赫赫的名将冯胜和傅友德也给杀了。傅友德其人能征惯战，为诸将之冠，曾经三易其主（刘福通、明玉珍、陈友谅），最后选择跟定朱元璋，史称傅友德“喑哑跳荡，身冒百死。自偏裨至大将，每战必先士卒。虽被创，战益力”，先后随从徐达、冯胜等人平定云南、四川，功勋卓著。儿子尚公主，女儿做了皇帝的孙子媳妇，阖门贵重，然而，傅友德做梦也没有想到蓝玉死后不久，他就被架到了肉案之上，成为朱元璋杀戮的对象。傅友德之死在明朝内部也被视作冤假错案，后来，在明孝宗的时候，身为亲王的晋王亲自给皇帝上书要求给傅友德平反，但是，没有获准，直到南明弘光时才给予平反，而这时明朝已经接近灭亡了。

冯胜和他的兄长冯国用一起跟随朱元璋起兵，是有名的宿将，“诏列勋臣望重者八人，胜居第三”，仅次于徐达、常遇春，后来因为在征讨北元的过程中获罪归第。朱元璋大杀功臣时，冯胜不自安，来南京见朱元璋，朱元璋安慰他，哪知道，转过头来竟然也将其赐死。明初开国六位公爵，徐达、常遇春（实际是他儿子常茂）、邓愈、冯胜、李文忠、李善长，如果徐达坐实被暗杀的话，那么，这六个人除了邓愈早死之外，可以说无一善终。而冯胜之死最为蹊跷，连《明史》那样维护朱元璋的都不得不说“太祖春秋高，多猜忌。胜功最多，数以细故失帝意”。这样看来，冯胜既不是陷于胡蓝党狱，也不是其他的骄横不法，实在是朱元璋找碴儿杀人罢了。所以，谈迁在谈及冯胜之死时不无惋惜地说：“去傅友德之死才两月，开边之猛将尽矣。”冯胜和傅友德一样直到南明时期才给予昭雪，其时已经几百年过去了。

此外，我们再来看看号称是“受命而出，成功而旋，不矜不伐，妇女无所爱，财宝无所取，中正无疵，昭明乎日月，大将军一人而已”的中山王徐达的下场。徐达是被朱元璋难得在称帝之后仍然呼之为兄的功臣。徐达本人一直非常谨慎，胡惟庸想和他攀附，徐达都避之唯恐不及，所以，朱元璋对他赏赐最厚，徐达有三个女儿，长女为朱棣的皇后，次代王妃，次安王妃。长子辉祖封魏国公、袭爵，幼子增寿因为给朱棣通风报信死于建文帝之手被追封定国公，一门二公，有明一代也就徐达一家。徐达死于洪武十八年，有一种一直以来流行的说法是徐达患病不能吃蒸物，朱元璋知道以后故意赐给徐达蒸鹅，结果，疽发身死。虽然这个说法不见之于正史，但是，历来的明史专家对此都不敢轻易否定。

李文忠是朱元璋顶顶亲信的人了，不仅是外甥还是义子，数总兵权、多领征伐，国初封为曹国公，死后追封郡王、配享太庙。李文忠其人“恂恂若儒者”，亲近读书人，曾经多次劝阻朱元璋“少诛戮，又谏帝征日本，及言宦者过盛，非天子不近刑人之义”，惹得朱元璋不高兴。洪武十六年，李文忠患病，朱元璋让淮安侯华中护理医药（华云龙的儿子），结果，才几个月的工夫李文忠就病死了。朱元璋大怒，“诸医并妻子皆斩”，淮安侯华中也被责罚，继而被杀掉。历史学家就指出朱元璋之杀华中是杀人灭口，《明史·李文忠传》中说“帝疑中毒之，贬中爵，放其家属于建昌卫”。试想一下，华中位在李文忠之下，年辈也在李文忠之下，从来没有恩怨纠缠，何以要毒死李文忠呢？这里面至少披露出一点，就是李文忠不是正常死亡，只不过没有交代杀害李文忠的凶手是华中还是朱元璋。但是，明眼人一看便知，所以，吴晗在著作中称李文忠死于朱元璋之手，并非虚妄。而侄子朱文正，《明史》没有明言他的死因，但是，从记载来看也非善终，所以，史家一般都取文正死于鞭刑，类同朱亮祖。

功臣中唯一得以保全首领的就是汤和，汤和为人直爽，但是并不愚笨。他自认功劳远在邓愈之上，但是酬庸却在邓愈之下，所以借着喝酒的时候，向朱元璋发牢骚，自谓“左顾则左，右顾则右”。后来发觉朱元璋不愿同功臣始终，所以，立刻敛容谢罪，态度一直非常恭顺。特别是徐达、李文忠死后，汤和自解兵权，再加上揭发李善长立功，所以，死后封为郡王，享受李文忠一样的待遇。不过，以汤和的谨守，如果不是在洪武二十八年这个关键的年份上死掉，恐怕也不见得一定能死于枕上。这点从汤和的后裔自汤和死后居然四十年不得袭爵的结果就能看出来了。汤和的爵位直到孝宗时才录以世袭指挥使，嘉靖十一年也才奉还侯爵。武将中还有一人也是比较幸运的，那就是沐英，不过，那是因为西南军务紧要，离不开亲信，所以，朱元璋才放手让沐英世领云南，为明朝之屏藩。

再有，《明史》中记载宋濂的死因是病故，因为得力于马皇后的担保，而谈迁在《国榷》中则记为其自杀（《国榷》卷七）。清代学者赵翼说朱元璋“借诸功臣以取天下，及天下既定，即尽举取天下之人而尽杀之，其残忍实千古所未有”，可谓定评。司马温公在《资治通鉴》中关于杨坚的评论基本取自《隋书》，因为他看不惯杨坚对待功臣的做法，假如温公活到明代之后再来修史，岂不是要给朱元璋的所作所为气死了。

叔夺侄位：朱棣以谋反的名义成为合格继承人

建文四年（1402 年）六月十七日，朱允炆的亲四叔、以“清君侧”为名起事的燕王朱棣“靖难”成功，正式登基称帝，第二年改元永乐。从此，官方记载中，少了一位温文尔雅的惠帝，多了一位雄才大略的成祖。

史载，在登基之前，朱棣的心里充满了期待和忐忑。

4 年前，即建文元年七月初五的凌晨，朱棣正式扯起了“靖难”之旗，宣布废除建文年号，改称本年为“洪武三十二年”。从这一刻起，他才真正地感觉到自己走上了一条无法回头、只能胜利的道路——虽然他喊出的口号是“奉天靖难”，但却矢口否认自己“谋逆”。

形势异常危急。北京城的四周要塞都已经被朝廷派来的亲信重兵把守，军队加起来达 10 万之多，而朱棣所能支配的却只有燕王府的 800 名亲兵，双方实力悬殊，无法武力对决。对此，朱棣的策略是阴谋加闪电出击。

前一天，即七月初四下午，朱棣用计将领兵包围王府的张昺、谢贵骗入王府斩杀，府外守兵群龙无首。五日凌晨时分，朱棣果断起事，命手下大将张玉、朱能迅速出动，以迅雷不及掩耳之势一夜之间占领九门，城内明军纷纷投降。第二天，北京大定。

战火终于烧了起来。从表面上看，朱棣虽旗号打得漂亮，很能蛊惑人心，但力量终究有限。对方是名正言顺的一国天子，拥有理直气壮的正义和集天下于一身的各种资源。而朱棣是叛逆之师，以数百人起事，以北京城一隅而对全国，胜负之势似乎不难判断。然而，他仍然底气十足，从一开始就端着一副异于常态的冷静姿态。

八月十二日，洪武朝唯一一位躲过朱元璋屠杀的开国宿将耿炳文，率领 30 万大军北上平叛。出师一月，即兵败定城。十月，建文帝换将李景隆，代替耿炳文领兵50万，再征再败。到建文二年五月时，水陆重镇德州失守，城内百万石粮食及无数兵器尽为燕军所得，南军一败涂地。在此期间，作为一名杰出的政治家和军事家，朱棣运筹帷幄、指挥若定，对战争的判断、分析和决策水平，毫不逊于其父朱元璋。

反观南京城内的小皇帝朱允炆，虽然看似满腹经纶、韬略过人，一上台便雷厉风行地大力削藩，实际却是多谋寡断，毫无权谋之术。这在他与朱棣对决的过程中展现得尤为突出。从一开始的掩耳盗铃，放回朱棣的3个儿子，以为能使朱棣降低戒心，“示彼不疑”，实则是给燕王大送定心丸；到关键时刻，识人不明，任命朱棣的心腹张信掌北平都指挥使司，让其监视朱棣，实则是与虎谋皮；再到出征之前告诫将士“毋使朕有杀叔父名”的妇人之仁，绑自己人手脚，授敌人以盾甲……类似情形，不一而足，失败的迹象已经非常明显。

600年后，回顾整个靖难之役的历史，我们可以清晰地看出，这场叔侄二人的生死对决，抛去了道德情感上的讨伐，朱棣的胜利完全是理之必然、势之所趋，早在朱元璋“龙驭上宾”时，就已经注定了。

朱元璋独特的集权方式，造成了他死后朱允炆面对的窘迫局面。他大开杀戒，杀光一切可能会危及他或他子孙手中权力的文臣武将。无论是同起草莽、忠心耿耿的元勋，还是计定乾坤、辅国佐君的良臣，或者能征善战、勇冠三军的宿将，都一一被他除尽，丝毫不考虑第二梯队人才的培养和接替。与此同时，他还尽可能地收回一切权力，集中在帝王手中。因此，当他死后，等到建文帝继承大统时，除了一柄权力空前巨大的帝国权杖外，身边竟没有一个经得起考验的文武英才。以至于靖难之役发生后，当燕王朱棣听说李景隆被任命为平叛大将军，领兵50万来征时，忍不住替朱允炆担心道：“（此人）智疏而谋寡，色厉而中馁，骄矜而少威，忌刻而自用。未尝习兵，不见大战。以五十万付之，是自坑之也。”这应该不是一个玩笑。

而且对朱元璋来说，这应该还不是最大的打击，最大的应该是他日夜精思、机关算尽，预防了一切外人，却唯独没有防到萧墙之祸。他精心打造的拱卫帝室的防火墙，末了却将武器对准了自己钦定的接班人。

帝权的本质就是家族统治，是唯一的一个家族统治天下所有的家族。但是往往在具体的实施过程中，为了照顾某种平衡和附带的利益分红，家族的范围可能会相当宽泛。可这些到了朱元璋这里就行不通了。朱元璋偏执地认为，只有血管里流着的是他朱家的血，而且是直系的，方可以分享权力。所以，明朝建国后，异姓的徐达们必须死，同姓的李文忠（朱元璋的外甥，曾经也姓朱）们也必须死——不管他们为自己流过多少血，同自己患过多少难。而他自己的子孙后代们无论是否出过力，都可以大大方方地被封王。

更重要的是，朱元璋对子孙的封王还不是虚封，而是实封，即亲王不仅拥有自己的领地，还有属于自己的军队，是实实在在的小国王。朱元璋不惜一切分封权力，目的是打算靠这些有枪又有炮的藩王来帮助自己“皇图永固”。打一个通俗的比方就是，朱元璋用尽一切方法打造了一个黄金庄园。为了防止别人偷钱或分钱，他干脆不用管家和下人，只允许自己一人打理，并且规定，他死后，庄园的唯一继承人也只能这样做。与此同时，为了防止盗贼，他允许其他儿子们都拿着武器来护庄。这样一来，既保证了自己的财产不外流，也保证了庄园固若金汤，无人可撼。

设计固然巧妙，但他完全忽视了一点，即诸藩王有其个人野心，那些拿着大刀长矛的其他儿子们不会永远都不眼红庄园的持有者。

现实永远是残酷的。洪武三十一年之前，有朱元璋这根定海神针在，燕王们只能老老实实地看门，世界风平浪静。可是江山易主之后，新皇帝年仅 22 岁，并且在朱元璋纯正的儒家教育下，他还是一个文雅、浪漫、充满理想主义的书生。这就不能不使那些在各自王国里积累了丰富政治、军事经验，雄心万丈的叔父藩王们心潮上涌了。

建文三年十二月，朱棣第四次出师南下。这一次出师，他一如既往地发挥着自己高超的战争智慧，并取得了最终胜利。

在此之前，朱棣的“靖难”策略是稳扎稳打，步步为营，即由北至南，一步步征服天下。但是在山东屡屡被南军大将铁铉和盛庸顽固纠缠后，他发现，争城争池的拉锯战远不如轻骑奇袭的效果好。于是，他决定绕道山东，逼近徐、淮，一路绝不打攻坚之战，直扑南京而去。

建文四年五月二十日，扬州城不战而降。南京危矣。20多天后，六月十三日，守金川门的谷王朱橞和李景隆开门投降，南京沦陷，朱棣胜得一塌糊涂。

取得胜利后，朱棣的日子相当难熬。《明史》载：“是日，王分命诸将守城及皇城，还驻龙江，下令抚安军民。”朱棣死后，仁宗朱高炽御制的“长陵功德碑”也记道：“皇考虑惊乘舆，驻金川门，遣人奉章，言所不得已来朝之故。奸臣荅黄，知罪不宥，闭皇城门不内，而胁建文君自焚。皇考闻之大惊，发众驰救，至已不及。皇考仰天恸哭曰：‘臣之来也，固将清君侧之恶，用宁邦家，何不寤耶？’遂备天子礼殓葬。”

南京城破后，皇城已禁闭。此时，朱棣并没有决定立即攻城，而是将燕军退驻金川门，并且递书给建文帝。他始终坚称自己是“靖难”“清君侧”，攻克南京城，目的已经达到，此时若再继续武力攻取皇城，就无法自圆其说了。相对于武力夺权，朱棣还是更加希望朱允炆自己能主动做点儿什么，或者逊位或者自裁，这样他就可以避免背上杀侄的罪名。

朱棣愿望如此，但朱允炆的答复却完全超出了他的想象——消失。当朱棣看见皇城内的火光时，他已明白让朱允炆自动逊位是不可能的了。但是他还心存幻想，急忙派兵救火，以确定朱允炆的生死，然而，从碑文中异常地没有交代朱允炆的尸首来看，朱棣并没有找到朱允炆。

但无论如何，此时，大明王朝的国都南京为朱棣所控制已确定无疑。第二天，投降的朝中文武及诸王纷纷以个人名义上表劝进，请求朱棣即位。朱棣称自己只有周公之意，并无称帝之心。随后，燕军诸将上表劝进，仍被严词拒绝。六月十六日，前两天上表劝进的两拨人联手劝进，恳请朱棣顺应民心。朱棣考虑再三，终于“勉为其难”，答应愿为天下苍生造福。

三次反反复复程式化的推让之后，六月十七日，朱棣的登基大典如期举行。此时，在等待和煎熬中过了 4 年的他，虽然数夜未眠，却毫无倦容，亢奋不已。在各种彩旗仪仗的引导下，在庄严的钟鼎鼓乐声中，朱棣率众将士在文武百官的夹道拜迎下，浩浩荡荡地直向皇城而去。

但意外发生了。根据《明史》的记载，燕王朱棣进城途中，路旁拥挤的人群中突然跑出一个叫杨荣的人，拦住朱棣的马道：“殿下先谒陵乎？先即位乎？”——按照帝王即位的程序，登基之前，新君必须先祭告天地祖先，这样，他的皇位才是注过册的。朱棣兴奋过度，竟然将如此重要的事情忘之脑后。

是日，建文四年六月十七日，朱棣正式即位，成为中国历史上著名的永乐大帝。

称帝的兴奋过后，当朱棣冷静下来平静地观察周围时，才发现自己兴奋得太早了。即使没有了朱允炆，他称帝的阻碍仍在。这个阻碍不是其他，而是他没有合法性——即使在杨荣的提醒下，他已经及时向天地祖宗注册了。

或许，他的这种感觉可能还早一些。

六月十三日，李景隆将金川门打开，战争结束了。从这一刻起，朱棣就尴尬地发现，虽然自己赢得了战争，却并没有获得欢迎、拥戴和臣服。从周围人虚假夸张的表情里，他发现他们眼神里一闪而过的三个字——“不承认”。

虽然朱棣称帝后极力封杀言论，以致后人难窥当时的真实情景，但个别明人的杂文笔记以及民间的传说，仍然留下了不少蛛丝马迹。从这些点滴中，我们或许可以捕捉到以上信息。

明人顾起元记述道，直到明末崇祯年间，他的家乡仍有一个传闻："及燕师至日，哭声震天，而诸臣或死或遁，几空朝署。"《建文帝遗迹》中也记载："当时城破后，迎降的文武官员不过百十号人，然遁去者，达四百六十三人。"数字未必精确，但可以肯定的是，与朱棣不合作的人应该不是少数。

因此，与其说朱棣登基后成功了，倒不如说他的战斗才刚刚开始。

其实，说白了，靖难之变不过又是一次皇族内部统治者之间争权火并的事故罢了，不论谁做皇帝都与老百姓不相干，那么，大家为何要百般抵制朱棣呢？

道理很简单，伦理纲常而已。经过儒家思想数千年的渗透，伦理纲常已成为君臣之义、宗法关系、王朝继嗣制度等人们观念中根深蒂固的一种秩序理念。它们是整个国家的根本和大体，具有超乎道德之上的地位，是不可破坏的。然而，当朱棣凭仗武力推翻合法的建文帝，拿起帝国权杖时，整个大明王朝的读书人及官员被推入了一个极为尴尬的境地。因为按照儒家社会弘扬的理念，朱棣不是胜利的英雄，而是一个不折不扣的谋权篡位者！人们怎么可能情愿放下万古长存的道义而服务于一个篡位者呢？这无疑是一种精神自杀！

另一个原因，则可能是建文帝朱允炆的"贤德"所致。

虽然在位时间很短，但朱允炆却在任内推行了一系列大受百姓欢迎的新政，如将全国的田租减免一半、取消江南重税、裁汰政府冗员等等，极大地减轻了百姓的负担。同时，他还宽刑律，一改朱元璋时期"重典治国"的策略，强调今后国家的政策是"务崇礼教，赦疑狱，嘉与万方，共享和平之福"。时人记曰："（新政后）罪至死者，多全活之。于是刑部、都察院论囚，视往岁减三之二。"这也是后人称赞朱允炆的四年之治，纷纷将其比作"阳春"的重要原因。反观朱棣上台前后的残暴，他的不被人接受可以想见。

因此，朱棣上台后，大多数忠于建文帝的官员纷纷选择了弃官、隐退、逃亡甚至殉道等方式来表达对新皇帝的不认可，这种局面一度让朱棣措手不及。

方孝孺是朱元璋开国功臣文官第一位的宋濂的得意门生，建文帝时期又是朱允炆的老师和首席顾问。因此，他在士林中的声望极高，被天下读书人视为楷模。基于此，最后一次出征前，朱棣的军师姚广孝曾深谋远虑地叮嘱朱棣："进入南京后，方孝孺是一定不会投降的。但无论如何都不能杀他，杀了他，天下读书种子绝矣。"朱棣颔之。

南京城破后，方孝孺被捕。朱棣记着姚广孝的话，同时想借助方孝孺的名望，让他为自己草拟即位诏书，从而让整个士林对他皇帝身份的合法性予以承认。但朱棣万万没想到，要实现这一简单的想法，竟难如登天。

面对朱棣的要求，方孝孺投笔于地，且哭且骂曰："死即死耳，诏不可草。"结果朱棣大怒，命人将其磔于市。

方孝孺的拒绝犹如一记重拳，将朱棣打回原形。从这一刻起，他彻底明白了，想让接受过正统儒家教育的士人们轻易地接受自己是根本不可能的，只有通过屠杀，才能使那些士人胆寒；只有通过屠杀，才能使那些观望的人、不满的人，迅速扑倒在他的脚下。于是，他放弃了讲理，抛出一句"此朕家事"，再一次举起了血淋淋的屠刀。

于是，整个永乐元年都在血雨腥风、毫无节制的大屠杀中度过。方孝孺的"磔"刑，灭十族、杀 873 人，只是一个简单的开始，朱棣要用自己的行为告诉别人："顺我者昌，逆我者亡。"

正是这段炼狱般的经历，中华民族的骨气开始倾颓，正气开始削弱。为满足这位自命为永乐皇帝的自私欲望，中国的历史、社会和人性付出了异常惨重的代价。

狠心似狼：崇祯死前杀妻斩女

公元 1644 年三月十六日，崇祯刚刚被太监侍候着穿好龙袍，这时有太监来报："皇上，李自成所率的叛军打到昌平了！"崇祯大惊失色，无奈之下，只好召集群臣，商讨对策。然而，大殿上寂静无声，好久没有人说话，后来，不知哪位大臣哭出声来，接着哭声连成一片。崇祯拍案大怒，才喝住了哭声。

不久，昌平失守的消息传来，一时间君臣大惊，大殿上悲凉的景象再次重现。

十七日，北京城被围。而此时，负责北京城防的明军对起义军的围攻已无抵御之力。在这种情况下，崇祯自知已回天无力，召集群臣商议也是于事无补，大呼："内外诸臣误我！误我！"然后，一边仰天长号，一边绕殿环走，不停地捶胸顿足，痛哭失声。整整折腾一夜，直至天明。

三月十八日，天色刚黑，崇祯心神不宁地等着守城明军的消息。这时，有一个太监神色紧张地跑来，跪地向崇祯报告："皇上，内城也被攻破了！"崇祯忙问："守城的官兵到什么地方去了？守城提督李国桢又在哪里？为什么会守不住？"

太监回答道："守城的官兵早已逃散。"接着又说："皇上您还是赶紧设法逃走吧！"崇祯还想再问一些情况，这名太监转身便逃。崇祯连喊几声，可那太监连头都不回便径自走了。

崇祯只得亲自带着太监王承恩，来到紫禁城的最高点——煤山。他放眼一看，只见京城内外，火光冲天，四周喊杀声阵阵传来，炮声也隆隆作响。见此，崇祯不禁仰天长叹，泪如雨下，很久才下山回乾清宫。回到乾清宫后，崇祯决定准备后事。他提笔亲手写下给内阁的谕旨：命成国公朱纯臣辅佐东宫太子，提督内外军务。然后命太监将谕旨送往内阁，可是，没多一会儿，太监跑回来报："皇上，内阁中早已空空如也！"

崇祯闻言，撂下笔，不禁感慨万分，想到以往的前呼后拥，想到以往的群臣跪拜、山呼万岁，看到今天的凄凉末日，崇祯再一次痛哭失声。

这时，崇祯已经苦闷到了极点，对未来再也不抱任何幻想。过了许久，崇祯愤然站了起来，他先把周皇后叫来，又让太监把袁贵妃叫来。

此时，崇祯已是精疲力竭，状近疯狂。他大声叫喊要左右把酒送上来，连呼倒酒，一口气饮下了几十杯酒，然后又泪流满面地长叹道："朕上对不起列祖列宗，下负我百姓！"周皇后、袁贵妃见此，也陪着流泪不止。喝完这番悲怆失意的酒，崇祯又将太子慈烺、永王慈炤、定王慈炯召来，准备将他们托付给各自的外祖父家，希望能够给自己留下一点血脉。

那时定王才 13 岁，永王 12 岁，对当时的险境还全不知情，身上穿的还是平时的华衣美服。见此，崇祯含泪说道："皇儿啊，现在是什么时候了，还不赶快将绸缎锦衣脱掉，这会给你们招来杀头的危险！"说完忙命左右寻来破衣，崇祯心情悲愤地对他们说："大明社稷就要完结了，这实在是父皇的罪责和过失，但朕已经尽力了。皇儿们今天还是皇子，明日就是百姓了，在战乱离别的时候，千万要记得隐姓埋名，不要出头露面，见到年纪大的人要称呼他们长辈老翁，见到年纪轻的要喊他们伯伯叔叔。万一保全了性命，一定要给父母报仇雪恨呀！千万不要把父皇今天的告诫给忘掉了。"说罢，崇祯将他们紧紧地搂在怀中。对此，太子和两位皇子含泪应诺。周皇后上前搂住自己的亲生儿子太子和定王，又将田贵妃的儿子永王扯来，四个人哭成一团，最后三人由太监领出。

托孤的事情完了之后，崇祯转头对周皇后道："大势已去，你作为皇后国母，应当自尽了。”周皇后听了，痛哭起来，说：“为妾侍奉陛下 18 年了，最后，连劝你南迁的一句话你都不肯听，以至于到今日这步田地，这也是天命啊！今日能为大明社稷殉身，对我来说也就没有什么遗憾了！”说完，周皇后径直跑回坤宁宫自尽身亡。

这时，崇祯又赐白绫给袁贵妃以及西宫众妃嫔，对她们说：“皇宫马上就会被敌人攻破，妃嫔一定不能落到闯贼的手里。你们应当小心谨慎地守住贞节，以保全列祖列宗的礼制。”说完，崇祯挥挥手示意：“自尽吧！”接着，崇祯又想到了公主。他想：“就算闯贼打进宫内，也不能让他们污辱了公主。”于是，崇祯提剑直奔宁寿宫长平公主的住处。长平公主见父皇满脸杀气地撞进来，便知道大事不妙，她扯着崇祯的衣襟大哭不止：“父皇，我是大明的公主、您的女儿啊！您不能杀我啊！”听到女儿这般撕心裂肺的哭喊，崇祯心如刀绞。但有什么办法呢？崇祯“嗖”的一下拔出剑来，一边用袖子遮住自己的面孔，一边悲怆地喊道：“你为什么要生到我的家中？”随后，手起剑落，一剑砍去！长平公主被吓呆了，本能地举起胳膊去挡剑，结果被砍断右臂，昏倒在地上。这时，崇祯皇帝的脸上、身上到处溅满了女儿的鲜血，可这位皇上已经形同无心的铁皮人，完完全全地没有了感觉。接着，崇祯皇帝又来到了幼女昭仁公主的住处，他不顾女儿的苦苦哀求，不顾宫女妃嫔们的拼命阻拦，像个杀红了眼的恶魔一样，一把将昭仁公主抓在手里，没容她再做挣扎，剑已刺进公主的胸膛。杀完公主后，崇祯又径直来到坤宁宫，刚进大殿，便有一个宫女向他报告说：“周皇后自缢了！”崇祯面无表情地走上前去，抬起手摸摸周皇后的尸体。已经凉了，只听他喃喃地说：“好……好……”接着又转身来到了西宫。不知为什么，当崇祯走进大殿时，袁贵妃自缢的绳子突然断了，整个人跌在地上。崇祯见状，二话没说，拔剑连刺三下，袁贵妃也倒地身亡。

这时，来了一个太监向他报告：“郭宁妃、庄妃割脉而亡；李淑妃、吴康妃跳水而死；王贤妃、郑裕妃等五人准备出逃，已经被擒。”崇祯听后大怒，命令将这五名妃子带到他面前，然后，他手持长剑，一个一个全部杀死。

此时，崇祯的精神已经完全崩溃，杀完亲人妃嫔，他茫然地坐在地上，呆呆地望着沾满鲜血的长剑和衣襟，整个人都痴了过去。这时，“轰”的一声炮响，崇祯皇帝猛然惊醒，他这才发觉已经是半夜了。他知道，下一个该死的是他自己了。

他叫来大太监王承恩，吩咐他准备行装，崇祯自己也换上了便装。之后，崇祯和王承恩混在太监中，出了东华门，来到朝阳门，但城门却被严密把守。王承恩只好假说奉命出城，但守城门的人却请他到天亮时验明身份再出城。无奈之下，崇祯和王承恩只得由胡同绕出紫禁城，奔向正阳门。在那里，只见三盏白灯高悬在城门之上，王承恩小心翼翼地说：“皇上，正阳门已被叛军攻陷，咱们转向安定门吧！”此时，崇祯早已龙颜扫地，一路上缄口无言，由王承恩搀扶着，主仆二人又朝安定门走去。可到那儿一看，安定门城门紧闭，根本无法开启。这时天色已亮，崇祯长叹一声道：“走不了啦，回宫吧！”不过，回宫前，崇祯还心存侥幸，执意来到皇极殿前，亲自敲响了景阳大钟，他想召集群臣，再商出逃之计。但大钟响了好久，也不见有人前来。此时，大臣们早已逃之夭夭，哪还能听到皇帝的召唤？崇祯大骂百官贪生怕死，该杀！走投无路之下，崇祯已无意再回皇宫，只想一死了之。他命王承恩在前，他踉跄跟在后面，主仆二人登上了煤山山顶。

经过一夜的奔波，这时的崇祯已是狼狈不堪：身上只穿着白色内衣，长发披散，右脚光着，只有左脚还穿着一只鞋。来到山顶寿皇亭，崇祯回首望去，此时天色已经大亮。

崇祯知道北京已完全陷落，不由感到万分沮丧，更加心灰意冷。他用手扶着寿皇亭的柱子，不禁悲伤怨恨了起来：平时对大臣们都不错，可现在却没有一个人跟随在左右，真的是可怜可悲到极点了。想不到当年祖宗出于象征江山永固而堆筑的万寿山，竟然成了自己的葬身之地，两百多年的大明天下竟要在自己手里失去，还有什么脸面去见列祖列宗呢？想到这里，崇祯停了下来，伸手解下衣带，又用颤抖的手将它搭在寿皇亭下的一棵枯树的树枝上，然后转头吩咐王承恩："等朕死后，要将朕的脸部遮盖起来，以示无脸面见列祖列宗之意。"然后，自缢而死。

跌倒与吃饱：嘉庆必杀和珅的一万个理由

嘉庆四年正月初三，89岁的乾隆寿终正寝，权臣和珅的靠山倒了。当天，嘉庆任命和珅与睿亲王等一起总理丧仪大事，并召朱珪迅速回京。

正月初四，嘉庆谴责在川镇压白莲教的将帅冒功请赏，并解除对这件事负主要责任的和珅与福长安的军机大臣职务，命他们昼夜在大内守灵，隔断了他们与外界的联系。

正月初五，官员纷纷上疏，弹劾和珅弄权舞弊，犯下大罪。

正月初六，嘉庆进行人事调整。

正月初八，嘉庆命令上奏文件直接送给他，军机处不得抄录副本。

正月初九，在公布乾隆遗诏的同时，嘉庆宣布革除和珅、福长安职务，交由刑部，并命查抄和珅家产。

正月十一，嘉庆宣布和珅的20大罪状，并要各省督抚表态。

正月十五，直隶总督胡季堂首先表态，请求将和珅凌迟处死。

正月十八，在京大臣奏请将和珅凌迟处死，将同案的福长安斩首。嘉庆表示，为了国家的面子，恩赐和珅自尽。对福长安改判死缓，但要让他亲眼看着和珅自尽。

随后，除了和珅的亲信伊江阿、吴省兰、吴省钦等人受到处分外，其他由和珅保举或向他行贿的官员都不予追究，保证了政局稳定。

嘉庆为什么要铲除和珅?

第一种是经济原因。和珅富可敌国。有人说和珅被杀是因为他太富了，所谓“和珅跌倒，嘉庆吃饱”，说他的家产值白银8亿两，是清王朝10年财政收入的总和，所以才招来杀身之祸。

从查抄家产的清单中可以看出，和珅长期把持崇文门税关，索贿受贿；大量兼并土地；开设当铺银号，放高利贷；开设煤窑、跑运输……大量银子进入他的私囊。

巨大的财富使和珅过着帝王般奢华的生活，他在北京、承德等地都建有住所。和珅在北京什刹海畔建起豪宅（今恭王府），府内甚至仿乾隆宁寿宫建起楠木房，并仿皇帝建制修建垂花门等。和珅还在北京海淀建有淑春园，即今北大未名湖。

和珅不仅享受着姬妾成群、锦衣玉食的生活，还梦想着死后像皇帝一样风光。他在河北蓟州（今天津市蓟县）修建巨大坟墓，规格甚至超过亲王，民间称之为“和陵”。和珅被抄家时，坟墓被平毁。

和珅被抄家时，除各处房产花园外，还抄出银子300多万两、金子32000多两；各处土地10多万亩，收租房屋1000多间；各处当铺银号以及各种珠宝、衣物等。其总家产折合白银约有10013万两。当时，清政府一年的收入也不过七八千万两。

嘉庆杀和珅的20条罪状里头第一个理由是什么呢?第一个理由就说乾隆六十年九月初三，乾隆宣布嘉庆做皇太子，前一天即初二日和珅向嘉庆递了一个如意，嘉庆说，你这是讨好，表示你和珅有拥戴之功。不过这一条和珅够不着杀头之罪，我对你示好，以后我支持你，至少没有恶意吧。这是嘉庆杀和珅的第一条，经济上是一个原因，不是主要原因。

其实嘉庆对查抄和珅的家产是适可而止的，并没有穷追猛打。嘉庆四年正月，他在直隶布政使吴熊光奏折上明确批示，“不必过于株连搜求”。甚至后来大臣萨彬图奏称目前抄出的不足和珅家产的1/10，请求再深挖严追时，遭到了嘉庆的严厉批评。

第二条就是军事上的原因，就是南方白莲教的事情。嘉庆称帝的时候，军队经常败退，抓到四川的教首叫王三槐，王三槐供状里头说官逼民反。这里的官，领头的就是和珅，就是和珅这一类的赃官逼的，所以要杀和珅。其他赃官看好了，赃官就这个下场，以儆效尤，杀鸡给猴看，这是出于军事上的需要。

第三，还有学者认为，主要是政治上的原因，就是军权和相权的矛盾。就是和珅权力太大，叫作权大震主，直接威胁到皇权，所以要把和珅杀了，把和珅集团、死党给他瓦解了。嘉庆四年，嘉庆在张诚基奏折上批示："朕若不除和珅，天下人只知有和珅，不知有朕。"由此可见，嘉庆杀和珅是因他权力太大，已经严重威胁到皇权，嘉庆甚至怀疑他可能会谋反。

客观来说，嘉庆诛和珅原因是多方面的，有经济方面的，和珅是贪官；有军事方面的，要振奋军心；有政治方面的，维护皇帝的皇权。可这三个因素比较起来，军权和相权的矛盾可能更重要一些，但是有一条，就是嘉庆杀和珅只是做一个个案处理，没有深入追究到和珅这个现象背后的深刻的社会根源上面。

不过，嘉庆对和珅的功绩和才能还是肯定的。嘉庆十九年，清国史馆将编好的《和珅列传》送嘉庆过目。嘉庆见记载极简单，只记录了和珅的官阶履历，很不满意。他批示：和珅并非一无是处，他"精明敏捷"，任职30年还是做了很多事的。只是和珅"贪鄙成性，怙势营私，僭妄专擅"，才不得不加以重罚，为此嘉庆下令重新编写。

难逃天意：孙传芳死于和尚之口、女子之手

孙传芳被杀是民国年间的大案，其诱因是施从滨被杀。长期以来，为父报仇的施剑翘被神话般渲染，加以蒋介石、冯玉祥、李烈钧亦身

影闪现，以致该事件迷雾重重。

当初，施从滨部撤出蚌埠后，仍在蚌埠以北坐着铁甲车督战，希图挽救失败的局面。不料谢鸿勋所属师上官云相团长，已率兵绕到固镇桥以北，把铁轨拆掉，断绝了施军的归路。固镇以南卢香亭师马葆珩团，趁消灭白俄军的余威，向施军猛攻。此时施军遭到孙军腹背夹击，感到孤军被围，形势紧急，就下令铁甲车开足马力向北速进。铁甲车到固镇桥时，施从滨见长达一里的铁桥面上，挤满了向北逃窜的自己部队，他不忍在自己部队的身上碾过去，又命铁甲车往南开。没有开出十几里远，见大部孙军冲杀前来，又急命铁甲车往北行驶。到固镇桥时桥面仍是挤满了部队，争先恐后向北逃窜。此时由北向南截击的上官云相团正包围张军缴械，固镇以南的马葆珩团，又已紧追前来。在生死关头，施不顾部下将士的生命，命铁甲车开足马力，在自己部队身上冲过桥去，桥上1000多人立刻化成肉饼血浆，冲下河去的也不计其数。当时血肉横飞的惨状以及惊叫惨呼之声，真是无法形容。还有许多带着上校、中校肩章的军官的下肢已经被碾掉，但还能说话，要求过桥官兵快给他一枪，免得痛苦。孙军随军文职人员等过桥时，目睹此种满桥血肉狼藉的情况，都吓得不敢过桥，有的竟痛哭失声。

施从滨冲过固镇桥后，满以为可逃过此大劫难，哪知铁轨已经被拆掉，铁甲车立即倾倒路旁，他和随从人员全部被俘。

施从滨被孙部俘获时，已是须发皆白的七十高龄老人，着陆军上将服装，他还很自然地对孙军说："你们辛苦了。"

当时由谢鸿勋派一名营长把他送往蚌埠总司令部（谢还写了一个报告给孙传芳，并要求优待施从滨）。施见孙传芳时还行了军礼。孙在烟床上动也没动，便笑着说："施老，你好，你不是来当安徽督办吗？你马上去上任吧！"

于是孙就命人把施拖出去枪杀了。

事后孙部里许多军官，都对孙擅杀战俘表示不满。据孙自己对亲信说，他杀施是给邓如琢、陈调元等一个眼色看。内部将领都认为此次战争，是出人意料地顺利，很轻易地就占领了上海、江苏、安徽，致使孙传芳得意忘形，儿戏般地枪杀了施从滨。

杨文恺所著的《孙传芳反奉联奉始末》对孙传芳杀施从滨的记载是这样的：

孙传芳命令卫队团长李宝章将施从滨押解到蚌埠，交军法处长陈锡璋审讯。施直认不讳，孙传芳决定立即斩决。时已午夜，幕僚杨文恺对孙说：

“我们打内战，对待俘虏不宜杀戮，不如把施押送南京监禁。”

孙不听，拍着桌子对杨说：

“你我要是被他们俘虏，还不是被杀吗?!”

杨又劝孙冷静考虑，不可操之过急。并言道：

“杀也可以，何必今夜，明天再问一次，杀也不迟。”

孙声色俱厉地说：

“是你当家，还是我当家呢?”

杨见孙主意已定，难以挽回，无语而退。孙即命令李宝章把施从滨由军法处押出来。施亦自知必死，他说：“就在这里执行吧。”

李宝章终于把施押到车站南边的旷野，执行斩决，身首分在两处掩埋。

杨文恺的记载可以作为孙传芳杀施从滨的情节补充。

李藻麟著《我的北洋军旅生涯》记载，称施从滨被杀另有隐情：

当时传说，施被俘后，孙传芳立即电告吴佩孚，吴回电就地枪决，施遂被害。吴之杀施，缘于第二次直奉战争。当直奉两军正在山海关一带酣战不已时，冯玉祥突然倒戈，致使吴佩孚陷入首尾不能相顾的绝境。其时，直军在江苏尚有六个旅的兵力，吴佩孚把起死回生的希望完全寄托在这部分兵力上。他打算利用津浦路把六个旅迅速运至京津前线，同冯玉祥国民军决一雌雄，但唯一的顾虑就是怕山东方面破坏铁路，阻挡直军北上。不料山东果然表示反对直军假道山东，一线希望终成泡影。吴佩孚手无援兵，一筹莫展，最后不得不将大军弃置于山海关，只身乘船离津南下，致使直军全线崩溃，一败涂地。山东方面之所以坚决反吴，据说施从滨主张最力。因此，吴将施恨之入骨，遂有杀施之举。此说系奉方当时猜测谣传之词，并无实在根据，姑且志之，尚有待知情者揭露事实真相。存之。

孙传芳杀害施从滨，过于狂妄，他万万没有想到，10年后，当他放下屠刀念经唱佛时，施家后人施谷兰改名施剑翘，为报父仇，也将他杀了。

施剑翘是施从滨从他哥哥施从云那里过继来的。施从滨被孙传芳斩决后，尸首被分解，暴尸三日，悬首七日！施从滨的被杀，激怒了施剑翘，她立志为父报仇。

起初，施剑翘把报仇的希望寄托在她的堂兄施中诚及几位弟弟身上。施中诚早年丧父，是由施从滨夫妇抚养成人的。施从滨被杀时，他刚从保定军官学校毕业。施剑翘很有心计，她知道，要报仇就得让施中诚和几个弟弟到军队中去当军官，手中有了军权，就好办了。施中诚刚好毕业，施剑翘立即带他去见张宗昌。张宗昌是施从滨的上司。在施剑翘的恳求之下，张给了施中诚一个团长职位，并出资送施剑翘的几位弟弟去日本士官学校学习，为杀孙传芳准备条件。转眼几年过去了，施中诚当上了烟台警备司令。但是，其人只顾吃喝玩乐，将报仇的事抛到了九霄云外。施剑翘多次劝说无效，十分痛心。恰巧，这个时候，施剑翘认识了阎锡山的中校参谋施靖公。施靖公得知施剑翘的事情后，主动表示要帮施剑翘报仇。报仇心切的施剑翘信以为真，便以身相许。然而，施靖公的目的只是得到施剑翘，报仇之事不过是说说而已。施靖公得到施剑翘后，就一反原来的态度，再也不提报仇的事了。

两次依赖别人为父报仇，两次失败被人欺骗。施剑翘最终下定了决心，要亲自为父报仇。

施剑翘并不认识孙传芳，而且也只是听说他在天津。因此，她要做的第一件事是找到孙传芳。孙传芳一生作恶多端，而且又经常进行不可告人的勾当。因此，其行动格外隐蔽，从不肯轻易露面。施剑翘要找到孙传芳实在不是一件容易事。经过多番的查找，施剑翘弄清了孙的住处和相貌。

一天，施剑翘在孙宅门口摆了个小摊，想在孙走出大门时开枪射击。可是，她刚坐下，两个看门的卫兵就把她赶走了。以后的几个月里，施剑翘一直都找不到下手的机会。很快就到了施从滨被杀十周年的忌日，焦躁苦闷的施剑翘来到日租界的观音寺，给亡父烧纸念经。当班的和尚念完经后便要下楼休息，施剑翘却跪在地上痛哭失声。当班和尚觉得奇怪，便劝道："女施主，你已为亡灵烧纸诵经，为何还这般伤心？"

施剑翘抽泣着说："烧纸念经不过是尽儿女一点儿心意罢了，其实还不是迷信吗！"

和尚有点儿不快，说："女施主，这就错了，如果是迷信，那靳云鹏、孙传芳这些名人，不也信佛吗？"

一听到孙传芳 3 个字，施剑翘停止抽泣，装作不信。上前问道："我怎么从未听说过？"

"贫僧怎会欺骗施主？前年，他们两人在东南角租了块地，创了个佛教居士林。靳云鹏是林长，孙传芳是理事长。"

和尚越说越来劲儿。施剑翘无意中得知了孙传芳的行踪，大喜过望。于是，她化名为董慧也加入了这个居士林。

这个当班和尚无意中的一句话，为苦寻复仇的施剑翘带来了机会，也给孙传芳带来了杀身之祸，可谓是天意难逃。

1933 年，靳云鹏联合孙传芳出头，向天津市富绅李颂臣说妥，将坐落在东南城角草厂庵的清修禅院（原为李氏宗祠），改名为天津佛教居士林，由靳任林长，孙任副林长。新居士林成立之后，规定每星期日居士们来林念经，由富明法师主讲。靳云鹏、孙传芳这两个曾经显赫一时的人物亲自领拜，在佛教居士中产生了很大的号召力，辗转相告，信徒纷纷而来，陆续参加活动的多达3000多人。

1935年11月13日正是讲经日，靳云鹏与孙传芳皆应到林领拜。这一天下雨，孙传芳的妻子不愿他冒雨外出，曾一再劝阻，但他事前与靳云鹏约好在林会面，所以冒雨赶来，靳却反而因雨爽约未到。居士林的男女居士们在礼佛听讲时，是男东女西分坐的，男居士行列之首座是靳云鹏，女居士行列之首座是孙传芳。主讲人富明法师坐在正中座上，面对男女居士讲经说法。

下午，在天津草厂庵清修禅院的大殿佛堂里，居士林的男女居士们正襟危坐，参禅听经。大殿之上，孙传芳身披和尚们常穿的黑海青，在一旁全神贯注地倾听着讲解。

施剑翘事先打听明白，做好了准备。她原以为孙传芳可能因为雨天不去听经了，便空手前往观察，果然未见孙到来。后来她正与别人谈话时，忽然见孙身披袈裟走进佛堂入座。施剑翘租了一辆小汽车赶回家，取出手枪、传单等物，返回居士林。她本来坐在后面，离孙较远，于是故意提高声音说："后面的炉子烤得我太热了。"

一位居士说："你不会到前一排去吗？"

她答应一声："好！"

施剑翘上前几步，就到了孙传芳的右后方。她掏出手枪，照准孙传芳的耳后打了一枪。孙立即倒在太师椅的扶手上；她又向孙的后脑和背后打了两枪，脑浆已流出来。施剑翘打完三枪，从大衣里掏出预先准备好的几十张卡片。那时，大殿里的人都慌忙四下乱跑，她把卡片撒在院子里，并且大声说："我是施剑翘，为父报仇，打死孙传芳，一人做事一人当，绝不牵连任何人。你们可以带我到警察局去自首！"

当时，和尚和居士们都吓得发抖，无人应声。施剑翘自己到电话室打电话给警察局。警察来后，她告之孙传芳是她打死的，并掏出手枪交给警察，要求带自己去自首。

施剑翘被带到警察局，经过简单讯问，次日转到法院，拘留在看守所。初审承认她是自首，判有期徒刑 10 年；二审鉴于她是为父报仇，情有可悯，改判有期徒刑 7 年；三审维持二审原判。

施剑翘被关进监狱后，曾受到典狱长虐待，不许和家属见面。施连翘感冒，病了，监狱里的医生、看守主任和她自己一连写了 3 张呈文，请求让她享受病人的待遇，典狱长不许。施剑翘气极了，写了一封信，请她的律师胡学骞来会见她，要求把她的呈文转交法院。过了几天，法院院长邓哲熙亲自到监狱看她。她向邓面陈在监狱里受虐待的情况，请求对她的生命安全予以注意。邓说：你安心养病，我们会处理好这里的问题的。又过了些天，在冯玉祥等人的活动下，南京政府鉴于全国舆论对施剑翘的同情和支持，于 1936 年 10 月 14 日对她做出特赦的决定。

二、抽丝剥茧——开启绝密档案

中国历史卷帙浩繁，光是那些明面上的历史就足够人们好好琢磨了。而有一些历史档案，它们尘封已久——或是蒙上了一层厚厚的灰尘，或是被人为地束之高阁，或是刻意地掩藏在表面光鲜的文件背后。打开一封封绝密档案，让我们重读那些难得一见的绝密往事。

西施：中国第一美艳杀手传奇

战国时代西施的身世，可以说是扑朔迷离，充满了难解的疑团。《吴越春秋》记载，为了向吴王夫差进行“性贿赂”，越王勾践派使者在本国遍访美人，最后在诸暨苎萝山找到两个卖柴的女人，天生丽质，貌若仙女。这个勾践的使者显然就是范蠡，他用前朝著名美人“西施”的名字去重新命名他所遇到的乡间美女之一，借此完成了政治包装的第一步。从此，这个卖柴女悄然死去，而一个崭新的西施经过范蠡的“克隆”，“重生”于吴越江湖，并且注定要成为灭绝吴国的美艳杀手。

尽管诸暨村姑窃取了前朝美女“西施”的名头，但她卖柴的形象仍然过于粗鄙。唐宋以来的世人，则多倾向于她是一名浣纱女，也即从事织物洗涤的女工。王维的《西施咏》向我们表明了唐代知识界的立场：“当时浣纱伴，莫得同车归。持谢邻家子，效颦安可希。”明代梁辰鱼的《浣纱记》也支持这种叙事，它叙述西施本为浣纱女，和范蠡在溪边邂逅，眉黛含春，梨花带雨，范蠡对她一见钟情，不能自拔。此后越国危急，范蠡出于爱国大义，这才将西施进献给吴王夫差。浣纱不仅是一种美女的柔软职业，而且是西施和范蠡定情的信物。溪水和丽纱构成了美女“诞生”的优雅场景，其间清晰地浮现着西施的倩影。但西施和范蠡的关系，却始终是暧昧不清的悬谜。

当年吴国大兵侵入，即将灭绝越国时，越王勾践感到了深深的绝望，他本打算杀死妻子，焚毁财宝，然后用兵器自杀成仁。据官方的《史记·越王勾践世家》记载，大夫文种劝阻了他的自毁之举，并且劝告说：“吴国的太宰伯嚭贪婪成性，不妨诱之以利。”勾践看见一线政治生机，便备下美女和大量珍宝，派文种带去交结伯嚭，结果吴王在伯嚭的劝说下收兵回国，给了越国休养生息、卷土重来的契机。司马迁的著述虽然提到了美女，却无姓无名，跟范蠡和夫差也没有直接关联。《越绝书》沿袭《史记》的说法，也认为献美是文种所为，但却明确指出了被献者的姓名：“越乃饰美女西施、郑旦，使大夫种献之于吴王。”

而东汉民间史学家赵晔的《吴越春秋》，其观点则与此截然不同，它暗示越国的相国范蠡才是该事件的主谋。他下令让两位村姑穿上罗缎锦衣，学习优雅步态和歌舞技巧，以期把她们改造成合乎宫廷礼仪的贵妇，但它也刻意疏漏了一个重大细节：在此期间曾经发生过一段危险的插曲，那就是主持女间谍训练的范蠡本人，不仅偷偷爱上了西施，而且违反朝纲，擅自与之私通，两人双双坠入情网，差点儿酿成惊天大祸。

范蠡先是在“土城”和“都巷”两处宫台开设训练课程，对西施和郑旦进行“素质教育”，继而奉命把她们送往吴国。为了延宕日期，范蠡借口要对她们做进一步培训，大胆放慢了行程。据说从会稽到苏州，短短两三百里的路途，美女护送队竟然走了整整 3 年，却始终没有到达目的地。《汉唐地理书钞》所辑《吴地记》甚至说，他们在路上还生了个儿子，到达现今嘉兴南部 100 里处时，这个婴儿刚满周岁，能够开口说话，于是路边的亭子被当地民众叫做“语儿亭”，以见证这个秘密爱情的结晶。

范蠡与西施的私情无疑是在极度机密的情况下展开的。一旦走漏风声，他们将同时面临来自吴越两方面的杀身之祸。在这段长达 3 年的浪漫时光里，范蠡的焦虑想必在与日俱增。他必须承受一个无法规避的事实——把心爱的女人献给仇敌夫差。他的无奈和愁苦隐藏在历史的深处，仿佛在为这场雪耻复国的游戏增加价值筹码。

但范蠡和西施的爱情终于走到了尽头。3 年之后，在吴国的都城，范蠡隐忍着巨大的痛楚，心如刀割、面带微笑地把西施和郑旦一起交给夫差，美人西施心中也一样充满了生离死别的哀伤。她是一件美丽而轻盈的礼物，被国际外交阴谋和间谍战推到了前台。她的悲惨命运，从与范蠡相遇的那刻就已经注定。

夫差不顾伍子胥的警告和反对，狂喜地接受了这两个来自越国的尤物，并且发出了心满意足的赞扬：越国进献这样的美女，是勾践对吴国尽忠的表现（《吴越春秋·勾践阴谋外传》）。他开始尽其所能地宠幸她们，表现出对女色的狂热爱好。所有这一切都没有出乎越国领导人的意料。

《史记》和《越绝书》都指出，离间计的主要执行者，实际上不是西施，而是吴国的大臣伯嚭。他在接受了勾践的大量贿赂之后，转而成为一个卑劣的内奸，开始施展浑身解数，力阻伍子胥的扩国计谋，在每一个环节上都与之相左，进而又挑唆夫差与伍子胥的关系，令他们君臣反目，直到伍子胥被夫差赐死为止。伍子胥的被逼自杀，是吴国转向彻底败落的标志，并为勾践的反击奠定了坚实的基础。在司马迁看来，勾践的“银弹”政策，才是吴国消亡的主要原因。

而在“银弹说”之外，“肉弹说”声音似乎更为嘹亮，它促使我们对情欲政治学的历史价值做出必要的判断。“粉色肉弹”西施和郑旦的伟大使命，就是千方百计离间吴王与伍子胥的关系，化解夫差对越国的警惕，并以性爱消磨他的体力与战争意志。《吴越春秋》称，文种当年向越王进献破吴七术，第四条就是派遣美女“以惑其心而乱其谋”。西施和郑旦进入吴国的宫殿，“性贿赂”就开始逐步产生功效，触发了吴国走向衰败的先机。这是中国情欲政治学的一个古代范例，它表明，早在春秋战国时期，性已经成为政治阴谋的重要环节。

但奇怪的是，勾践没有命令他的女间谍使用毒药之类的谋杀手段。这是另一个令人费解的疑点；直到夫差生命的最后一刻，西施都没有向他下手。她看起来像是个纯洁无邪的间谍，手中没有沾染敌人的鲜血，同时又极其出色地完成使命，帮助勾践把夫差送进了地狱。

吴国被灭绝之后，西施重新回到范蠡身边，两人一起泛舟五湖而去。这个以喜剧告终的传说，比较符合中国民众的心愿，因此成为绵延最广的传说，漂浮在优美的历史风景之中。

西施的真切下落，应当与范蠡有密切关系。反观他的踪迹，倒是相当清晰，没有多少可怀疑的地方。《史记·越王勾践世家》记载，范蠡认为勾践的为人，可与之同赴患难，却无法共享安乐，因此向勾践辞职，在遭拒之后便收拾细软悄然逃走，乘舟浮海前往齐国领地，同时更改姓名，自称“鸱夷子皮”，在齐国海边开垦耕地，艰苦创业，父子俩置下大宗产业，没有多少时间，就积贮了数十万银两。接着，他又拒绝齐国人的高官厚禄，散尽家财，随身携带少量珍稀宝物，悠闲自在地离去，在一个叫作“陶”的地方定居下来，自号“陶朱公”，过上了闲云野鹤的生活。但司马迁的叙述，只字未提包括西施在内的任何女人。人们只能假定西施就隐藏在他身后，成了他的空气和呼吸。

关于第一美女西施的下落，随着疑古风气的蔓延，“西施被杀说”近年来变得甚嚣尘上。一些学者援引《吴越春秋》的记载“吴亡后，越浮西施于江，令随鸱夷以终”，来证明西施的悲剧下场。这里的“鸱夷”，指的是一种皮革制成的袋子，整句话的意思是，吴国灭亡后，越王把西施投入江里，让她随着装她的皮囊一起漂浮着消失。西施在吴亡后被自己的祖国所杀，乃是民间史学家的基本判断。

西施被杀害的情形，与伍子胥之死有着惊人的相似。《吴越春秋·夫差内传》记载，吴王夫差赐死伍子胥之后，又“取子胥尸，盛以鸱夷之器，投之于江中”。所以民间给伍子胥起了一个“鸱夷子”的别名，借此暗示他的悲剧性下场。

我们不知道范蠡此时所持的立场。我们只能假定他满腹隐衷而无法言说，无力为西施公开抗辩，更不敢动用权力展开营救，只好眼睁睁看着越国女英雄、自己的秘密情人惨遭杀害。有人认为范蠡之所以自号“鸱夷子皮”，乃是为了纪念壮烈蒙难的西施，这的确是一种合乎情理的推断，而“子皮”很可能就是西施的真正本名，“皮囊里的子皮”这个名字，隐含着范蠡的无限伤痛和恨憾。在逃出勾践的势力范围之后，他才有了公开悼念西施的凛然勇气。

《越绝书》第十二卷记载，早在范蠡进献西施和郑旦的时刻，伍子胥就向吴王发出严厉警告，说万万不能接受这样的礼物，这两个女人就是危及社稷的妖女，与妹喜、妲己和褒姒一脉相承，必定会给国家带来严重危害，而好色的夫差对此置若罔闻。

许多年后，越王反攻获胜，在余杭山逮捕了吴王及其部属，不无讽刺地当面数落夫差的三大过失，说他不该放越国一条生路，更不该杀害伍子胥，并听信“谗谀之徒”的鬼话，说完便赐宝剑给夫差，逼迫其在10天后刎颈自裁。耐人寻味的是，为了向世人表明自己憎恨一切“谗谀之徒”，勾践下令杀掉了曾经为他立下汗马功劳的伯嚭。基于同样的逻辑，我们可以这样推断，勾践秉承伍子胥的观点，认为西施是亡国妖姬，所以尽管她功勋卓著，仍须坚决执行死刑，彻底终结其生命，以免越国步吴国的后尘。

这无疑是杀害西施的最冠冕堂皇的理由。但勾践之所以大开杀戒，还有一个更为隐秘的原因，那就是他可能已经得到范蠡与西施私通的情报，并且为此妒恨交集。西施之死是勾践向其旧部的一次血腥挑衅：虽然你已经逃走，但我可以轻易地杀掉你的女人！

与西施同时代的墨子，为此在《墨子·亲士》一文里发出了深切的感慨："西施之沉，其美也。"意思是说，西施之所以被淹死（沉水），只是因为她的美丽啊。墨子言犹未尽，在"美"的感叹背后隐藏着某种深长的意味。是的，这个为国捐躯的美人，第一次捐出了美艳的情色，第二次捐出了美艳的生命。她是男权专制主义的最美丽的祭品。

作为一位罕见的情色烈士，西施生前是国家的工具和玩物，而后又被人以国家利益的名义处死，但死亡消解了一切道德难题。她在死后成了众口皆碑的美人。她的容貌掩盖了幕后的政治阴谋。在关于西施的叙事中，既没有关于她的悲剧，也没有关于她的喜剧。她的生命被世人抽空，成了一个纯粹的符码，高悬于中国大众美学的潮流之上，仿佛是一面超越了所有意识形态的旗帜。

吕后：成功转型只为政治斗争需要

曾经，那个叫娥姁的女子也是家境阔绰的大户闺秀。为躲避仇家，随父亲吕公从单父（今山东单县）南迁到沛县。如果门当户对出阁，娥姁本可以安安生生做她的贤妻良母。但一件偶然的事情改变了她的一生：在吕家举办的与当地乡绅见面的宴会上，混进一个蹭吃蹭喝的二流子，他就是刘邦。

刘邦出身于本分的农家，可他本人却并不本分，既不喜读书，也不愿务农，整天呼朋唤友，喝酒泡妞。以他这样的身份，是没资格傍吕家这样的大款的。

可刘邦运气实在好。吕公有给人相面的嗜好，在他眼里，这位浪荡穷鬼的面相却是贵不可言。吕公不仅容忍刘邦白吃一顿，而且不顾老婆的强烈反对，执意要把家里的黄花大闺女娥姁白送给刘邦。

娥姁，她的大名叫吕雉，嫁给刘邦以后便开始了嫁鸡随鸡、嫁狗随狗的生活。她已经不是富家的大小姐，而是地道的农妇，屋内养儿育女，户外除草种地，都是她的本分。这时的吕雉十分善良，史书记载，一天她在田里劳作时，有一个过路老人来讨水喝，吕雉不仅送喝的，而且还送老人吃的。

公元前 208 年，在陈胜、吴广起义后，刘邦也率领沛县子弟兴兵反秦，被拥为沛公，吕雉则由一个普通农妇被尊为夫人。两年后，刘邦攻入咸阳，立为汉王，吕雉又晋级成了王后，希望来得快，绝望也跟得紧。随后，刘邦与项羽开始了长达四年的楚汉争霸，项羽在睢水大败刘邦。乱军之中，吕雉和一双儿女被冲散，她与公公刘太公一起成了项羽的俘虏。在被楚军扣押了近两年半之后，吕雉才回到了刘邦身边，这时她已经年近四旬。

吕雉就这样在充满着希望却又时常面临着绝望的境遇中活着，活得比一般女人更艰难坎坷。当她和公公成为项羽俘虏时，刘邦不仅不想办法搭救，反而成了缩头乌龟，死不出战。急性子的项羽将刘邦的爸爸拉到阵前，摆出一副要把他煮了的架势，想激刘邦做个血性汉子。哪知刘邦却满不在乎，说："你我是拜把子的兄弟，我的爹也是你的爹，如果你想把爹爹煮了，别忘了分我一杯羹!"在那个年代，爹的地位远比老婆高。对爹态度尚且如此，如果项羽要拿吕雉做威胁，刘邦说不定会跑过去抱柴火帮忙一块儿煮。

刘邦不需要贤妻，也不需要良母，当吕雉和她的儿女失散后，姐弟俩侥幸遇到了奔逃的父亲。刘邦因为追兵迫近，人多车慢，竟然将亲生儿女推下车去。这等行为连"司机"夏侯婴都看不过去，将姐弟俩又抱回车上。刘邦再推，夏侯婴就再抱上来。刘邦大怒，斥喝道："你竟敢违抗我的意愿吗?"又将儿女推下去。夏侯婴大吼一声，跳下车将两个孩子挟在腋下狂奔，才算救下他们的性命。

这番磨难加上与刘邦共同生活 20 年的经历，使吕雉彻底明白了自己要成为一个什么样的人，不是女人，因为她已经没有了资本，而是一个政治家，一个丈夫事业上的得力帮手。于是她决定转型，成为一名政治家，她开始学习厚黑学，处事心狠手辣。吕雉的转型不仅快，而且十分成功。在刘邦夺取和稳固天下地位的过程中，吕雉（这时应该称吕后了）功不可没。

像大多数的帝王一样，刘邦夺取天下之后，也开始一个个收拾身边的功臣。功劳最大的三人中，谋士张良是个明白人，对主子溜须拍马处处讨好，已无威胁；能臣萧何是个老实人，只会踏踏实实做事，没有野心；只有大将韩信，不仅有历史污点——在楚汉之争中刘邦最危急的时刻讨官要官，而且一直居功自傲，让刘邦难以放心。刘邦先把韩信由齐王改封为楚王，又由楚王贬为淮阴侯，并用计谋把韩信带回京城，以便能牢牢看住他。后来，韩信真的被逼出了反叛之心，他趁刘邦外出平乱，准备在京城动手，袭击吕后和太子。谁知消息走漏，吕后和萧何将韩信骗进宫中，把他绑起来砍了脑袋。吕后杀韩信，完全是你死我活的政治斗争的需要，与他们的品德毫无关系。相反，吕后在如此危急时刻，勉力支撑局面，果断行动，表现出了超人的政治勇气和智慧。其实，她心里何尝不明白，老公早就想干掉韩信，只是怕天下人指责，才不敢动手。如今借己之手除掉后患，是对老公极大的政治支持。所以，刘邦闻讯后的心情是“且喜且怜之”，首先是高兴，然后才有些惋惜。吕后是多么了解自己的丈夫啊！

公元前195年，刘邦去世，吕后这时是四十六七岁。她开始以更大的热情来操持打理这个“家”——在她眼里，家早已不是小家，而是国家。她先是扶持时年十六七岁的亲儿子刘盈接班。为了保证天下永远在自己人手里，她甚至把刘盈的亲姐姐鲁元公主生的女儿，嫁给了刘盈，这等于是外甥女与亲舅舅成亲，不仅乱伦，而且绝不可能优生。也许是遗传规律在起作用，刘盈和他的外甥女皇后始终生不出后代。吕后只好让自己这个外孙女假装怀孕，然后把刘盈和一个嫔妃生的孩子抱过来，硬说是皇后生的，取名刘恭。而刘恭的亲妈则被吕后杀掉。

刘盈十分短命，只做了 7 年的皇上就病死了。年幼的刘恭即位。50 多岁的吕后以太皇太后的身份继续支撑着大汉的家业。

吕后虽然只有刘盈一子，但刘邦与其他妃妾还生了 7 个儿子，而刘恭又并非刘盈的嫡子。那么，刘盈死后，他的弟兄们就存在争夺皇位的可能。这显然是吕后最担心的事情。所以，在刘盈的葬礼上，吕后只干号却没有眼泪。聪明的下级当然明白主子的心思，一方面为让吕后安心，另一方面为保住自己的脑袋，他们纷纷向吕后建言献策，推举吕家的人担任要职。吕后顺坡下驴，不仅趁机让自己的娘家人掌握了军机大权，而且大肆为吕氏封王。

历史上一直诟病吕后扶持吕家党羽的行为，这其实是站在所谓的正统观念，也就是刘家的角度来看问题。事实上，持这种观点的人忽视了当时严重的政治危机。

刘邦是大汉的开国君主，他死时，与他一起打江山的开国功臣们大多还健在，其中很多人的出身与刘邦一样，都是农民或底层小吏。这些人没受过正统教育，缺乏道统观念，同时又功勋卓著，那可是说反就反的呀。刘邦在世还能镇得住，刘邦的亲儿子刘盈即位也还说得过去。而刘盈之后，面对这么强大的“反动势力”，一切都很难说了。

所以，在指望不上刘家人的情况下（别说帮忙，不添乱就谢天谢地了），吕后转而寻求娘家人的协助，并没有说不过去的地方。

从吕后苦心孤诣给刘盈找老婆，我们也能看出吕后是想把江山牢牢控制在纯正的刘家血统人手里的。但没想到，吕后不得已扶持的孙子刘恭却不买账。他长到七八岁时，知道了自己的身世，而且放出狠话：“吕后把我亲娘杀了。当初她怎么对待我亲娘，我以后就怎么对待她！”

吕后自酿的苦果只能自己吞。她借口刘恭已经神经错乱，不能再当皇帝了，又立了新君刘弘，据称他是刘恭同父异母的兄弟，是刘盈与另外一个嫔妃生的，但也有人认为这是个冒牌货。刘恭不久之后就被吕后杀了。

如果说晚年的吕后表面上杀人如麻，一点儿都不过分。刘邦与其他嫔妃生的儿子刘友、刘恢、刘建，都是被她逼死的。吕后掌权期间，薄税赋、废苛政、正民风、举孝悌，尤以停行“三族罪”和“妖言令”为史称道。史书也不得不说：“高后女主，制政不出闺阁，而天下晏然，刑法罕用，罪人是希，民务稼穑，衣食滋殖。”这俨然是一幅盛世景象。对于吕后的评价，这已经足够。

王莽：善于作秀的导演

实事求是地说，王莽是个导演，而且是一个有着强烈表演欲的导演。但他总觉得做导演不过瘾，不如亲自粉墨登场的好。因此，他上演了一出由他精心策划，并由他自己担当主角，既荒诞又真实，既让人瞠目结舌又不得不拍案称奇，虽令时人世人后人切齿，主人公却乐此不疲地新编历史剧。

王莽的发迹，并不是因为他如何有能耐，而是在于他的外戚身份。当然不可否认他有一套，但是天下有一套的多了，为什么偏偏王莽脱颖而出呢？那个时候不时兴机会均等，什么事情都是捷足者先登。所谓的捷足者，就是对有官方背景的人而言的。正当其时的王氏外戚集团是王莽崛起的决定性力量。

王莽的曾祖父叫王贺，是个德高望重的人，而他的儿子王禁，也就是王莽的祖父，却不拘小节，好酒及色，这个人突出的特点就是生育能力强，生养了4个闺女8个儿子。王莽的父亲王曼在8个儿子中排行老二，由于过世较早，只留下王莽和寡母相依为命。

王莽的姑母是王政君，她做过皇后，还做过太后、太皇太后，王莽的政治生命和资本全系于她一身。要是没有王政君在，要是她没有做皇后、太后、太皇太后，要是她没有倚重提拔王莽，要是她早一点儿看清王莽的真面目，也许王莽什么事也做不成，王莽也不会滋生篡位的野心。

可是历史不能假设，正如人生不能重来一样，王莽不仅做了，而且做得轰轰烈烈，尽管背负了千古的骂名。

王莽是古往今来的第一作秀高手，前无古人，后无来者。今天这些作秀的人，到了王莽面前，徒子徒孙都算不上。王莽之高就高在，于西汉末年那样的不容易作秀的时代，硬是做出了一场轰轰烈烈、旷世罕见、空前绝后的真人秀。

汉代以孝治天下，为了突出“孝”的概念，每个皇帝的庙号里都要有一个“孝”字，如孝文帝、孝景帝、孝武帝等。孝也是儒家的核心概念之一，由其衍生或与其相关的忠、仁、谦、恭、顺等概念在古代左右人的思想至为深刻。汉武帝“罢黜百家，独尊儒术”以后，尤为如此。这就是王莽生活的时代的社会大环境。要想在这样的社会环境中制造舆论，作秀炒作，以达到不可告人的目的，就要深谙社会大环境的特性，做到投其所好。

王莽是个人才，这种事不用学就会，无师自通。社会不是推崇儒家和孝道吗？好，我王莽就做给你们看。而且王莽做事总是从长计议，平时的蝇头小利他是不看在眼里的。他做的每件事，他作的每场秀，都不是单独成立的，而是为了一个总的目的。而这个总目的，随着王政君对他倚重程度的加深，不断地提高、加码，最后竟要取代汉家江山。

王莽从小就没有享受过其他叔伯兄弟那样锦衣玉食的生活。少年时代的王莽守着寡居的母亲过活，远离了骄奢淫逸，使他养成了好学深思的品行，这一点很重要，是他日后崛起的先决性条件。他忘却了声色犬马，把大把的时间花费在研究儒家典籍上，与一大批儒生建立了良好的个人关系。这些事情在他的叔伯兄弟们看来，王莽就是一个另类，王家需要那么做吗？可是，在他们大不以为然的同时，王莽逐渐地建立了属于自己的人脉，也赢得了谦恭折节的美名。王莽从小就知道自己应该怎么活、应该怎么努力，而不想做一个浑浑噩噩的糊涂虫。

阳朔三年，王莽的伯父王凤病重，王莽开始了人生的第一次作秀。他日夜随侍左右，亲尝汤药，忙得连洗手洗脸的时间都没有。以至于蓬头垢面，几个月衣不解带，生怕由于自己的疏忽导致伯父病情加重。王凤的亲生儿子都做不来这些，因此王凤大受感动，弥留之际，将侄儿王莽和外甥淳于长一起托付给元后王政君和汉成帝刘骜。

绥和元年，王莽 38 岁，他如意地登上了大司马大将军的宝座，在他一生的政治生涯中迈出了至关重要的一步。从此，他迈进了权力中枢区，他的一举一动都可能造成重要的影响。

然而这只是一小步，王莽的心思不在于此，而是有着更加长远的目标。

元寿二年，荒唐而短命的哀帝结束了自己的生命行程。他和成帝一样，没有留下子嗣，傅、丁两太后先他一年死去，年迈但健康的元后王政君不得不再次出山收拾残局。王政君也看出这是王氏再起的好机会，于是命使者召回王莽，让他统筹为哀帝治丧诸事宜，趁机将军国大权再次授予王莽。王莽在沉寂 3 年后，终于又重新站在了政治舞台上，这次他可要好好地露一手。

王莽重新执掌政权后，办了四件大事，即逼死董贤、迎立幼主、排除异己和谋求国丈。这四件事为其篡位做足了准备。其野心昭昭，路人尽知，只有王莽自己半遮半掩，不断作秀，折腾个没完。

通过以上种种行为，王莽把大汉的权柄牢牢地操于己手。

王莽是个名副其实的好导演，由他导演的连续剧离奇不断，高潮迭起。按理说，以现在手中无异于皇帝的权力，王莽应该收手了。可是不行，王莽不喊停，谁也甭想停止。

王莽阳的一套标榜儒学，可阴的一套却向往法家的极权主义。权力的独木桥上怎么能容得下两个人呢？深谙此道的王莽，毫不心软地向孱弱的平帝施展了阴谋诡计。他的目的已经变得很纯粹，那就是唯我独尊，不管是谁，只要是妨碍他向至高点攀爬，他就会除之而后快。

14岁的平帝染病，无疑又刺激了王莽蠢蠢欲动的野心。王莽认为平帝总会长大，如果将来一旦亲政，自己的权力就会被收回，做皇帝的梦想就会破碎，这是王莽无论如何也不想见到的结局。于是，他下定决心要把平帝摆平。

他的手段还是老一套，玩阴阳两面手。一方面在平帝面前，猫哭耗子假慈悲，痛心疾首，甚至想代替平帝去死；另一方面，于花椒酒中下毒，在腊八节这一天，由他亲自进献给平帝喝。平帝饮了岳父这杯酒，五脏六腑如同蚁咬，没折腾多久便一命呜呼。王莽故作悲戚，放声痛哭，如丧考妣。

当王莽的权力一天比一天显赫的时候，全国各地反抗的声音已如潮涌，王莽的种种倒行逆施、种种的忤逆阴险，不断地激起民愤。天下的形势不容乐观，可王莽却在不归路上乐此不疲。

王莽飘飘然，觉得自己离皇帝的位子只有一步之遥。他要再努努力，只需再用那么一点儿心思，皇帝的宝座就非他莫属。

王莽是以儒学起家的，而儒学自从董仲舒改版以后，已变得有点儿荒诞不经了，其中有“天人感应”一说更加离奇。所谓的天人感应，就是说自然现象的发生不是孤立的，而是有所预示。由天人感应衍生的符瑞学说，更是主张一种不常见的自然现象或社会现象不是孤立存在的，而是现实政治的反映，昭示天意，预卜吉凶，代表着潮流的走势和趋向。

王莽穷治典籍，对于符瑞一说了如指掌。他深切地知道老百姓信这个，比孔老夫子的话还好使。于是，为了取汉而代之，王莽要在符瑞上大做文章。之所以说王莽是个好导演，因为他会运用适当的工具，知道什么时候用什么样的工具，且运用的娴熟程度，出乎人们的意料。

将符瑞作为一种重要的政治手段，靠符瑞登上皇帝之位，又在符瑞的泛滥中沉沦，最终被符瑞所累走向灭亡，这就是王莽余下生命的轨迹。后来，在符瑞的帮助下，王莽决心马上代汉立新。

公元9年，得到玉玺的王莽举行登基大典，建国号为“新”，改年号为“始建国”。自此王莽由幕后走到台前，粉墨登场了。

西汉灭亡了。西汉的灭亡是在所难免的历史趋势，那是由长期积累的社会矛盾决定的。王莽篡汉建新只是西汉灭亡协奏曲中的一个变奏，王莽借此成功地实现了从导演到演员的转换。

新朝建立后，王莽心中窃喜不已。但是他不曾想到，他虽代替汉朝建立了新朝，可西汉末年积重难返的烂摊子，他不得不面对承担。他本以为得了大便宜，却没想到使汉朝皇帝一筹莫展的时局，现在轮到他挨了。

王莽终于当上了皇帝，为了这一天，王莽做了许多他本不愿做的事情，说了许多他本不愿说的话。王莽的阴谋实现了，尽管遭到了元后的诅咒，尽管自知无力收拾残局，可王莽依然我行我素。

在这场篡汉的好戏中，王莽是不得人心的。他的高超的骗人伎俩，于残破的时局丝毫无补，只不过赚足了当世以及后世的骂名。王莽的篡汉使西汉避免亡于浩荡的农民起义，而他所建立的新朝却不能幸免于这个结局。

刘备：换妻如换衣

刘备少年孤独贫困，与母亲以贩鞋子、织草席为生，他所住的草屋东南角篱笆边有一棵高五丈的桑树，遥望像个车盖，往来的人都奇怪此树非凡的姿态，有的就说此地当出贵人。刘备小时候与其他的小孩子在树下游戏时说：“我将来必定乘这样的羽葆盖车。”羽葆盖车是皇帝才可以乘坐的，叔父刘子敬告诫刘备说：“你这样胡说难道要灭我们全家吗？”

刘备并不理会别人的鼠目寸光，乡里的少年都依附他。他自称是汉景帝的儿子中山靖王刘胜的后代，他自己反复这么说，见人就说，于是史书上也这么说了，以至于真假没有人知道。我们十分熟悉刘备的那句开场白：“在下刘备，中山靖王刘胜之后。”根本就没人问他是谁的后代，仔细一想刘备的举动，他应该是早就有所谋算了。中山大商人张世平、苏双可能被“中山靖王刘胜之后”的话打动，觉得刘备不同寻常，便给了他许多金银财宝，这样刘备招买了一批人马，开始实现他夺取天下的计划。

三国时代是个英雄辈出的光辉年月，但刘备的特殊之处就在于白手起家，不像曹操与孙权倚靠先辈打下的坚实基础，他所依靠的只是一个虚无缥缈的“中山靖王刘胜”。他后来能打下江山，自是了不得的人物，史书上都有记载。但孟子说过，“食色性也”，意思是食和性都是人的本能，刘备也不例外，在情色上我们能够见到刘备更真实的另一面。

刘备的夫人沛国人甘氏是三国时代著名的美女之一。刘备起兵后在豫州小沛纳甘氏为妾。刘备好几个嫡妻先后丧生，甘夫人便以嫡妻的身份摄掌内事，后来随刘备到了荆州依附刘表，生下儿子阿斗（即后来的蜀后主刘禅）。

曹操大军在当阳长阪追到刘备一行，刘备丢下老婆孩子一个人跑了。全靠赵云的保护，甘夫人才幸免于难。当初桃园结义的时候张飞与关羽都杀了自己的妻子跟随刘备，那句有名的“朋友如手足，妻子如衣服”的话就是刘备说的。可见在他眼里妻子不过是随时脱随时换的衣服、鞋子一类的东西，所以此时抛下甘夫人一个人逃命，符合刘备的性格。

后来，刘备从陶谦手里接管了徐州之后，用麋竺、陈登为辅佐。

袁术自接邻的扬州起兵与刘备争夺徐州。建安元年吕布袭取徐州的治所下邳，守将张飞嗜酒误事，刘备的家眷都陷落在城里。刘备溃退到广陵收集败兵散卒，以图后举；糜竺与陈登辗转找到了刘备。糜竺原来是一个商人，家产十分丰厚。糜竺在广陵遇到刘备，刘备问及自己的家眷，糜竺说还在下邳城里。刘备丢了城池失去了甘夫人，弄得两手空空，无奈只有叹息一番。

糜竺有一个年已及笄（及笄指古代女子一般到 15 岁以后，就把头发盘起来，并用簪子绾住，表示已经成年，可以出嫁了）的妹妹，长得很美艳。为了安慰刘备，他便将妹妹送给了刘备，并将家产倾囊而出充作军资。刘备正是穷困潦倒的时候，好像天上掉下一个馅饼，不仅使危军复振，而且得到一个美女相伴。他写信给吕布请他送还家眷，互释嫌疑。吕布只是为了得到徐州的地盘，与刘备本来没有什么个人恩怨，便做了个顺水人情，将家眷送还了刘备，并且还格外开恩，让没有地方安身的刘备驻扎在徐州的小沛。

甘夫人回来后，却发现刘备战场失意情场得意，又娶了一个小妾。不过她没有表现出不快的神情，古代男子三妻四妾本来是很平常的。甘夫人与糜夫人相见后寒暄了一番，然后暗中彼此偷偷打量对方，再将自己与对方做了一番比较。不过这是妻妾心中的小波澜，外人不得而知。

虽然吕布归还了甘夫人，但是刘备与吕布已经互生嫌怨。建安三年（公元 198 年）春，吕布派人去河内买马，半路上刘备将其马匹都抢走了，吕布正好以此为借口，便遣部将高顺、张辽率兵攻打小沛。刘备知道自己的力量不支，飞书向许都的曹操求救。曹操立刻派遣夏侯惇领兵往援小沛。

夏侯惇来到小沛还没来得及安营，就被高顺部下的锐骑冲得四散，急得他脚忙手乱。夏侯惇左目中了一箭，鲜血直流，多亏亲兵救护才逃离险境；刘备带着关羽、张飞前来接应夏侯惇，正与高顺相遇，不料被张辽袭击背后，刘备全军陷落。他前后都没有了去路，不得已跑往梁地。小沛里只有孙干、糜竺等几个文士，甘、糜二位夫人被吕布劫去。看来当刘备的老婆还真够倒霉的，三天两头被人家抢走。

刘备跑到了梁地，正仓皇穷蹙的时候，曹操亲自督兵前来救他。救刘备是假，夺取地盘是真。曹军首先攻下了彭城，并将彭城的守兵平民全部杀戮一空，然后再引军进攻下邳。吕布作战失利，听信妻子严氏的话，又怀疑属下的谋士将领，导致将士离心，被部下侯成、宋宪、魏续出卖给曹操。这样刘备又找回了妻妾甘、糜二位夫人。

建安五年（公元 200 年）曹操打败了刘备，甘、糜二位夫人再一次被抢走，关羽也被擒。后来关羽听说了刘备流落到袁绍那里，遂带着二位夫人离开曹操回到刘备的身边。

曹操南取荆州以后，刘备从襄城跑到江陵。荆襄士民见刘备仁慈，害怕曹操的杀戮，便都携儿带女随刘备同行。到了当阳的时候，士民多到 10 余万，辎重也有好几千辆，走的很慢，每天只能走 10 余里。刘备每次大败的时候，都弃妻子家眷于不顾，此时庇护 10 万百姓纯属沽名钓誉。曹操亲率大军长驱直追，刘备让张飞断后，赵云保护家眷。

曹军五千轻骑日夜追杀刘备，一日一夜行 300 多里，在当阳长阪追到了张飞的断后部队。张飞兵少抵挡不住，甘、糜二夫人被乱兵冲散不知去向。赵云不见了二位夫人，急忙持枪又从乱军中杀进一条血路，好容易才找到了甘夫人，将她带到长阪。张飞见到赵云便问及婴儿阿斗，才知道阿斗被糜夫人抱着，却不知道糜夫人在什么地方，赵云只好又一次冲进曹军阵中救出了糜夫人。此时糜夫人身体已受重伤，她奄奄一息地抱着阿斗。见了赵云后，为了让阿斗脱身，不连累赵云，她一跃跳入井中而死。赵云悲伤之余，推倒土墙掩盖水井，以免糜夫人的尸体受辱。

刘备见到赵云救回甘氏母子心里大喜，听到糜夫人已死又不禁大悲，一时间百感交集，又落下许多泪。甘夫人因为受惊成疾，一年后

22岁的她也离开了人世。可怜甘、糜二位夫人一生跟随刘备东奔西走，被人抢来抢去，几乎没享过什么福。

荆州地处西川与东吴之间，是历来的兵家必争之地。当初刘备没有立足的地方，向东吴借荆州暂时栖身，约定以后归还。赤壁之战后孙权想讨回荆州，刘备以各种理由再三推托。而且鲁肃一提起归还荆州的事，刘备就放声大哭。周瑜劝孙权将妹妹嫁给刘备，以婚姻关系羁绊住他。孙权实在没有办法，就想趁刘备丧妻之机会，以其妹孙尚香送给刘备做继室为诱饵，借口吴国太夫人特别疼爱这个最小的女儿，不愿意远嫁，所以请刘备去东吴完成婚礼。名为东吴与刘备联姻，实则想趁刘备过江之机加以拘禁，好逼诸葛亮拿荆州换回刘备。刘备有意联吴，便遵从了东吴的婚议，建安十四年（公元209年）冬天由赵云、孙乾陪同进入吴国境地。

不想孙权弄巧成拙，吴国太是丈母娘看女婿，越看越喜欢，就真的招他为婿。结婚时刘备已年过半百，孙尚香也就20岁出头。结婚的那一天，100多个侍婢簇拥着一位珠围翠绕的袅娜佳人与刘备参拜天地。待入了洞房，刘备不禁吃了一惊，洞房里面刀枪剑戟杀气腾腾，侍婢都佩剑侍立在一旁，好像要出兵打仗的样子。刘备忙哆嗦着问："这是做什么？"侍婢说："我们郡主从小喜欢练武，一向是随身不离兵器。"刘备说："今夜是洞房花烛的好日子，还是将这些暂时拿开的好。"孙夫人撇嘴说："你打打杀杀了大半生，难道还怕兵器吗？"

不满归不满，孙夫人还是脱下戎装，丢下兵器。这时刘备仔细端详，这个孙夫人神采奕奕，长得也很端正，于是紧张害怕的心情消失了一大半。孙夫人横眉立目的时候确实吓人，但温柔起来也是惊天动地的销魂。于是二人携手进入帏帐。

刘备一连住了一个多月，这才从温柔乡中醒过来想起了荆州的部下。他对孙权说曹操眈视荆州不能不回去。孙权不好说不放的话，况且刘备早将吴国太哄得团团转。另外他也想让刘备在荆州作为曹魏和东吴之间的缓冲。等到刘备携孙夫人回到了荆州以后，周瑜从江陵来见孙权，问起孙权为何放刘备回去，孙权说是防备曹操。周瑜只好无奈叹息。他给孙权分析了形势，孙权也很后悔，真是“赔了夫人又折兵”。

刘备取得益州后根本不想归还荆州，孙权便趁刘备西征入川的时候，悄悄给妹妹写信谎称吴国太病重，想将孙夫人和阿斗骗到东吴，然后用阿斗换回荆州。孙夫人不辨真伪，匆匆携阿斗登船回吴国，诸葛亮派赵云勒兵断江留住了阿斗，只放孙夫人一人回东吴。孙夫人到了东吴后才知吴国太根本没有病。从此以后，孙夫人留在了东吴，被迫还是自愿不得而知，只是与刘备再也没有见过面，他们的夫妻生活大约就持续了 3 年。

当初孙夫人虽然也有温存的一面，但日常倚仗兄长的势力不把刘备放在眼里，一向说一不二，不仅左右大将都怕她三分，刘备也不敢违忤。而且孙夫人从东吴带来一批吏卒，在蜀地纵横不法，谁都无法约束，好像是闺中的敌国，还必须时刻防备孙夫人手中的刀剑。等孙夫人回到了东吴，刘备回想起的只有那些提心吊胆的感觉，所以也不派使者去东吴迎接孙夫人。

刘备最后一位夫人吴氏是陈留人，少年时失去双亲，她的父亲一向与益州牧刘焉有旧交，因此举家随刘焉进入蜀地。刘焉心有异志，他听看相者说吴氏以后会大贵，便想纳吴氏为妾，但是苦于自己与吴氏的父亲是莫逆之交，与吴氏的辈分不相当，就只好让自己的儿子刘瑁娶了吴氏。刘瑁死后吴氏寡居。公元 214 年夏天刘备取得益州城，群臣劝刘备聘娶吴氏。刘备心疑自己与刘瑁同族在礼法上不妥。法正说：“若论起亲疏，您与刘瑁比得上晋文公与子圉的关系吗?”于是刘备决定纳吴氏为夫人。吴氏虽然寡居再嫁，但艳丽不减当年，刘备重新领略了空旷已久的温柔滋味。

建安二十四年（公元 219 年)，刘备称汉中王，立吴夫人为汉中王后。章武元年（公元 221 年）夏五月，刘备称帝，立吴后为皇后。

孙权难以收回荆州，又想与关羽结为儿女亲家，但关羽不仅拒绝了孙权，还以“虎女焉配犬子”的话来鄙夷孙权。孙权出于愤怒，派吕蒙攻打荆州。关羽大意失荆州败走麦城，以至于身首异处。

刘备一心要为二弟报仇，不顾诸葛亮等大臣的劝阻，倾全蜀的 20 万兵力连营 700 里进攻东吴。孙权提出“归还荆州，送还夫人”的讲和条件，孙夫人也附密札，叙述夫妻之情与相思之苦，都被报仇心切的刘备一口回绝了。东吴大将陆逊用计火烧刘备的连营，刘备与剩下的不到 1 万士兵溃逃回白帝城。在彝陵之战刘备被东吴一把火烧了连营之后，孙尚香听到传言以为刘备已经死了，她在长江边祭奠完刘备后投江殉情而死，可谓倒霉到家了。

刘备听到噩耗不禁又想起了孙夫人的好，加上这一仗使勤苦半生建立起来的蜀国元气大伤，于是他恹恹成病。63 岁的刘备自知不行了，将阿斗托付给诸葛亮等 5 个大臣后离开了人世。

武则天：开启男宠时代

在武则天统治时期，有两个话题最让后人诟病，一个是酷吏政治，另一个就是男宠。任用酷吏使武则天迅速稳定了统治，但随着政局的稳定，酷吏也慢慢退出了历史舞台。而又有一批新的势力兴起了，那就是男宠。武则天晚年，一批男宠慢慢走进她的生活。

薛怀义，原名冯小宝，鄠（今陕西省户县）人，闯荡江湖（贩卖药材），练就了健壮的身体，粗犷中不失几分英俊，而且又能说会道，后来被武则天的干女儿千金公主家的侍女看中了，做了侍女的情人。这个侍女常把冯小宝引到公主府去相会，后来被公主发现了。公主很生气，想从重发落一下，可是她一看小宝生得伟岸、一表人才，马上派人把他召到宫中，亲自为他沐浴更衣，留待数日，把他包装成礼物，献给了寡居多年正寂寞上火的武则天。冯小宝刚过30岁，侍寝有术，深得武则天的宠爱。为了能让冯小宝合乎情理地往来后宫，武则天接受公主计策，把冯小宝变为僧人，将洛阳的白马寺修饰一下，让他出任住持，并让他学习佛教经典，既掩饰身份，又可陶冶性情，培养参政的能力。又将他改名为怀义，赐给薛姓，让太平公主的驸马都尉薛绍以叔父之礼相待。

薛怀义不满足于专任侍寝，他对任何事都有过人的聪明。垂拱四年（公元688年），薛怀义受命督建明堂和天堂，耗资巨万，建筑物雄伟华美，令人瞠目。薛怀义因功被擢升为正三品左武卫大将军，封梁国公。他还多次担任大总管，统率军队，远征突厥。他利用当时流行的对弥勒佛的信仰，和僧法明等僧人编写了《大云经》四卷，献给武则天，称武则天是弥勒佛下凡，应当取代唐朝成为天子，从而为武则天提供了对抗儒家男尊女卑理论的思想武器，更助她名正言顺地登上皇位。薛怀义凭借皇帝的宠爱，为所欲为，不但不把朝廷官员放在眼里，还公私不分。武则天大概宠了薛怀义10年左右，后来御医沈南缪成为武则天的第二大男宠，薛怀义受到冷落，这使他妒火难忍，一把火烧掉了自己督造的耗资巨万、象征天子身份的明堂。大臣们纷纷要求严惩薛怀义，武则天则不加追究；但薛怀义却日益骄横，终于被武则天指使人将其暗杀。

薛怀义死后，已过中年的沈南缪温和有加，却身心虚弱，满足不了武则天的需求。70多岁的武则天又陷入了寂寥烦闷之中，喜怒无常，脾气暴躁，动不动就责骂侍女。

还是女儿理解母亲的心事。太平公主便将美貌少年张昌宗带给武则天。张昌宗聪明伶俐，通晓音律，当场献上一曲，然后相拥入内室。侍寝一宿，武则天非常满意，当夜封张昌宗为飞旗将军。半月后，张昌宗向武后透露他有一个亲哥哥张易之，善制春药，服之使人返老还童，侍寝更有经验。武则天把张易之召来，试之，果然满意。张易之干练精悍，才貌双全，比弟弟张昌宗还生得迷人。后来，张易之被封为“恒国公”，在王宫里号称五郎；张昌宗被封为“邺国公”，在王宫里号称六郎。这两兄弟年少，长得很白，武则天也不敢把他们公开弄到宫中，就让他们到宫里头写书。

绝对的权力造就绝对的享受，皇帝从来都是最贪婪的享受者。他们不仅拥有世间最好的财物，同时也拥有世间最极品的后宫佳丽。作为中国历史上空前绝后的女皇武则天自然也不例外，她对男人的享受几乎到了登峰造极的地步，可谓前无古人后无来者，世皆无出其右。

圣历二年（公元699年），武则天有意使自己的特权制度化，让男女在相互压迫上处于她认为的平等的地位，她在这方面的一大杰作就是设立了一个颇似“后宫”的控鹤府，由张易之做长官，里面任职的官员大多是女皇的男宠及轻薄文人。这一机构为武则天集聚男嬖，以娱晚年的宫制之一。这一府内的官员，除曲宴供奉之外，另一重要职能是向女皇提供“男性温存”。“每因宴集，则令嘲戏公卿以为笑乐。”内殿设宴，则由张氏兄弟和诸武侍坐，陪女皇玩樗蒲戏或说笑话，老人家高兴了，便赐给众人赏物。试想这一场面：武则天置身于比大观园更为富丽堂皇的庭院内，周围云集着无数献媚者（大多数是男性），他们按女皇的心愿大肆嘲弄另一群男人（朝廷的大臣们），又接受女皇的评头品足。为了武则天的开怀大笑，他们不仅要奉承女皇本人，还要大肆吹捧她的男宠，说张昌宗仙姿潇洒，是周灵王太子王子晋的后身，升仙太子的转世，等等。如此多的男人拜倒在她的脚下，屈辱地接受她的调笑和玩弄，并心甘情愿地充当奴才，作为女人，她以一花独放的形式提高了女性的声望。

武则天晚年，很得益于男宠张易之、张昌宗兄弟的悉心侍奉。她很感谢张家兄弟的奉献，授予其高官，委以国政，成为她晚年最亲信的人。因武氏年事已高，政事多委易之兄弟，二人权倾朝中，连武则天的侄儿武承嗣、武三思等人都争着为二人执鞭牵马。后来却因为恃宠逞威，到了神龙元年（公元705年）武则天病重，大臣崔玄、张柬之等起羽林兵迎中宗李显复位，发动复辟唐朝的政变，他们两兄弟都被杀死在“迎仙院”。

武则天的第四大男宠是天下美少年和大臣。鉴于历代皇帝有三宫六院，武则天也想仿效。据《旧唐书》记载：“天后令选美少年为左右供奉。”有名的就有柳良宾、僧惠范等多人。

当时，负责武则天饮食的尚食奉御官柳模，人长得俊秀。一次，他进奉御膳时，武则天多看了他几眼，柳模心花怒放。柳模知道，武则天好美男，他决定牺牲自己的艳福，将机会留给自己风华正茂的儿子柳良宾。柳模推荐自己的儿子给武则天。武则天见到柳良宾，心中欢喜，当即召幸。武则天十分满意，称柳良宾为白肤郎、美须眉。武则天发现，柳良宾果然比他的父亲更俊秀，更有魅力。武则天笑纳了柳良宾，厚赏了他的父亲柳模。这样，京城内外，朝野上下，大臣、文士们纷纷自荐，或者推荐亲朋，奢侈淫靡之风，在已改称大周的大唐宫廷之中蔓延。

李白：不是好丈夫而“被离婚”

一个人对待婚姻的态度也可以反映出他的思想、追求，甚至性格特点。

李白的婚姻情况到底如何？他结过婚吗？结过几次婚？他的妻子是谁？夫妻关系怎么样？生了几个孩子？孩子的情况如何？这都是我们了解李白思想性格的重要方面。

可惜，关于李白这方面的记载实在太少，除了李白的诗歌，见诸文字的很少。还好，李白有个“粉丝”，一位叫魏颢的人在其所写《李翰林集序》中对此有记载。魏颢又名魏万，曾到处追踪李白几个月，相遇后李白就赞他前途无量，说他将来必得大名，还对他说，你得大名、大发后，不要忘了我和我的儿子。后来此人果然中了进士。他在为李白编的集子中有这样一段话：

白始娶于许，生一女，一男曰明月奴，女既嫁而卒，又合于刘，刘诀，次合于鲁一妇人，生子曰颇黎。终娶于宗。

魏万是李白同时代人，李白又托他编集子，对李白的了解应该比其他人更真实，他的这段话是关于李白婚姻和子女权威性的记录。

从这段记录中，我们获得许多重要信息：李白结过 4 次婚，两次是正式的，用一个"娶"字，两次是一般的同居，用一个"合"字。

不过魏万的话也有误导，从他的话中，我们只看到李白是"娶"了老婆，而事实并非如此。李白的两次正式婚姻都不是"娶"，而是"赘"，"入赘"。

魏万故意避讳了这个"赘"字，笼统地说"娶"，这是因为敬重李白之故，为尊者讳。可是，李白在自己的文章中却不避讳，大大方方地说自己是入赘，他在给安州裴长史的信中，说："许相公家见招，妻以孙女，便憩迹于此，至日移三霜焉。"他用的是"见招"两字，"见招"就是"入赘"。这个招字说得很明白，说明李白对"见招"没有什么心理障碍，不以为羞耻。

那么，李白为什么会不在乎做招女婿，而且大大方方地讲出来呢？

这与他的观念有关，在他看来，这没什么了不起。这又与他的出身和文化背景有关，李白从小生活的环境，使其对中原文化中这样的习俗没有切身的感受。在男女婚姻关系上，李白是很开放、很现代、很平等的，而且，李白从偏远的四川来到中原地区，举目无亲，要升迁、发达，在李白看来只要有机会让他一展才华，实现他的济苍生、安社稷的理想，招女婿又有什么关系？有时，李白也是很灵活、很庸俗的。

李白与许氏是开元十五年（公元 727 年）在安陆成亲的，成亲以后，李白过了一段相对稳定的生活，就是他自己所说的"酒隐安陆，蹉跎十年”，也就是共同生活了十多年。这十多年中，他基本上生活在湖北安陆，虽然绝大部分时间仍在“名山游”，但还算是“常回家看看”的。

许家小姐倒是一个有才有貌、有很高文化修养的大家闺秀。不愧为相门之女，婚后有好多关于他们夫妻的故事。据宋长白的《柳亭诗话》记载，有一次李白写了一首《长相思》给夫人看，最后一句诗是：“不信妾断肠，归来看取明镜前。”这位相门小姐看了微微一笑，说：“你听读过武后的诗吗？我背给你听：‘不信比来长下泪，开箱看取石榴裙。’”李白听了很没面子，本来想在夫人面前炫耀一下自己的才华，现在反被看出自己模仿的痕迹。可见这位相门之女非同寻常，由此可见，他们的夫妇关系，不仅很平等，而且是颇恩爱的。

他与许氏生了一女一男。女的叫平阳，出嫁后不久便死了。男的叫明月奴。郭沫若在《李白与杜甫》中认为，这个名字怪，不像男孩名，应该是平阳的小名，于是认为这句话有漏字，应该是：“娶于许，生一女，一男，女曰明月奴。”其实，明月奴意思是像月亮一样明亮的小家伙（奴是昵称），明月奴，名伯禽，他姐姐叫平阳，平阳是汉武帝姐姐的名，嫁后寡，后嫁大将军卫青，能歌善舞。李白也不在乎她是个寡妇，同样用这个名。他只是希望自己的孩子，长得像平阳公主那么漂亮，能歌善舞。这也与中原汉人不同。对寡妇名字也不忌。他小儿子的名字颇黎也是怪怪的，其实就是“玻璃”，就是要孩子像水晶那么明亮，从起名也可知李白受西域影响之大。

许夫人大概死于开元二十八年（公元 740 年），当时李白 40 岁，还正在南阳游玩。

李白最后一任妻子宗氏，是前宰相宗楚客的孙女，这个女子大约是李白 50 岁左右与之结合的，李白一直很敬重她。宗氏跟了李白好多年，后来跟李白上庐山。李白入狱流放时，宗氏显现出了其敢作敢为的一面，她四处奔走，与家人极力营救李白。李白被赦后，可能又见过一面，后来李白又想去参加李光弼的军队，从此再没见面。

另外，李白的两个妾，那个姓刘的女人，据说是不守妇道、“不贤”，把李白给蹬了。因为李白长年不回家，就说你再不回家，就与你李白离异。

李白很气愤，写了一首《雪谗诗赠友人》斥骂这个女人，说：

“彼妇人之猖狂，不如鹊之强强；彼妇人之淫昏，不如鹑之奔奔，坦荡君子，无悦箦言。”

这样斥骂自己妻子的诗，大概在我国诗坛上，也是独一无二的。

然而，作为丈夫，李白自己也说过，他不是一个好丈夫，他自己说：

“三百六十日，日日醉如泥。嫁与李白妇，何如太常妻。”（《赠内》）

嫁给这个没钱又整年整月不见人影的李白，已经很委屈了，还要挨这样的毒骂，这实在太不公平了。

不过，李白有时似乎也会换位思考，对她的行为也有所理解，他想象她“落花寂寂委青苔”，生活很寂寞，难怪她有怨言。

他用“去妇”的口吻写了《去妇吟》，为这位大胆离去的人妇的行为辩护：

“古来有弃妇，弃妇有归处。今日妾辞君，辞君遣何去？本家零落尽，恸哭来时路……幽闺多怨思，盛色五十年。相思若循环，枕席生流泉……及此见君归，君归妾已老。物情恶衰贱，新宠方妍好……岁华逐霜霰，贱妾何能久……余身欲何寄，谁肯相牵攀……”

他站在女方的立场说话：你不回家，我也有权利走。从这里倒也可以看出李白有男女关系较为平等的观念。看到女方也应该有自己的生理与感情需求，不是一味指责和谩骂。

更令人感动的是，李白还进行自我反省，他在诗的最后写道：

“忆昔初嫁君，小姑方倚床，今日妾辞君，小姑如妾长，回头语小姑，莫嫁如兄夫。”

他站在对方的立场上，模拟去妇的口吻对小姑说：“今后你嫁人，可千万不要嫁给像你哥哥那样的人啊。”

如果说那位挨骂的“去妇”还有个姓氏，我们还知道她姓刘，那么，李白在山东的那位妾，就连一个姓都不知道了。这位“鲁一妇人”，为李白生了一个儿子，就是颇黎（玻璃），取其纯净闪亮之意。颇黎又有个小名叫天然，希望他自由自在地成长。李白给自己的孩子取名，就像他的诗句，是很有个性的。可惜，李白不久就又远走高飞，与家人天各一方，一门散百草，从此再也没有相见。颇黎（玻璃）的命运，也成了一个永久的谜。

杨贵妃：马嵬驿并不是唯一死所

安史之乱时，唐玄宗逃至马嵬驿，军士哗变，杀死民愤极大的杨国忠，又逼唐玄宗杀死杨贵妃。玄宗无奈，便命高力士赐她自尽，最后她被勒死在驿馆佛堂前的梨树下，死时 38 岁。传说运尸时，杨贵妃脚上的一只鞋子失落，被一老妇人拾去，过客要借玩，须付百钱，老妇人借此发了财。这是正史中关于杨贵妃的说法，但关于一代美人究竟是怎么死的，却有各种各样不同的版本，而马嵬驿也可能并不是她的唯一死所。

杨贵妃也可能死于乱军之中。此说主要见于一些唐诗中的描述。杜甫于至德二年（公元 757 年）在安禄山占据的长安，作《哀江头》一首，其中有“明眸皓齿今何在，血污游魂归不得”之句，暗示杨贵妃不是被缢死于马嵬驿，因为缢死是不会见血的。李益所作七绝《过马嵬》和七律《过马嵬二首》中有“托君休洗莲花血”和“太真血染马蹄尽”等诗句，也反映了杨贵妃为乱军所杀、死于兵刃之下的情景。杜牧《华清宫三十韵》的“喧呼马嵬血，零落羽林枪”，张佑《华清宫和社舍人》的“血埋妃子艳”，温庭筠《马嵬驿》的“返魂无验青烟灭，埋血空生碧草愁”等诗句，也都认为杨贵妃血溅马嵬驿，并非被缢而死。

杨贵妃之死也有其他的可能，比如有人说她系吞金而死。这种说法仅见于刘禹锡所作的《马嵬行》一诗。刘氏之诗曾写道：“绿野扶风道，黄尘马嵬驿，路边杨贵人，坟高三四尺。乃问里中儿，皆言幸蜀时，军家诛戚族，天子舍妖姬。群吏伏门屏，贵人牵帝衣，低回转美目，风日为无晖。贵人饮金屑，倏忽舜英暮，平生服杏丹，颜色真如故。”从这首诗来看，杨贵妃是吞金而死的。陈寅恪先生曾对这种说法颇感稀奇，并在《元白诗笺证稿》中做了考证。陈氏怀疑刘诗“贵人饮金屑”之语，是得自“里儿中”，故而才与众说有异。然而，陈氏并不排除杨贵妃在被缢死之前，也有可能吞过金，所以“里儿中”才传得此说。

还有人认为，杨贵妃并未死于马嵬驿，而是流落于民间。俞平伯先生在《论诗词曲杂著》中对白居易的《长恨歌》和陈鸿的《长恨歌传》做了考证。他认为白居易的《长恨歌》、陈鸿的《长恨歌传》之本意，盖另有所长。如果以“长恨”为篇名，写至马嵬已足够了，何必还要在后面假设临邛道士和玉妃太真呢？因此，俞先生认为，杨贵妃并未死于马嵬驿。当时六军哗变，贵妃被劫，钗钿委地，诗中明言唐玄宗“救不得”，所以正史所载的赐死之诏旨，当时决不会有。陈鸿的《长恨歌传》所言“使人牵之而去”，是说杨贵妃被使者牵去藏匿远地了。白居易《长恨歌》说唐玄宗回銮后要为杨贵妃改葬，结果是“马嵬坡下泥中土，不见玉颜空死处”，连尸骨都找不到，这就更证实贵妃未死于马嵬驿。值得注意的是，陈鸿作《长恨歌传》时，唯恐后人不明，特为点出：“世所知者有《玄宗本纪》在。”而“世所不闻”者，今传有《长恨歌》，这分明暗示杨贵妃并未死。

还有一种说法认为杨贵妃逃亡日本。日本民间和学术界有这样一种看法：当时，在马嵬驿被缢死的，乃是一个侍女。禁军将领陈玄礼惜贵妃貌美，不忍杀之，遂与高力士谋，以侍女代死。杨贵妃则由陈玄礼的亲信护送南逃，行至现上海附近扬帆出海，飘至日本久谷町久津，并在日本终其天年。

杨贵妃其实就是唐玄宗荒淫无度、不理朝政，导致唐王朝衰败的替罪羔羊，其实唐王朝的衰败与“安史之乱”和杨贵妃无关。但是在当时的历史环境下，杨贵妃是非死不可的，六军将士憎恨杨国忠，杀死杨国忠后恐有后患，因而也把杨贵妃牵连进去了。

但是史书中记载着杨贵妃确实死在马嵬驿，《高力士外传》是根据他的口述而编写的，杨贵妃缢杀之后，尸体由佛堂运至驿站，置于庭院。唐玄宗还召陈玄礼等将士进来验看。杨贵妃确实死在马嵬驿，《旧唐书》《新唐书》《通鉴》等史籍记载明确，唐人笔记杂史如《高力士外传》《唐国史补》《明皇杂录》《安禄山事迹》等也是如此。

那杨贵妃死而复生的传说反映了人们对她的同情与怀念。为什么人们会如此怀念杨贵妃呢？没把她当作褒姒或者妲己一类的坏女人被世人痛骂，不仅是因为她拥有绝色之貌或是唐代女性美的代表者，而且还对其宽恕和怜悯才怀念她。全部的问题在于：杨贵妃事实上不是安史之乱的本源。高力士曾言“贵妃诚无罪”，这话虽不无片面，但贵妃不是罪魁祸首，那是毫无疑问的。“安史之乱”后人们开始反思，总结“天宝之乱”的历史经验，终于认识了历史的真相，给贵妃之死以公正的评判。

杨贵妃之死，既有其自取其咎的一面，更有作为牺牲品的一面。于是，人们幻想确实已死了的杨贵妃能重新复活，寄以无限的追念。

李师师：一代名妓，魂归何处

北宋末年的名妓李师师，本姓王，4 岁时亡父，因而落入娼籍李家，改名李师师。由于她与亡国之君宋徽宗有密切的关系，又加上《水浒传》中说她与水泊梁山的宋江也有关系，于是便成了宣和年间一个人人皆知的风流人物。虽然正史不屑于提到她的名字，但在笔记小说、野史传闻及人们茶余饭后的闲聊中，却是津津乐道的话题，她的故事也随之带上了一层传奇乃至神秘的色彩。李师师在京师当红的生活已被描绘得活灵活现，徽宗退位、北宋灭亡之后李师师的下落更是争论得热闹非凡。

作为一名风尘女子，李师师不仅色艺俱佳，名动京华，拥有着当时最高统治者宋徽宗的厚爱，而且得到宋江的垂青，同时和当时的著名文人周邦彦、晁补之保持着亲密的关系，这样的一个集当时众多优秀男士宠爱于一身的女子，究竟是一个什么样的女人？她的身有着怎样的故事？

像所有无奈堕入风尘的女子一样，李师师的身世也很可怜。北宋徽宗年间，李师师出生于汴梁永庆坊。她原本不姓李，而姓王。她的父亲名叫王寅，母亲在生下师师时，就因为难产而去世。可怜的师师，降临到人世间连自己母亲一面都没见到就早早地成了孤儿。还好她有个疼爱自己的父亲，王寅父代母职，用米汤来喂养尚在襁褓中的师师。

一个男人带着年幼的女儿生活注定是艰辛异常的。要知道那是在几千年前，没有奶粉，没有煤气灶，当幼小的师师饿得哇哇大哭时，父亲只好一边抱着她一边给她着急地热米汤。偌大的人世间，只有父亲和她相依为命。在师师幼小的心灵里，父亲是她唯一的亲人，是她一生的依靠。

在师师 4 岁的时候，天降横祸。师师的父亲受官府诬陷而被判死刑，无家可归的师师成了孤儿。只好被所谓当时的“慈幼局”（相当于现在的福利院）收养，稍稍长大后被交由金钱巷的鸨母李婆惜领养，并由此改姓李。

在李婆惜的悉心调教下，十几年后的李师师终于出落成一个亭亭玉立的美丽姑娘，不仅色艺俱佳，而且擅长诗词文赋。正因如此，当时的许多文人雅士都慕名而来，指名要与她吟诗赋文。尤其是其中的著名词人周邦彦和晁补之，不仅为她写下了大量的充满溢美之词的文章，而且与她保持着一种暧昧关系。

美艳绝伦的李师师名动京城，几乎所有的男人都知道金钱巷里有一个绝代佳人，所有的男人都想见她一面。

当时的朝廷老大是宋徽宗赵佶。他也是一个男人，而且风流成性，当他从下属的口中知道了李师师的名字后，产生了一探绝色美女的念头。但自己总归是皇帝，直接去找妓女显然是有失身份，不过，没关系，他可以乔装打扮。当时又没有电视，没有报纸，没有网络，皇帝长什么样子除了一些大臣见过外，大部分的民众都没有见过。

于是宋徽宗乔装成一个有钱的商人，花重金终于见到了传说中的李师师。果然是名不虚传，美女不仅有着绝色容貌，而且谈吐不凡，宋徽宗一下被这个风尘女子迷住了。可是李师师却对这个宁愿花重金也要见自己一面的满身铜臭的男人没有好的印象，对他的态度很冷淡。

有句话说得好，上赶着不是买卖。相对于那些讨好谄媚的女子，李师师的冷淡显得是那样别具一格。

男人总是喜欢与众不同的女人，赵佶就像一个刚恋爱的少年一样，疯狂地喜欢上了李师师。之后频繁地来和李师师约会，并赏赐给她重金，直到宫内的郑皇后知道了这段风流韵事醋劲大发和赵佶大吵大闹，他才有所收敛。

表面上是不敢再密切来往了，可是陷入热恋中的赵佶哪里禁受得住相思之苦？经过苦思冥想，他终于想出了一个前无古人后无来者、聪明绝顶的办法——那就是从皇宫里挖一条密道直接和李师师去偷偷幽会。

当几千年后的我们看到这段故事时，可能都会忍不住发出会心的微笑。原来君临天下的君王也不是自由身，也有无奈之处。只为了见自己心爱的人一面，他一定急得抓耳挠腮，在地上来回踱步。亏他想得出，挖地道时倘若让郑皇后知道了，他会怎样解释？是说为了防止刺客，还是说用来修炼仙身？总之不管他用什么样的理由，地道是挖成了。以后，每当夜半无人时，他就会穿上便服穿过长长的巷道，大步如飞地去见心中的爱人。

纵使李师师再美丽迷人，再满腹才学，纵使再有许多的不舍与不愿，大多数的男人都知道她成了皇帝的女人，对她不敢再存非分之想。可是偏偏有些男人不知趣不开眼，偏要和老大去争女人，结果差点儿为此送掉了自己的小命。

当时的武功员外郎贾奕就是这样一个不开眼的男人。仗着自己是风流才子，以前和李师师有着深厚的交情，他还试图斗胆继续与李师师保持这段情意。宋徽宗听说后醋意大发，龙颜大怒，差点儿就要砍了贾奕的头。还好有人在旁边提醒，一个皇帝为了一个女人争风吃醋杀官员传出去不好，宋徽宗才忍住满腔怒火，把他贬到远在天边的琼州做了个参军的职务。

自不量力的除了这位贾兄以外，还有一个不开眼的主就是当时的大才子周邦彦。趁着一次宋徽宗生病的机会，胆大妄为的周邦彦忍不住相思之情竟然来看望李师师。当二人正深情叙旧之时，宋徽宗突然想给美人一个惊喜，没有经过通报就直接前来看望。周邦彦躲避不及，只好藏在了李师师的床下。当宋徽宗和师师在床上温存亲热时，躲在床下的周邦彦心里五味杂陈，牙齿都恨得咬出了血！虽然后来周邦彦把宋徽宗的这段风流韵事写成了一首在民间广为流传的讽刺“绝佳好词”，但是自己也弄得灰头土脸，狼狈不堪！毕竟朝廷大员躲在美女的床下偷听人家的风流韵事也很窝囊！

后来，宋徽宗在得知此事后非常不满，对周邦彦恨之入骨。为了惩治这个不开眼的情敌，宋徽宗派人收罗周邦彦平日所写的那些艳词来作为罪证，接着又找了一个轻薄放纵不能在朝做官的理由，将他贬出了京城。可怜的周邦彦，虽然有李师师为他求情，但是他仍然好几年不能回家探望，为自己的行为付出了沉重的代价。

据说，还有两位男人与李师师的关系也值得一提。一位是当时的梁山领袖人物宋江，一位是梁山好汉燕青。尽管后人对于宋江和李师师之间的关系众说纷纭，但是宋江对李师师的爱慕却是有目的的。他只是想借助李师师和宋徽宗的关系达到招安的目的，所以才屡次去拜访她、接近她。至于燕青，民间传说他才是真正让李师师心动的男人，一些影视剧中对二人的关系也有过演绎，但是最终缺乏足够的历史依据，只能是人们的一种美好想象罢了。

随着宋徽宗年龄的增大、对朝政的厌倦和对女色的疏远，他把王位传给了自己的儿子，而自己跑到深山里做起了隐居道士。

对李师师来说，失去了皇帝的宠爱，就意味着失去了强大的靠山，未来变得难测，她感到了种种恐惧。为了免祸，她把宋徽宗赏赐给自己的钱财全部献给了官府，以资助河北地区官兵抗击金兵，并表示自己愿意出家。但即便是这样，新任的皇帝宋钦宗仍然不肯放过她，下令籍没李师师家。此后不久，金兵南下，京城汴梁失守，北宋灭亡。这就是历史上著名的“靖康之变”。

经过了这次变故，李师师的家产全部丧失殆尽，而她本人也自此从人们的视线中消失，成为一个传说。关于其人的下落也变得众说纷纭，成为了历史上一个难以破解的谜团。

关于她的下落大约有三种说法：一种是李师师“以死殉国”说。据《李师师外传》记载，金主久闻她的大名，重金寻赏李师师。在奸臣张邦昌的出卖下，她被找到。不愿侍奉金主的李师师先是用金簪自刺喉咙，后来又在失败的情况下折断金簪自杀。临死之前，她大骂张邦昌：“告以贱妓，蒙皇帝眷，宁一死无他志。若辈高爵厚禄，朝廷何负于汝，乃事事为斩灭宗社计？”她的这一举动，受到了后世之人的大加推崇，并被认为是一位有着侠士之风的风尘奇女子。但这一说法也受到了许多人的质疑，包括国学大师鲁迅等人。

第二种是“老死江湖”说。《青泥莲花记》云：“靖康之乱，师师南徙，有人遇之湖湘间，衰老憔悴，无复向时风态。”《墨庄漫录》也说她流落到浙江，有时也为当地士大夫唱歌，但“憔悴无复向来之态矣”。清初陈忱的《水浒后传》继承这一说法，说李师师流落在杭州，住在西湖葛岭，操旧业为生。宋人平话《宣和遗事》的记载相似，只是又加了“为商人所得”一节。宋代人写的《汴京记事诗》也吟咏了她凄凉的下落。

第三种说法是“被俘北上”说。被俘北上，逼嫁残废金兵，了结残生。这种说法有无依据暂且不论，事实上，李师师当时已经出宫，金兵主帅是按张邦昌等人提供的名单索取后宫妇女的，其中怎么会有李师师呢？

对我们来说，宁愿相信第一种传说，她是为国慷慨赴死，这样才能突显出这位奇女子的侠士之风、坚贞不屈的高贵品质。这样美丽绝代的女子，总希望她有一个好的结局，即便身死，也要死得有风骨，死得其所。如果按照第二种说法，容颜老去、光彩不再的李师师流落到民间，过着困顿不堪的生活，还要凭着人老珠黄这样的年老身躯去出卖自己的色相，获取微薄的收入，这样的结局，对于历史上这位曾经风华绝代、名噪一时的奇女子来说是不是太残忍了？

建文帝：众说纷纭中依旧“去向”不明

建文帝朱允炆是明朝的第二代皇帝，其父朱标是明太祖朱元璋的长子，早年被立为太子，不幸中年早逝。朱元璋按封建礼法传统，立朱允炆为皇太孙，朱元璋死时，他已 21 岁了。即位后改“洪武”为“建文”，史称“建文帝”。但他在位仅仅 4 年，即被他的四叔燕王朱棣用武力推翻。而下台后的建文帝下落，却又成了千古疑案，众说纷纭。因为建文帝在太祖严苛统治之后，力行宽政，所以他的遭遇引起了无数人的同情，他的“去向”就格外引人好奇，在各种野史、戏剧里可以看到人们无尽的猜测和演绎。

焚死说。《明史》中关于建文帝的下落是这么记载的：“谷王穗及李景隆叛，纳燕兵。都城陷，宫中火起，帝不知所终。燕王遣中使出帝后尸于火中，越八日壬申，葬之。”说这个燕王，派宦官在火里头把皇帝、皇后的尸体找出来，过了八天以后安葬了，这是两百年以后的《明史》这样说。明朝人怎么说呢？明朝记载燕王时期的实录《明太宗实录》里有这么一段话：“上望见宫中烟起，急遣中使往救助，至已不及。（看烟冒起来了，派宦官去救火，到那儿赶不及了）中使出其尸于火，还白上（‘上’指的是朱棣，后来的皇帝明成祖朱棣）。上哭曰（他哭了）：‘果然若是痴獃耶，吾来，为扶翼尔为善，尔竟不谅，而遽至此乎！’（你真是这么傻啊，我来就是帮助你做好事，你怎么就不理解我的心呢，怎么能够做出这样的事情来呢？）”壬申，也就是过了八天以后。“备礼葬建文君，遣官致祭，辍朝三日。”朱棣安排了很像样的礼节，安葬了建文皇帝，明成祖还为此辍朝三日，放假三天不办公以示哀悼。《明实录》是明朝人说的，很多学者研究，实录不实，实录的记载是不可靠的。为什么？为尊者讳，他要给官府和皇帝打掩护，他们做的一些事情不愿意让大家知道的不写进历史。这里还有一个问题，明成祖说葬了建文帝，备礼葬之，坟墓在哪儿？是以什么礼安葬的？有的记载说是“天子之礼”，我们知道，天子之礼是很隆重的，北京的十三陵、南京的明孝陵，都是非常雄伟的，规模很大，那就是天子之礼。建文君如果用天子之礼安葬，怎么没有坟呢？显然这个焚死说是不靠谱的。

归来说。在明英宗正统五年（公元 1440 年），有一个 90 多岁的和尚，带着一帮人从云南来到广西，到了思恩府大堂上，和尚说他就是建文帝。当时的知府岑瑛听了很害怕，心说：建文帝从建文四年就失踪了，到现在一直没找着，突然出现在我的面前，这是真是假？当时的首都就已经从南京迁到北京了，赶快报告宫里，就把自称建文帝的和尚送到北京的皇宫里。审案的大臣就问：建文帝活到现在也不过是五六十岁，你怎么 90 岁了？和尚一慌说了实话，他说他是河南钧州人，叫杨应祥，是个赝品。于是官府就把杨应祥处死，其他人戍边。

出亡说。燕军进入南京以后，建文帝非常紧张，一时不知所措，到处走。这时候，一个叫王钺的太监向他汇报说，太祖死的时候留下一样东西，这个东西就收藏在奉先殿，他嘱咐我们不到危急的时候不能打开。周围的大臣一听，都说赶快打开，把东西拿出来。那是一个红色的铁匣子，上了两把锁，两个锁都灌了铅，建文帝马上命人砸开，里头有度牒三张，分别写着"应文、应能、应贤"三个人的名字，里头有袈裟、有剃刀，还有白金十锭。牒上还有一句话：你们要是不想跑，就自杀，要不然的话，就拿着度牒跑。度牒上还说：应文要从鬼门出去，其他人要从御沟水门走，到薄暮的时候，在神乐观会齐。"应文"就是（朱）"允炆"的谐音。那些大臣里面，还真有一个叫应能。这三个人于是就全剃了头。朱允炆带着一些人，就从鬼门（就是现在的故宫北门）出了宫。

建文帝带着一批人走到神乐观，看见一条船就在岸边上停放，岸边站着神乐观道士王升，他一看见建文帝来了，赶忙上前叩头：皇帝万岁，我在这儿等候你了。他接着解释说，头天他做了个梦，太祖托梦给他，让他今天预备好船在这儿等当今皇上，这时候天正是傍晚时分，于是从水门逃出的人，也在这儿会合了。从此，建文帝就带着这批人，湖南、湖北、云南、四川、广西、福建到处云游，有的地方建文帝还留了诗。比如在四川的永庆寺，就有这样的诗："杖锡来游岁月深，山云水月傍闲吟。尘心消尽无些子，不受人间物色侵。"在广西也有这样的诗："牢落西南四十秋，萧萧白发已盈头。乾坤有恨家何在，江汉无情水自流。长乐宫中云气散，朝元阁上雨声收。新蒲细柳年年绿，野老吞声哭未休。"都是一些怀念宫廷生活，描写几十年在外面云游情景的诗句。

当时把杨应祥处死的时候，“真”的建文帝还在广西这儿呢！建文帝听到这个消息以后说：这个时候我也想回家，我是真的建文帝，我要回去。这时候的建文帝已经是六七十岁的人了，所以皇宫里面就派当年服侍过建文帝的宦官吴亮前去辨认。建文帝一见到他说：你不认识我了吗？当年我吃子鹅，我把肉扔在地上，你是不是像狗一样舔着吃了？吴亮不敢抬头，爬上前去看建文帝的脚，他一看到建文帝脚上的那粒黑痣，就放声大哭，那确实就是建文帝。这天晚上回家，吴亮想起建文帝当年受难，他没有辅佐建文帝逃跑，而是苟活在宫中，非常惭愧，深夜趁家人都睡着时自杀了。后来，据说建文帝就养在宫中，死在宫中，人称老佛，死以后埋在西山。

为僧说。据《明史·姚广孝传》，姚广孝（姚广孝是当年帮助朱棣夺取天下的和尚，最早朱棣打天下，是姚广孝给他出的主意）到永乐十六年的时候，已经84岁了。一天他见到朱棣，对他说：我有一件心事，你要帮助我。朱棣忙问他什么事。姚广孝说：当年都怀疑建文帝逃跑是宗泐和尚（建文帝的主录僧）帮的忙，这个宗泐和尚被关起来一直关到现在，希望你把他放了。那么这件事确实吗？是不是宗泐帮忙，建文帝最后是怎样藏到江苏吴县（即现在的苏州）的穹隆山呢？据说穹隆山上有佛塔，是建文皇帝的墓。这些传说非常神奇，与此相连建文帝在各地的遗迹也都有记载。比如说，建文帝曾经藏在四川的平昌佛罗寺，后来死了以后就葬在寺后的山上。因为建文帝经常在寺里面面向京城哭泣，后人就把这个寺改称望京寺。还比如说，建文帝从云南大理逃到四川宜宾越溪河，隐居在隆兴寺，死后就葬在隆兴山下的塔林里。甚至说康熙帝也曾经到这儿寻访过建文帝的遗迹。

寻访张三丰说。据说建文帝下落不明，明成祖朱棣心里放不下，就派胡濙（胡濙是户科都给事中，是专门管提意见、监督百官的，可以向皇帝反映民间官员的任何事）巡行天下，找建文帝的下落。从永乐当皇帝以后就开始找，一直到了永乐二十一年朱棣北征，回到宣府

(现在河北省的宣化)。有一天晚上，朱棣已经睡觉了。这时候，内侍报告说胡潆来了，朱棣赶快请他进来。两人彻夜长谈到四鼓时分，早上天都快亮了，胡潆才离开。胡潆向朱棣报告的内容，据说有一个消息，就是说找到建文帝的下落了。建文帝现在没有谋反之心，踏踏实实在外面当和尚，让人放心得很。但另有一种说法是，胡潆当年出去，以什么名义出去，不能公开说找建文帝，而是以访张三丰、张邋遢为名，张三丰是元末明初的一个著名的道人，一个神人、一个怪人。朱元璋当年就想找这个张三丰，就没找着。到了永乐时期，又派人找。派胡潆以访张邋遢、张三丰为名，去找建文帝，既然是以他为名，那么就没有公开说是找建文帝。是不是找建文帝，是不是得到了建文帝的消息，无从证实。

郑和下西洋说。当然还有一个说法，就是朱棣派郑和下西洋去找建文帝。客观来看，明成祖派郑和下西洋，是一件很了不起的事，按照他自己的理想去建立天下秩序的一件壮举。但他派两万多人、几百艘船，到非洲的东海岸去找建文帝？这种说法似乎也不是完全可信的。

建文帝的传说之所以会这么复杂，首先就是因为这事儿本来就没有弄清楚，再有一点，就是我们对于建文帝抱有同情态度，希望他不死，特别是朱棣当了皇帝以后，采取了非常残暴的对于政治反对派的镇压，人们更怀念建文帝当政时实行的宽仁政策，所以就造出了他的各种传说。建文帝是生是死，他的“去向”一定会有一个正确答案，但是历史学家目前还没有找到一个可信的答案，于是，建文帝的“去向”也就在继续的找寻之中。

三、拨云见日——拨开重重迷雾

历史迷雾重重，令人难辨真伪。我们看到的并非我们看到的，我们听到的也并非我们听到的，一切都似是而非，许多看似不可能的就那样实实在在地发生了，有的深藏玄机，有的机关重重。让我们睁开慧眼，拨云见日，一睹重重迷雾下的历史原貌。

商鞅：为强秦奠基，为自己掘墓

商鞅是卫国公族的后裔。他所置身的战国时代，是一个饱学之士周游列国、到处兜售自己的时代，朝思暮想的都是知遇之恩。

商鞅也不例外。他从小研读刑名之学，摸索出一套变法理论。尽管对法律、军事的研究已超出前辈吴起、李悝，但他的这套办法，在本国毫无兜售希望。

于是他决定去国外走一走。他的第一个机会来自魏国。魏国国相公叔痤，对商鞅的奇谋十分欣赏。不知道是商鞅的不幸，还是魏国的不幸，就在公叔痤决定向魏惠王推荐商鞅时，公叔痤已被病魔夺走了大半条命。他只能竭尽余力，告诉前来探病的魏惠王："我死之后，希望您能以举国之事，听候商鞅的调遣。"

魏惠王估计被公叔痤这句话吓倒了：商鞅？他才20出头，乳臭未干！当然，他尊敬老臣，没有当面说国相老糊涂。

公叔痤非但没有老糊涂，反而姜是老的辣。他看懂了魏惠王的表情，无奈，狠了狠心说："既然您不用商鞅，那一定要杀了商鞅！"人才如战略物资，自己不用也不能便宜了敌人。

等魏惠王走后，公叔痤越想越不是滋味，一个青年才俊将因自己而死？不知是不是人之将死，其心也善，他派人叫来了商鞅，告诉他事情的经过：“你赶快逃走吧。”

公叔痤的急切溢于言表。看来，他一生最后的努力就是保全商鞅的性命了。然而，面对一个垂垂老者，商鞅的表现告诉大家，姜不一定是老的辣：“国王既然不能听您的话而信任臣下，又怎么会听您的话杀臣下呢？”

果然，魏惠王没有杀商鞅。

既然公叔痤死了，商鞅在魏国的前景也就等于零。下一步去哪里？他把战国七雄一字排开，思索哪个国家会成为自己的买家。

恰在此时，秦孝公的“求贤令”发布了。

商鞅的目光越过了函谷关，他决定入秦。

商鞅见到秦孝公，是宠臣景监引荐的。

第一次见面，商鞅还弄不清秦孝公的想法；他试探性地从三皇五帝讲起，还没说完，秦孝公已经打起了瞌睡。事后，秦孝公怒斥景监：“你推荐的什么朋友，就知道夸夸其谈。”

见到秦孝公的这个反应，商鞅反而高兴了：“原来秦公的志向不在帝道。”

第二次见面，他又从王道仁义讲起，秦孝公的兴致比前一次好点儿了，但还是觉得不着边际，哈欠连天。商鞅更高兴了：“秦公志不在王道。”

于是，第三次见面，商鞅劈头就问：“当今天下四分五裂，您难道不想开疆拓土，成就霸业吗？”

秦孝公立刻精神了，他要的就是霸道！听着听着，他不由自主地向商鞅靠拢；最后，秦孝公不再矜持，激动地握住商鞅的手：“请先生教我。”

说服了秦孝公，商鞅的强国大计只是销售了一大半。秦国的重臣还对变法有所保留，甘龙、杜挚等人就对商鞅的一套毫不买账："商鞅来自外国，他根本不了解秦国的实际情况，国君不过是被他的花言巧语迷惑而已。"

聪明的秦孝公并不急于表态，他要看看商鞅如何应付——如果你的变法政策连大臣都说服不了，还如何推行全国？商鞅站了出来，和群臣展开了一场著名的"答辩会"。甘龙说，要效仿先圣。商鞅就历数那些成败君主，凡是有作为的必有所创造、有所超越，陈陈相因导致衰亡，顺应时势才能大展宏图。一番滔滔雄辩，把对方驳斥得哑口无言。

说服了大臣，商鞅的变法政策还只在朝廷站稳了脚跟。但是，老百姓会相信他的新政策吗？商鞅想到了一个办法。

一天，商鞅亲自来到国都的南门，令人竖起一根3丈高的木头，百姓不知所以，纷纷前来围观。商鞅宣布，能把这个木头扛到北门，即赏10金。"这可是重赏啊！"人群中一阵惊叫，却没有人相信这是真的。商鞅果断地把赏金提高到50金。终于，有个年轻人出来试试运气了，他轻松地把木头搬到北门。众目睽睽之下，商鞅当场付款。

举国轰动了：商鞅是信守承诺的！

公元前356年，商鞅在秦国开始了彻底而系统的改革。土地制度变化了，开阡陌，除井田；治安管理加强了，什伍连坐，互相监督；贵族特权取消了，奖励农耕，生产的粮食多也可以立功，优秀的农民可以扬眉吐气；爵位等级秩序建立了，不分平民贵族，以战功授奖，只要立功多，就可以富甲一方。秦国的军队从此变成虎狼之师，既然杀敌取胜可以带来财富和地位，何乐而不为呢？

十几年里，"秦民大悦，道不拾遗；山无盗贼，家给人足；民勇于公战，怯于私斗，乡邑大治"。公元前350年，在商鞅的主持下，秦国迁都咸阳，以郡县制划分行政区域。接着，秦国夺取魏国河西之地，迫使魏国迁都大梁。甚至，那个名义上的皇帝周天子，也要如同诸侯一样向秦国祝贺。普天之下，秦国之外已无强国。

秦孝公兑现了他在“求贤令”中的诺言：“与之分土。”商鞅被封为大良造，因战功封於、商十五邑，号商君。巨大的荣誉与权力倾覆朝野，商鞅达到了人生的巅峰。

但是，秦国的强大并不符合所有秦国人的利益，首当其冲的是旧贵族。在特权被取消之后，他们变成了商鞅的死敌。

早在变法之初，太子就指责过商鞅：“新法严峻。”按照商鞅的政策，敢说新法的坏话，这还了得？罚不了太子，也要罚教导太子的两位师傅——公子虔被割了鼻子，公孙贾脸上被刺了字。

法律的权威虽然得以保障，但却得罪了未来的国君。有人劝商鞅急流勇退。但是身在权力的顶峰，又有几个人懂得退？大概商鞅以为自己仍可以逢凶化吉。他对政治的瞬息万变，对君主的自私一面，估计不足。他对平民生活毫无兴趣。于是，在秦孝公后期，商鞅有太多的机会为自己留退路，但都被他放弃了。

公元前 338 年，秦孝公去世。这是很多人潜心等待的一个时刻——时势会因为一个人的存在与否而发生巨变。太子驷即位，为惠文王。公子虔等人终于有了报复的机会，他们告发商君谋反，发吏追捕。商鞅有口难辩，唯有逃亡。

在一个月色初上的黄昏，商鞅逃到了函谷关，关守尚不知咸阳城中的变故。但商鞅万万料想不到的是，他出逃太急，忘了带验证身份的凭证，而每一家店主都告诉他：“我们商鞅大人制定的法律，留宿没有证件的旅客，店主要受连坐之罪!”

商鞅喟然叹曰：“嗟乎，为法之敝，一至此哉!”自己当日颁布连坐令时，又何曾想到以亲身陷此令？商鞅走投无路，只好回到封地，仓促地组织了一支人马，起兵造反，战败。秦惠文王对他实行了严酷的车裂之刑，告诫世人“莫如商君反者”。

商鞅的悲剧充满了历史的浓重感和宿命感。他执掌秦国朝政19年，这才有了繁华富庶、气势如虹的强秦；才有了始皇帝“奋六世之余烈，振长策而御宇内，吞二周而亡诸侯，履至尊而制六合”的统一大业；才有了历代王朝沿用的秦汉制度、霸道王道并存的治国传统。而他死于自己制定的法律下，也是以生命维护了变法的尊严。

韩信：犹豫着莫名其妙地死了

韩信是个军事天才，但他在识人处世上的智慧几乎等于白痴。从小就家境贫寒又早年丧了双亲的他，时常遭到同乡地痞的欺辱，江苏淮阴在那个时代或许盛产流氓，韩信经常能遇到这样的人。不过，这些流氓之所以总欺负韩信，与韩信自己有很大关系。他从小就熟读兵书，学成后总觉得自己是大将之才，常挎一根木剑四处招摇，这种特立独行难免会让那群流氓产生好奇，先是认为与他身份不符，随之而来的就是侮辱。韩信就在这样的背景下，钻了一个流氓的裤裆，后人称之为“胯下之辱”。

项羽与刘邦纷纷揭竿而起反秦后，韩信跟了项羽，项羽并没有认识到这是一个军事天才，只是让他担任了自己的粮库站长。韩信当然认为自己不是干这个的，于是跑到了刘邦那里。

结果，刘邦也没有看上他。倒是刘邦手下的萧何在与他的谈论中发现此人是个天才。楚汉战争前期，刘邦手下的许多人见他总被项羽打败，所以都逃跑了。韩信也逃跑，但却被萧何追了回来，刘邦在萧何的建议下任韩信为将，韩信正式登上了楚汉战争的舞台。

4年后，也就是公元前202年末，已经被封为齐王的韩信率30万大军在垓下（今安徽灵璧东南）将项羽的9万兵马团团包围。项羽仅带28人冲出重围，逃至乌江，又被韩信的部队追击，项羽在吟诵了几句诗歌后，挥剑自刎，楚汉战争以刘邦的胜利而告终。

楚汉战争的结束标志着天下已经归刘邦所有，但是，有一个国家不肯投降，这个国家就是鲁国，鲁国不承认刘邦是天下之主，还要为项羽奋战到底。刘邦派人告诉他们，项羽已经死了，他们不信。最后，刘邦只好把项羽的人头拿给他们看，鲁国才放下武器，投降了刘邦。

就在与鲁国对峙期间，刘邦只带了几个随从，在韩信毫无防备的情况下，冲进了他的军营，把韩信的官印和兵符全部收缴，韩信一下就成了光杆司令。

这件事可以给我们两个启示：第一，刘邦在得到天下后对功臣，特别是韩信的猜忌之心非常重；第二，韩信虽然能带兵打仗，却不善于治军，不然不会让刘邦那么轻松地进入军营，韩信在军队的管理上相当差劲。第二年，刘邦大封功臣，就把韩信封为楚王，理由是，那里是你的家乡，你对当地情况比较熟悉，但并没有给他任何兵。

此时，韩信是个没有牙齿的老虎，只能听从刘邦的摆布。他在楚王位上只待了 4 个月，朝廷就发生了一件事。有一天，刘邦召见群臣，脸色灰青，漠然地对臣子们说："有人告发楚王韩信要谋反，怎么办?"

这个告密者到底是谁，司马迁没有给我们答案。但从种种迹象来看，的确有这样一个告密者，而不是刘邦信口雌黄。韩信此时已经是个光杆司令，刘邦没有必要采用欺诈的手法来惩治他。不过，这个人肯定摸透了刘邦的心理。韩信与刘邦其实并不和，早在楚汉战争期间，刘邦被项羽围困，急切希望韩信来解救。但韩信却趁火打劫，让刘邦把自己刚攻占下来的齐地奖励给他，而且要封他为齐王。刘邦当时可是咬着牙让韩信做齐王的。这个告密的人很可能从这一信息上吃透了刘邦对韩信并不那么友好。所以，即使韩信没有想造反，由于偏见，刘邦也会认为韩信会造反的。

众人都认为告密属实，就商量对策。商量的结果是，不能去讨伐韩信，因为韩信是个打仗的天才，刘邦的臣子中没有这样的天才。

有大臣建议说，既然不能强攻，只能智取："古时天子常到各地巡游打猎，借此机会与各地的诸侯相会。南方有云梦泽（湖南益阳以北、湖北江陵以南之地），您可以说到云梦巡游，会见那一带的诸侯，韩信听说陛下到了云梦，按照礼仪，必来见陛下，陛下乘其不备，只用一个壮士就能生擒他。”

刘邦认为，这的确是个好主意，便向天下发布通告，说要到云梦泽游玩。并专门遣使告诉韩信，让韩信前往云梦相见。

韩信听到消息后，是很犹豫的，他不知是该去还是不该去。据史料记载说，韩信当时感觉到刘邦来者不善。他左思右想，自己到底有什么秘密被刘邦知道了，结果想来想去，就想到了自己的老乡、曾经追随项羽的大将钟离眛。

项羽死后，钟离眛并没有陪项羽去地府，而是逃到楚地，听说好朋友韩信在做楚地的王，就跑来找韩信寻求保护。韩信想都不想就答应下来。刘邦曾发布通缉令通缉过钟离眛，但没人知道他的消息。

韩信认为，问题可能就在钟离眛身上，大概是有人揭发他，说他私藏国家罪犯。韩信于是跟钟离眛商量，希望他能老实点儿，跟自己去见刘邦。

钟离眛苦笑，却又很郑重地提醒韩信："你若将我逮捕交给刘邦，以此向刘邦献媚，那么，我今天死，你也将随后而亡。"

韩信当时很窘迫，他有点儿后悔当时收留钟离眛了，既然钟离眛不肯老实与他合作，那么只有杀了他，或者叫他自杀。钟离眛选择了后者。据说钟离眛自杀前，怒骂韩信："你真不是一个仁厚之人！"

这话如果放在二人的关系上，的确如此；但若从国家利益的角度来讲，韩信的确是个忠贞之臣。

不过，韩信想错了。当他提着钟离眛的首级见到刘邦，还没有做一句解释，刘邦就一声断喝，武士把韩信捆了起来。然后，就起程回临时国都洛阳。

上车时，韩信不知是哪里来的书生气，喟然长叹："果然像人们说的那样：‘狡兔死，良狗烹；高鸟尽，良弓藏；敌国破，谋臣亡。’天下已定，我当然应该被烹了。”

刘邦可不想让人误会自己是这样一个人，他争辩道：“你还不知道我为什么要抓你，是因为有人告密，说你要谋反。”

韩信无话可说，总之，现存的史料并没有记载韩信当时有过争辩。到洛阳后，刘邦思来想去，认为韩信虽然要谋反，但功大于过，所以就把他贬为淮阴侯，让他去淮阴好好反省去。韩信无缘无故地被贬，当然牢骚满腹，常常称病不朝。刘邦也不是不理解韩信心中的不服，这位皇帝也是没有办法，所以对韩信的软对抗也就睁一只眼闭一只眼了。

可这种情况并没有持续多久，有人又告发了韩信。

韩信这个人似乎命运很不好，小时候无依无靠，好不容易被刘邦封为大将军，只领兵 4 年就被剥夺军权，然后是被不知姓甚名谁的人告发谋反。这次又是被人告发谋反，不过这一次，告他的这个人叫栾说。栾说的哥哥是韩信的舍人，也就是家臣，很可能是在处理一些事情上不符合韩信的心意，韩信就把此人囚禁起来，同时还声称要对其进行严厉的制裁。

栾说在看望哥哥的过程中，哥哥的处境让他感到了无助。据史料可以得知，就是在栾说与哥哥见面的时候，这位韩信的家臣把韩信要谋反的消息告诉了栾说。栾说毫不迟疑，为了能解救哥哥，立即向朝廷告密，说韩信要与阳夏侯陈豨谋反。

陈豨是汉朝的开国功臣，当时被任命为巨鹿守。公元前 197 年，陈豨任代国的丞相。汉朝规定，诸侯王的丞相都由中央政府派遣。不久，他自称代王，联合韩王信、燕王绾举赵代之兵反叛，刘邦亲率大军北上征讨，吕后及萧何守卫国都长安。

有一天，吕后慌忙召来相国萧何，把栾说的告密说了一通，最后认定，韩信肯定是和陈豨商量过谋反的事情。

听了吕后的话，萧何也觉事态严重。经过密谋，两人决定：由萧何去见韩信，诈说叛军已经被刘邦平定，陈豨已死，诸侯与群臣皆入朝祝贺，也请韩信入朝致贺。

萧何去见韩信，把来意一说，韩信还是有些犹豫。不过，因为之前与萧何交情深厚，他犹豫归犹豫，还是跟着萧何到了长乐宫。应该说，此时的韩信已远不如战争年代机警、智慧和果断。

结果可想而知，韩信进宫见不到皇帝，只见到了一大批武士，把他捆绑起来。吕后可没有刘邦那么仁慈，连问都不问，就将他杀掉了。而韩信，也就这样稀里糊涂、莫名其妙地死了。

韩信临死前，并没有说自己是否要谋反，司马迁认为韩信的确与陈豨探讨过谋反事宜："陈豨拜为巨鹿守，辞于淮阴侯。淮阴侯挈其手，辟左右与之步于庭，仰天叹曰：'子可与言乎？欲与子有言也。'曰：'唯将军令之。'淮阴侯曰：'公所居，天下精兵处也；而公，陛下之信幸臣也。人言公之叛，陛下必不信；再至，陛下乃疑矣；三至，必怒而自将。吾为公从中起，天下可图也。'陈豨素知其能也，信之，曰：'谨奉教！'汉十年，陈豨果反。上自将而往，信病不从，阴使人至所，曰：'第举兵，吾从此助公。'信乃谋与家臣夜诈诏赦诸官奴，欲发以袭吕后、太子。部署已定。其舍人得罪于信，信囚，欲杀之。舍人弟上变，告信欲反状于吕后。"

韩信被杀后，刘邦回到洛阳，听了这个消息后，又喜又叹。至于韩信是否真的要谋反，刘邦没有问。于是，"韩信谋反被杀"就成了历史上的重大谜案之一。

许多人对韩信之死表示惋惜，有人认为他在齐王任上时，靠实力就能与刘邦、项羽鼎足三分。如果在那个时候不造反，楚王时的光杆司令和淮阴侯时的无兵无卒，"造反"实在是玩火自焚。

不得不说，开国功臣大都不得善终，如果不是一个规律，也是一个普遍现象。汉朝初年，刘邦辛苦奔波，全是为了各地造反的诸侯王。

韩信虽然没有造反的实证，但却有造反的实力，这不能不让刘邦有所顾忌。况且，韩信当初要挟刘邦的事，总不能让刘邦痛快，所以，韩信后来之死是必然的，但却不是必须的。

于禁：道德偶像接连丢失节操

建安二年（公元197年）正月，刚刚招降了张绣的曹操，将张绣叔叔张济的老婆也纳为己有。这一行为让张绣很不满。而更让他感到心惊的是，曹操好像对他手下的大将胡车儿表现出了浓厚的兴趣，送给了胡车儿不少金银。抢女人可以理解成好色，拉拢手下的大将，这不是明摆着要置自己于死地吗？着急的张绣决定先下手为强，他对曹操说想把军队调动一下，曹操一时大意，竟然同意了张绣从自己军营借道的请求。结果，张绣突然发动攻击，让曹操措手不及，不仅军队被打散了，其长子曹昂和爱将典韦都在战乱中被杀。曹操自己也被流箭射中，狼狈地逃到舞阴（今河南泌阳西北）。曹操逃得狼狈，他的手下也好不到哪里去。乱军之中，大家纷纷抄小路逃命。可有一名将领却显得相当镇定，这个人就是于禁。

于禁是泰山钜平（今山东泰安）人。献帝初平三年（公元192年）时，由王朗推荐给曹操。之后的几年，于禁跟随着曹操东征西讨，立下了不少功劳。于禁是个见过世面的人物，在张绣搞的这场偷袭战中并没有乱了阵脚，他从容地指挥着自己的几百名士兵，一边战斗一边撤退。虽然在战斗中不断有人伤亡，但这支几百人的队伍却始终有序地撤退着。由此可以看出于禁平时治军有方并且战时指挥也很得当，不然这么几百号人要么早就作鸟兽散，要么早就被敌人消灭了。

于禁一行人在撤退中遇到了十几个被剥光了衣服的伤员，他心中大异。待于禁将他们叫来一问才知道，这群士兵是被人给抢了，而抢他们的竟然是由曹操收编的黄巾军组建起来的青州军。于禁非常生气，他来不及细想为什么青州军要抢人家的衣服，便带着队伍打了过去，之后还非常严肃地列数青州军的罪状，并对他们进行了思想教育。可青州军却不吃于禁这一套，他们先于禁一步见到了曹操，在曹操面前不住地说于禁的坏话。而此时的于禁正抓紧时间挖深战壕，加高营垒，一心一意地防备着张绣的追兵，对青州兵的行动并不知情。当有人告诉他情况时，于禁仍不慌不忙地说："敌兵都还没退走，不赶快修筑工事，敌人来了怎么办呀？再说以曹公的智商，能这么容易就被人给骗了吗？没事！"

面对追击的敌人，能镇定指挥；面对诬告的小人，能从容分析形势，注重事情的轻重缓急，于禁不愧为一名优秀的将领。曹操在得知事情的真相后赞道："将军在乱能整，讨暴坚垒，有不可动之节，虽古名将，何以加之。"为了表彰于禁，曹操封他为益寿亭侯。曹军的一场大败却成全了于禁，让他达到了人生的一个小巅峰。

只是无论是曹操还是于禁都没有想到，这句"有不可动之节"的评价将会在日后成为于禁沉重的包袱。因为这句话，失节的于禁便多了一条不可原谅的罪状。

建安十年，曾经归附曹操的昌豨又反叛了，曹操便让于禁去攻打昌豨。接到命令的于禁二话没说，带着部队就急速攻了过去。面对着彪悍的于禁，昌豨没做多大的抵抗便投降了。当然，昌豨投降还有另一个原因，那就是于禁是他的旧友。老朋友了，投降后自然可以平安无事。然而很快，昌豨就发现自己错了，当于禁面带愁容、含着泪花来到他面前时，昌豨惊讶地发现这个老朋友并不是来救自己的，而是来杀自己的。昌豨至死也不明白，为什么他和于禁多年的交情，却没能换回自己一条命。于禁为什么就一定要杀死老友昌豨呢？答案是法律。昌豨投降后，诸将都提议把昌豨送给曹操处置，可于禁却认为没有必要，他严肃地对诸将说："诸君不知公常令乎？围而后降者不赦。夫奉法行令，事上之节也。豨虽旧友，禁可失节乎！"这就是说，曹操早就有令，遇上被围困之后没办法才投降的人是不能赦免的。我于禁只是依法办事，决不会为了一个朋友失去自己的节操，一番话说得诸将哑口无言。

事后，曹操得知此事，感叹道："昌豨呀，谁让你不到我这儿来投降，却要去向于禁投降呢？你这不是自己找死吗？"此事之后，曹操更加看重于禁了。曹操虽然赞赏于禁，可为《三国志》作注的裴松之却指出："禁曾不为旧交希冀万一，而肆其好杀之心，以戾众人之议。所以卒为降虏，死加恶谥，宜哉。"这里，就一针见血地指出，于禁以法律节操严格要求别人，所以到最后当他自己失节之时，他就又多了一条不可原谅的罪状。

可是这一点曹操没有想到，于禁没有想到，诸将也没有想到。在大家的眼中，于禁成了一个为守护法律和节操可以放弃友情和生命的道德典范。在之后多年的征战中，于禁又是屡立战功，他的封邑也达到了 1200 户。于禁的人生，又达到了一个高潮。如果没有后来发生的那件事，于禁也许就会以这样一个无比光辉的形象出现在历史的画卷里。可是，历史总是充满那么多的不可预知。建安二十四年，于禁迎来了改变他命运的那场战役……

建安二十四年，蜀军对曹操发动进攻，当时关羽带着大军进攻樊城，守将曹仁向曹操求救，曹操派了于禁、庞德两员大将率领 7 支人马前去增援。出征之前还有个小插曲，人们忽然对将领的忠诚度表示了担忧，于禁作为老革命，自然是可以信任的，但庞德就不好说了，因为庞德原是马超的部下，而此时马超已经是蜀国的将领，而且庞德的哥哥也在蜀国任职，庞德会不会借这个出征的机会，重新投入马超的麾下呢？庞德听了后，马上表态了："吾受国恩，义在效死。吾欲身自击羽。今吾不杀羽，羽当杀吾。"庞德用掷地有声的誓言打消了人们的顾虑。只是后面发生的事，却让所有人都大跌眼镜。

于禁和庞德带着部队安心地驻扎在樊城的北面平地上，等着和关羽一决生死。可关羽却并不急着与他们交战。关羽把军队移于高处，差人堵住各处水口，耐心地等着。八月的一个夜里，关羽让士兵打开水口，将蓄积已久的洪水放出来。一瞬间，于禁和庞德的七军便被大水吞没。在这个兵败如山倒的时候，庞德先是处死了两名要投降的将领，接着身穿铠甲，手挽弓箭，一箭一箭地射向蜀军。箭射完了，就贴身过去，与蜀军进行肉搏战。直到最后，庞德手下或死或降，他只身一人坐着小船向曹仁军中行去，谁知，一个大浪将船打翻，庞德成了关羽的俘虏。被俘后的庞德并不理会关羽的劝降，他始终立而不跪，并对关羽大骂不止，直到最后被杀。庞德用自己的行动向那些曾经怀疑过他的人证明了自己的节操。而同样被俘的于禁，却做出了一个让曹军想都想不到的举动——他投降了。对于于禁的投降，《三国志》和《资治通鉴》上都只有"遂降"的字眼。显然，于禁是在无人劝降的情况下主动投降的。

消息传回曹操那里，所有人都惊呆了。之前备受怀疑的庞德宁死不屈，之前备受尊崇的于禁却主动投降了。于禁呀，你怎么能投降呢？你没看见你的部下都宁死不降吗？你忘了你曾经被曹操称赞"有不可动之节"吗？你忘了你曾经为了维护法律节操而毫不手软地杀死了自己的老友昌豨吗？你难道不知道你在曹军中早已经是一个道德偶像了吗？为什么关键时刻你自己却失节了呢？道德偶像的不道德行为让人们对他彻底失望了，大家都有一种上当受骗的感觉。而这种彻底的失望，在于禁重返曹营后，便化为了巨大的愤怒，让于禁永无翻身之日。

对于这件事，曹操感叹了许久，他想破了头也没有想出个所以然来，只好说了一句："我和于禁相识 30 年，怎料在危难之处，于禁反而不如庞德呢！"到底是什么原因让于禁投降呢？答案很简单：于禁老了。经过了几十年的征战，时间不仅带走了于禁强壮的身体，也带走了他那颗坚毅的心。老当益壮，曹操可以，于禁却不行。当冰冷的刀锋贴在他脖子上时，节操、法律都显得那么微不足道。此时的于禁只有一个想法：无论如何，要活下去……

建安二十四年十一月，还没心情享受“水淹七军”胜利喜悦的关羽被吴将吕蒙用计击败，并且他本人和儿子关平都被孙权杀死。于禁便又成了吴军的俘虏。

孙权对于禁还是不错的。史书上说，孙权允许他和自己骑马并行，由此可见，于禁不仅行动比较自由，而且是有一点儿地位的。可是孙权大度，不等于他的手下也一样大度。毕竟，像于禁为活命而主动乞降的人是为人所不齿的。所以当孙权的手下虞翻看到于禁与孙权骑马并行时，就训斥于禁说：“你这个投降的俘虏，怎么敢和我们的主公并行！”虞翻的话像锥子一样，扎得于禁心里直滴血。然而虞翻对于禁的刁难并没停止。后来孙权和众人在楼船上与群臣宴饮，于禁听到当时演奏的音乐，忍不住流下泪来，虞翻见状，起身骂道：“你想用眼泪来换取大家的同情吗？你以为这样就可以免去你犯下的罪行吗？”于禁无语，原来，作为降虏的他，连流泪的权利都没有了。

吴国是待不下去了，在这里虽然有吃有住，可是于禁却觉得自己活得毫无尊严，任何人都可以拿他投降的事来挖苦他、取笑他。那么，哪里才是他的安身之所呢？于禁想家了，他想回到他离开已久的曹营中去。他认为在那里，他才可以有尊严地活着。很快，于禁如愿以偿了。

延康元年（公元220年），曹丕称帝，国号魏，定都洛阳，改建康元年为黄初元年。第二年八月，孙权派使者向魏称臣，于禁作为被俘的曹营将军，也将被送回魏国。听到这个消息的于禁非常高兴，他终于看到了生活的曙光，他并不认为自己会因投降的事而受到故国同人的歧视。在这样一个叛主投降如家常便饭的时代，自己这么点儿事算得了什么？

果然，当曹丕看到头发胡须俱白且面容憔悴的于禁时，他不但没有怪罪于禁，反而用孟明视和荀林父的故事来安慰他。孟明视和荀林父是秦、晋两国的大将，虽曾兵败，但未受处罚，后来将功折罪，立下大功。这一下，于禁更对曹丕感激涕零，到底是自己的领导关心自己呀！有一个如此气度的领导，自己的苦日子应该结束了吧？被喜悦包围的于禁并没注意到曹丕话语中那一丝冷漠和周围大臣充满愤怒的目光。

于禁回来后不久，他接到了曹丕的一项指示，去给老领导曹操上炷香。于禁当时并没有太在意，他只把这当成了一次普通的拜祭。而当于禁来到曹操陵园时，他发现陵园的屋子上方竟然有一幅壁画，壁画中显示的是关羽得胜、庞德发怒、于禁投降。

一瞬间，于禁心如刀割，原以为众人早已原谅了他，原以为自己将重新开始自己的生活，不料，到头来，一切的一切，只是“原以为”。一种充满绝望的羞愧感涌上于禁的心头，也许直到这一刻，他才真正发觉自己错了，他的命运从投降的那一刻起就已注定。回到家中的于禁很快就在羞愧中病死。

一代名将于禁，用一时的苟且偷生，毁了自己的半世英名，可悲可叹！

诸葛亮：求职失败，自编自演“三顾茅庐”

《三国志》与《三国演义》所写的“三顾茅庐”，可谓是诸葛亮决定出山的关键一节：说刘备刘玄德太看重诸葛亮的才华了，一而再，再而三，不管是吃了闭门羹，还是被小书童奚落，更不顾风雪寒天，执意要见诸葛亮，不请出诸葛亮决不罢休。不过在比这两本书更早的史家著作之中，却有一种截然不同的说法，叫作“毛遂自荐”说。

当时，诸葛亮的老师司马徽分析天下大势：如今曹操挟天子以令诸侯，已经平定了中原，势必要将荆州作为他的下一个进攻目标。而江东孙权，这几年养精蓄锐，兵强马壮，也虎视眈眈将目光转移到了荆襄八郡。可以说，荆州直接面临曹操、孙权这两方面的威胁。荆州牧刘表缺乏应对之策，荆州的战事一触即发，荆州的安定局面就要结束了。

司马徽说，刘玄德这时来到荆州，肯定是有所图谋。刘玄德与刘景升都是大汉贵胄，刘玄德眼下没有立身之地，他是指望刘景升给他一个安身之处，同时，也在观时待变。

诸葛亮问："刘备与刘表相比，论才学是在刘表之上，还是旗鼓相当?"

司马徽笑道："刘表当年也曾是洛阳'八俊'才子，才学当在刘备之上，如今又是八郡之主，权势更不是刘备可同日而语的。然而刘表不习军事，完全依靠蔡氏家族支撑荆州局面，其子刘琮又劣，势必一事无成，恐一朝众散，并受其祸。"

"那刘备呢?"诸葛亮催促老师讲下去。

"刘备这个人，看似平庸，无什么才学，据说成名之前不过是织席贩履之人，天下英雄无不对其刮目相看。刘备天生就有一种作为领袖的气质，他这个没有什么本事的人，就是能够让有本领的人心悦诚服，心甘情愿听从他的调遣，受他的驱使，为他而去拼命。就说他手下的几员战将，比如关羽、张飞，皆有万夫不当之勇，可谓盖世英豪，对刘备忠心耿耿，言听计从。"

"刘备身边有这样的英雄辅佐，应该能够成就一番伟业，可这些年来，刘备纵横天下，东奔西杀，何以没有多大成就，成为一方霸主呢?"

"这正是问题的关键所在，就是他身边没有能够给他出奇谋划良策之人，为他调度使用将领之干才。刘备本身的学识和能力，如果让他直接指挥三军，调度千军万马，即使不是一无是处，至少也不是他之所长。但他善于相人，且善于用人，有用人不疑、疑人不用的气度。如果你愿意辅佐刘备，或许能够得到一个施展你平生所学的机会，一个指挥千军万马、创造千秋伟业的机会，你何不去试一试呢？”

诸葛亮对刘备这个人虽然有所耳闻，却从没有引起他注意。毕竟没有机会接触，也不知道这人有多么大的潜质。诸葛亮便想去实地见一见这个人，他还是相信“眼见为实，耳听为虚”的古训。就像刘表吧，公众的口碑不错，却让自己感到并不适合自己，并不是能够依靠的人。他要看一看刘备对他这个青年人的态度，要看一看刘备是真如人们所讲的具有领袖的气质，还是徒有虚名、打着皇叔招牌的江湖骗子。

司马徽说：“你若打算见一见刘玄德，那么事不宜迟。据我所知，刘备现在驻扎在樊城。军队行踪扑朔迷离，今天在樊城，明日说不准拔寨转移了。”

诸葛亮对老师说：“我今晚就奔樊城。”第二天，第一次求职的诸葛亮来到樊城，刘备出于礼节接待了诸葛亮。诸葛亮对刘备的第一印象不错，为人谦和，却又不失皇叔风度。当时刘备正在待客，诸葛亮就坐在客堂的一隅，默想着将如何与刘备交谈。

刘备等客人走后，转身回到房中，随手拿起来客送与他的凉州牦牛尾摆弄起来。刚才那人是他老乡，老乡的到来让他回想起在家乡的日子，不由得将手中的牛尾像编苇席一样编织起来，全然忘记了客堂里还在等待的年轻人。

被冷落的诸葛亮见此情景，不禁言道：“我以为将军是一位胸怀大志之人，没想到却只知道编织。”说罢，起身告辞。刘备这才意识到慢待了这位年轻的客人，连忙放下手中的牦牛尾起身挽留，询问诸葛亮找他是不是有什么事情。

“我是为荆州的安危而来。”

刘备闻言，心说好大的口气，口中却说：“哦，那你为什么不去找荆州牧刘景升？我不过是荆州牧手下的一个将士。”诸葛亮此时已经放弃了来时所准备的一番言论，随口应付一句：“我原是想与将军谈治军理国的方略，现在已经不想谈什么了。”

为了表现自己的雍容大度，刘备劝诸葛亮坐下，心想：“我不妨考一考他，让他知道什么是治军理国方略。”于是，以对待朋友的态度对诸葛亮说：“刘备以为治国治军也没有什么，不过是两条，一是以德安民，教化百姓；二是依法执政，刑罚昭示。你认为我说得对不对？”

诸葛亮有备而来，不假思索，随口回答：“将军说得不错，只是二者不能孤立运用。大凡治国者纯德治，不能使社会秩序井然，纯用刑不教，而谓之虐；只有儒法合一，先礼后兵，教之以德，严之以刑，才能上下有节，左右有序。”

诸葛亮见刘备在听，就继续讲道：“明君治其纲纪，政治当有先后，先理纲，后理纪，先理令，后理罚，先理身，后理人：是以理纲则纪张，理令则罚行。”

刘备听到此处，便有了一些兴趣，心说：这个年轻人肚子里还有点儿货，看来是有备而来。就继续发问：“你认为为政之道主要应当做些什么？”

诸葛亮回答：“我认为，为政之道务于多闻，是以听察，采纳众下之言，谋及术士，则为物当其目，众音佐其耳；大凡人君以多见为智，多闻为神……怨声不闻，则枉者不得伸，进善不纳，则忠者不得信，邪者容其奸……”

诸葛亮虽然回答刘备的问话，但他从刘备的眼色里看出刘备有点儿心不在焉，因而将话头停住了。他已经不打算在这里多耽搁，即起身告辞。刘备这时觉得，这个年轻人还真有一点儿才学，便有挽留之意，正犹豫间，看诸葛亮去意已定，也就作罢。

可以看出，诸葛亮这次的“求职”经历是失败的，回去后他一直都在等刘备的录用通知。

诸葛亮见到岳父黄承彦，讲述了自己在樊城的遭遇，不由长叹一声：“一个人若想出人头地，不是自己就能够左右的呀！不知道天下有多少人空有满腹经纶，而无施展机遇。”黄承彦望着诸葛亮，说道：“好啊，刚刚遇到这么一点儿挫折就心灰意冷了吗？依我所见，这不过是唱大戏前的一个小小的序曲而已。”黄承彦点拨道：“凡事预则立，不预则废。人的才学本领就是为了有机会施展而准备的，但在机会没来时，要耐得住寂寞才好。”诸葛亮点头，说：“孔子曰：天下有道则现，无道则隐。如果生不逢时，等不到明君，那就继续在隆中当山野村夫，也是不错的选择。”黄承彦点头，喝了一口茶，接着说道：“不过，机会也不完全是等来的，有时还要争取，还可以想办法让机遇来找你。”翁婿二人正在谈论，水镜先生司马徽来访。他对孔明说：“樊城一行，我料不大顺心，对吗？”诸葛亮点头。

司马徽说：“这个怨为师欠考虑了。既然有了一个目标，那么要想实现，就必须认真筹划一番，如果不假思索，贸然而动，自然是欲速则不达。”

“学生自认学业不精，蒂未落，只怨瓜还未熟；渠虽修成，水未到，尚缺引水之道。”诸葛亮倒看得开。

“好啊，我却以为瓜已熟，为何蒂不落？尚欠一阵风，风到瓜自落。”黄承彦捻须说道。

“那么渠已修成，何谓引水之道乎？”司马徽问。

“今日水不是已经来了吗？水镜水镜，无水何以成镜？”黄承彦追问道。

司马徽道：“徐元直前些日子找我要主意，我告诉他，即使隐姓埋名也要显山露水。他原打算北上洛阳从军，投靠曹孟德。我对他讲，你现在的身份如果投军，不过当个士卒，什么时候混出模样来？倒不如去投刘玄德，打击曹军，让曹孟德吃你几次苦头，对你刮目相看，你的声名远播，自然就会有个好前程。”

诸葛亮马上悟道：“您是让徐庶先行，为我探探刘玄德到底是不是可以辅佐之主？”司马徽不置可否，说道：“总之，要先看一看刘玄德的人品究竟如何。”

诸葛亮说：“我看刘玄德还没有意识到身边无人。他大约还认为自己身边有文臣、有武将，人才济济，完全可以依靠现在他身边的人马驰骋天下，创建伟业。所以我还是想继续留在隆中，钻研战法，完善八阵图。”

司马徽连连摇头，说：“前日，我与庞德公谈起你的学业，觉得你现在最急需的事情，是游历山川，徜徉山水之间。特别是西川五十四州，你还没有游历，对那里的风土人情，你也只是在前人的著述中略知一二。依我所见，你应当亲身体验一番，纸上谈兵容易，也容易误事。地形地貌与人为所画的图形毕竟还有区别，误差也是不少的。所以真正的将才，务必要亲自查勘地形地势的。”

诸葛亮遵照老师司马徽的教导，开始有目的地游历山川江河。哪处可伏兵，何方易守难攻，他都一一记录在案，并找到一张西川五十四州的地图。他按图索骥，将所观地形地势的心得也都在图上有所标示。更为重要的一点是，他在游历山川的同时，访贤拜友，扩大了自己的资讯网络，获取了不少信息资源。

此时，司马徽与黄承彦等人已经开始全方位研究刘玄德，对刘玄德的相貌、行踪、爱好、特点以及身边随行人员的情况，逐一分析，安排对策。对于刘玄德本身的优缺点和生活习惯更可谓了如指掌，以致水镜山庄的书童对刘玄德都能够耳熟能详，一见到刘备马上就能够认出。

不久，司马徽在水镜山庄不露痕迹地推荐了诸葛亮。他对刘备说：“伏龙凤雏，二者得一可安天下。”但是，他并没有说破“伏龙”就是诸葛亮，原因很简单，司马徽知道刘备对诸葛亮有过一面之交，他担心刘备对诸葛亮最初的印象会影响他下一步的安排。

司马徽不愧是老谋深算，为了弟子的前程煞费苦心，在刘备面前推荐了“伏龙”这还不算完，当天晚上，他又招来徐庶徐元直，安排徐元直隐姓埋名到刘备驻扎的樊城应聘。

刘玄德以为徐庶就是“伏龙”，随即拜徐庶为军师。徐庶果然厉害，一出手就将曹操军队打得落花流水，一败涂地。于是曹操设计，诓徐元直进许都。徐庶明知是套，却偏偏要往里钻。在去许都的路上，他对有知遇之恩的刘玄德推荐了胜过自己许多倍的诸葛亮。

此时，刘玄德还纳闷呢，水镜先生讲匡扶天下的人杰是伏龙和凤雏，二者得一可安天下，怎么没有听说这个诸葛亮是那么大的角儿啊？当徐庶说诸葛亮就是“伏龙”时，刘备这才恍然大悟。

徐庶告诉刘备，伏龙不可屈致，使君可亲往求之。刘备为了得到帮助自己得天下的人才，决定登门拜访。

当刘备还没有动身去隆中时，司马徽担心刘备还在犹豫，又亲自登门找到刘备，强调诸葛亮那是“兴周八百年的姜子牙、旺汉四百年的张子房”啊。就这一句，催得刘备赶紧备马，请求诸葛亮出山！

“刘备已经决定要聘请诸葛亮了。”司马徽将情报迅速传达给了黄承彦，黄承彦又一次来到卧龙岗，告诉诸葛亮：“机会来了，就看你能不能把握住。”并决定为他设计一场“三顾茅庐”的大戏，不慌不忙地说出了自己的计划——

第一出戏，请隆中的乡邻和在稻田里的帮工出演。你平时不是教他们吟诗作对吗？就让他们待贵客来到隆中时，在稻田里即席吟诵，让来客看一看，隆中的农夫都有这么大的学问，可想而知卧龙该有多大的道行。

第二出戏，昨日崔州平、孟公威回家探亲，到我家来问候，我就请他们二位也帮一下忙，友情客串，与刘玄德见个面，谈上一席话，看一看卧龙的同窗好友的才学，从而为卧龙出场做一个陪衬。诸葛均要负责穿针引线，书童也要有几句台词，来客时也好应付一下。

第三出戏，老夫我也客串一把，为你做一个陪衬吧。刘玄德既然来到隆中，就不能让他空手而归，还没有见到卧龙，就感到不虚此行，就感到大有所获，也让他更加迫切地想见到卧龙。

诸葛亮脸上觉得挂不住了，有点儿难为情地说："我看大可不必兴师动众吧？水镜先生已经把我介绍给了刘豫州，还有徐庶，他把自己比喻为寒鸦、驽马，把我孔明说成是麒麟和凤凰，简直是把我放在火上烤，让我脸上发烧。"

"这件事你就听老夫的安排吧！别的你不要管，认真做好你的作业就行了。"

要说黄老先生运筹帷幄，一而再，再而三，策划了一幕刘玄德"三顾茅庐"的千古绝唱，目的是为诸葛亮亮相烘托场面。至于"三顾茅庐"的演出效果如何，三顾茅庐之后诸葛亮的表现如何，罗贯中先生在《三国演义》中已经表述得淋漓尽致，无须赘述了。

鱼保家：告密者被人告密

鱼保家是盛唐的一个官宦子弟，他的父亲是侍御史鱼承晔，此人曾主审了宰相裴炎的"谋反案"，做得干净利落，得到了武则天的赏识。但让这位鱼大人颇不欣慰的是，自己的儿子鱼保家不求上进，几乎把一天的时间都打发在研究各种兵器上。以今天的眼光来看，鱼保家是个技术人员，不过，鱼承晔并不了解自己的儿子，鱼保家虽然专心于技术活儿，可对宫廷之事却看得比朝中的许多大臣都要透彻。

唐高宗死后，中宗即位，但这个皇帝懦弱无能，李家的智慧细胞一点儿都未继承到。早在高宗时代就开始参与朝政的武则天不可能让这样一个儿子挡在自己前面，所以，她渐渐地从幕后走到了台前，顾命大臣裴炎立即反击，准备谋反，被武则天发觉，诛杀。武则天认为此事跟中宗有关，就把中宗废掉，立了另一个儿子睿宗，并对李氏成员进行屠戮。唐初名将徐世勣的孙子徐敬业非常看不惯武则天的所为，起兵造反，不久后被镇压。但武则天深深地感觉到来自李氏家族的压力，她必须要寻找到一种方法，让如同徐敬业这样忠于李氏的人不要再冒出来，她觉得自己应该拥有一种未卜先知的能力。

鱼保家很可能是从忠于武则天的父亲每天的唉声叹气中得到了这一信息，并通过对各种信息的采集，最终升华为理性的飞跃，由此得出这样一个结论：如果一个人不能有未卜先知的本领，那么可以通过众多的耳目来使自己未卜先知。而且，想要做到这一点，并不难。

垂拱二年（公元686年）三月，鱼保家制作了四个铜箱子，他把这种东西命名为“铜匦”：类似于今天的“举报箱”。铜匦为方形，铜铸。他之所以设置四个，并且用不同的颜色，自然大有用意：“青匦曰‘延恩’，在东，告养人劝农之事者投之；丹匦曰‘招谏’，在南，论时政得失者投之；白匦曰‘申冤’，在西，陈抑屈者投之；黑匦曰‘通玄’，在北，告天文、秘谋者投之。”不过关于铜铸，还有一种说法，《资治通鉴》记载：“其器共为一室，中有四隔，上各有窍，以受表疏，可入不可出。”

武则天听得这一建议并观看了铜匦后，大喜过望，下令立即实施。但武则天却另有想法，她觉得，如果真的让平民百姓随意投匦，那么很可能有些异己分子以投匦表状攻讦阴私诽谤朝政。这种情况是必须要避免的，所以，她同时还设置了“理匦使”的官职，限制投匦表疏必须请官员作保，才允许投入铜匦内。如果按照这一规定来看，既保证了投匦表疏的政治质量，又消除了攻讦谩骂的表状，的确是英明的。但是，这种规定只是针对青匦、丹匦、黑匦的；对于“申冤”的白匦，却不做限制，因为这里大有文章。

一般而言，其他三个铜匦（或者是三个口）大都是针对事的，而只有“申冤”匦才针对人，武则天的最真实目的就是针对异己之人的。

为了让这种告密制度能让百姓喜闻乐见，武则天诏旨地方，凡有欲进京告密者，州县不得询问详情，给予五品官的待遇，以驿马送其尽速来京，“虽耘夫荛子必亲延见，禀之客馆。敢稽若不送者，以所告罪之”。也就是，告密有功者予以封赏，告密不实者也不追究，告密期间，所得到的待遇是五品官所受到的待遇。五品官的标准是什么呢？据《唐六典》：“每日细米二升，面二升三合，酒一升半，羊肉三分，瓜两颗，盐、豉、葱、姜、葵、韭之属各有差。”

不要以为这只是武则天鼓励民众告密的一个让人振奋的手段，事实上，专制时代的帝王可以随便改变既定俗成的法律。古代的诉讼制度规定，诉讼必须逐级告状（“告诉”），一般不许越级告状，违者要笞四十，受理的官员也要笞四十。只有在重大冤情被压制无法申诉时，可以向皇帝直接告状，但还是要承担冲撞皇帝仪仗的责任，代价就是被杖六十。

汉朝时，法律就有明文规定，为了防止奸诈之徒诬告他人，在告状时，诉状上要写明事实，不许说自己不能确定的事，否则要笞五十。同时，诬告别人什么罪名自己要承担什么罪名。如果在告别人的状纸上是匿名，就要被判流放两千里。

武则天显然是违反了这些法规：她在鼓励告密的同时，也践踏了祖宗遗留下来的法律。太宗皇帝与高宗就曾明文规定，不许匿名信与酷刑。当然，鼓励上访和给上访者以优遇，在专制社会中，没有几个帝王能做到。即使有人能做到，其根本目的还是维护自己的统治，于国于民，一无益处。武则天自然不例外，她之所以要鼓励全体民众来自告奋勇地告密，全是因为她对异己分子的防范与打压。

天才鱼保家在设置铜匦并被武则天采纳后，大富大贵自不用说，关键是，他开创了一个时代。可让他哭笑不得的是，铜匦里的第一个告密内容居然是关于他的。

鱼保家应该能预料到，铜匦设立后，武则天忙得不可开交，无数的告密信堆积在御案，这里有关于地方官贪赃的，有关于哪里落下一块陨石的，也有关于朝廷政事中应该如何如何的，可武则天对这些并不感兴趣，她知道，铜匦自设立后，许多官员都噤若寒蝉。那个冷冰冰的铜匦孤傲地立在那里，也就是在向百官示威：你们都在民众的监督之下，只要有人投了东西进来，无论是什么，武则天一认可，你们的杀身之祸立即就来。当然，对于那些平素对百姓视如刍狗的达官显贵，铜匦的确是正义的化身。可这些人似乎有些多虑了，武则天要对付的并不是他们，而是异己。这群人包括李氏宗族和忠于李氏的臣子们。

鱼保家和他的老爹鱼承晔绝对不是这两种人，但鱼保家还是被自己的发明给吞噬了。正如发明断头台的人在断头台上被杀掉，发明火药的人被火药炸瞎了双眼，作茧者必自缚，始作俑者，其无后乎。

铜匦设立不久的一天，武则天在梳理告密信件的时候，一封匿名信引起了她的关注。信中说，当初，徐敬业造反，势如破竹，官军死伤无数。这并非是因为指挥官指挥不力，而是因为徐敬业的军队所使用的武器要比官军先进，刀枪、弓弩等都被改进，即使是士兵的盔甲都与官军的盔甲不是一个级别。要知道，虽然是冷兵器时代，武器落后也是注定要挨打的。

武则天的确回想起了这件事，在最开始与徐敬业军队的交锋中，官军经常被杀得鬼哭狼嚎。在后来打扫战场时，有人曾说过徐敬业士兵的武器与官军不同。但那个时候，徐敬业已经兵败，谁都不会在意了。

信中最后指出，把官兵杀得求死不能的兵器就是鱼保家所制造的。这个人当初与徐敬业的关系非常好，试想，如果当时老天不开眼，徐敬业造反成功，那他鱼保家可是一大功臣啊。

武则天冒了冷汗，原来这个制造铜匦的人居然也是个异己分子！

不论这是否是诬告，武则天立刻就做了决定，逮捕鱼保家，审问。鱼保家最后招认，后被斩于都亭。

鱼公子临死前，什么都没有留下。只留下了那个告密大时代的见证物——铜匦。若说是造物弄人，鱼公子肯定心有不甘。也许在他看来，之所以要献上铜匦，就是为了将功赎罪。但有些罪是无法赎回的，因为身份就证明了罪过。鱼公子可是武则天的异己啊！

铜匦在武则天死后，传给了中宗，中宗把“铜匦使”撤销。到了玄宗时代，铜匦改名为“献纳”。

侯君集：灭高昌有大功，因谋反获死罪

侯君集，唐朝名将，凌烟阁二十四功臣名列第十七位，豳州三水（今陕西旬邑）人。生年不详，卒于公元643年。很早就成为李世民的幕府，对李世民忠心耿耿，玄武门之变时助李世民登上皇位，深得其信任。李世民登基后，侯君集开始参与朝政，屡次亲征西域，成为一代名将。后来参与太子谋反事件，事泄后被杀。

玄武门之变时，在诛杀太子李建成和齐王李元吉的行动中，侯君集和长孙无忌、尉迟敬德、房玄龄、杜如晦、秦叔宝诸人为李世民立下汗马功劳，其中侯君集是幕后出谋划策最多的一个人。李世民登基后，侯君集迁左卫将军，以功进封潞国公，赐邑千户，接着又拜为右卫大将军。贞观四年（公元630年），迁兵部尚书，从此拥有了参议朝政的重大决策权。

在李世民统治时期，侯君集最大的军功有两件。一是贞观九年平定吐谷（yù）浑的战役。此一战役的主帅是西海道行军大总管李靖，侯君集被任命为李靖的副手。大军到达鄯州（州治在今青海乐都）后，侯君集向李靖献上了决定战役成败的计策——趁敌人尚未行险，派出精锐部队，轻兵简从，长驱疾进，一举歼灭敌人。如果贻误战机，吐谷浑必定远遁，到那时山川阻隔，对地形的熟悉程度，吐谷浑远比唐军占据优势，再征讨就非常困难了。李靖深以为然，全盘采纳了侯君集的计策，兵分两路，李靖率兵走北路，侯君集率兵走南路，行经两千余里，在黄河河源一带追击，终于平定了吐谷浑。

二是征讨高昌王麴文泰。高昌地处西域和唐朝来往的要冲，麴文泰和西突厥结盟，阻塞交通，出击邻国，不仅使西域和唐朝之间的商贾往来隔绝，更重要的是使西域有脱离唐朝的危险。唐太宗宣召麴文泰入朝解释他的行为，麴文泰称疾不到，于是唐太宗以藐视朝廷的罪名，任命侯君集为交河道行军大总管，率领大军讨伐麴文泰。麴文泰闻讯大笑，对左右说："隋唐两朝我都去朝觐过，如今的大唐国力甚至还比不上隋，隋尚且没有能力出兵西域，大唐就更不值一提了。如果真敢出兵伐我，兵多则粮草不继，兵少呢，三万以下又不是我的对手。况且长安离此七千里，中间又要经过著名的大戈壁莫贺延碛，莫贺延碛八百里流沙，上无飞鸟，下无走兽，复无水草，冬风冻寒，夏风如焚，唐军即使穿过也早已精疲力竭，怎么还有战斗力？这样的疲惫之师，陈兵城下，二十天之内粮草就吃得光光，咱们还用打什么仗，等着他们自己饿死就行啦！"

不能说麴文泰的分析是狂妄自大，即使在朝廷内部，反战的声音也占了上风，而且理由和麴文泰的一模一样。唐太宗一意孤行，执意出兵，希望当然全部寄托在了侯君集身上。侯君集不负君望，率领二十万大军顺利穿过莫贺延碛，神速地出现在了伊吾（今新疆哈密）城下。麴文泰闻讯大吃一惊，再也笑不出来了，惶恐之下，居然吓死了。

麴文泰的儿子智盛被立为高昌王，智盛给侯君集修书乞饶，但侯君集置之不理。部下向侯君集献计，说高昌城内即将为麴文泰举行盛大的葬礼，可以趁这个机会偷袭高昌城。侯君集却说："不行，天子因为高昌傲慢无礼才加以天罚，咱们可是天兵天将啊，如果在人家举行葬礼的时候偷袭，跟咱们的身份不合，哪里像堂堂的问罪之师啊！"于是侯君集率领着这支"仁义之师"，事先鸣鼓而攻，猛烈地攻城略地。

侯君集攻城的方法和金庸小说中韦小宝当年攻打雅克萨城有异曲同工之妙。韦小宝是造了三千尊水炮，冰冻雅克萨；侯君集却是先用推撞车撞击城墙，再用抛石车向城内抛石头，挡者无不披靡，后来更建起十丈高楼，向城中抛石。两者虽然所用材料不同，但效果是一样的。在这样的攻势之下，剽悍的俄罗斯人尚且束手就擒，更遑论小小的高昌城了，智盛无可奈何，只好像雅克萨的俄罗斯人一样，开城出降。侯君集就这样轻松地平定了高昌。高昌立国 134 年，最终亡在了侯君集手中。

战事之初，还出现了一段有趣的小插曲。麴文泰听到城中有民谣唱道："高昌兵马如霜雪，汉家兵马如日月。日月照霜雪，回首自消灭。"他认为这是动摇军心，灭自己的威风，长敌人的志气，遍搜城中，想找到始作俑者，却无果而终。可见高昌百姓对大唐军事力量的敬畏。

侯君集立下这等大功，按说应该踌躇满志地回朝领赏去了，可是，此人却有一项癖好，当然也就成了他的命门所在，那就是贪财。贪财是中国历史上当官的共性，倒也不是什么大不了的事情，偏偏侯君集是一位带兵的大将、前线的第一把手，他要指望着手下的兵丁们为他卖命，为他"一将功成万骨枯"呢，结果攻破高昌城之后，侯君集犯了贪财的瘾，不仅把没有罪的人发配，旨在夺取对方的财物，私藏这些财物，不向国库缴纳。上梁不正下梁歪，手下的军官和兵丁们一看主帅起了模范带头作用，于是人人争相向主帅学习，最后竟然在高昌城内大肆盗窃！这就无视朝廷的王法了。侯君集唯恐自己的行为暴露，也不敢对手下恶劣的盗窃行径进行制裁。

班师还朝之后，高昌城内的罪恶终究没有逃过监察部门的眼睛，侯君集作为始作俑者，被下狱，等待进一步的审判。幸好，这时有一位中书侍郎上疏，力陈功臣大将不可轻加屈辱，唐太宗于是顺水推舟，将侯君集无罪开释，但是也没有因为这场大功劳封赏，侯君集心中怏怏不乐，埋下了以后故事的伏笔。

贞观十七年是决定侯君集命运的一年。这一年刚开头，侯君集的怨气就淋漓尽致地表现出来了。事情起因于太子詹事张亮出朝担任洛州都督，作为早年同在李世民幕府的老朋友，侯君集故意激怒张亮说："咦，你怎么被排挤走了?"张亮大怒，气愤地回答道："我就是被您老排挤走的，却向谁诉冤去!"侯君集闹了个大红脸，脸红脖子粗地说："我平了高昌国，回来还触怒了天子，怎么还能排挤您呢!"越想越生气，越说越生气，捋胳膊卷袖子地赌咒发誓："活得这么窝窝囊囊，哪里还像个男人，哥们儿，干脆反了吧!"没想到张亮这个老朋友扭头就把这番话跟唐太宗李世民原原本本地说了，李世民对张亮说："你和侯君集都是朕的功臣，这话是你俩私下里单独说的，又没有第三者在场做证，如果审问他，他肯定抵赖，到时怎么办?算了算了，这事权当没有发生过吧。"于是息事宁人。不仅如此，在这一年的二月，唐太宗让御用画家阎立本在凌烟阁为二十四位打天下的功臣画像，御用书法家褚遂良题字，仍然把侯君集画了上去，排名第十七，张亮排名第十六。这就是著名的凌烟阁功臣，成为后世臣子们念念不忘、艳羡不已的排行榜。

有趣的是，不光是张亮一个人密告侯君集谋反，李靖和江夏王李道宗也都预言过侯君集必反，从而使侯君集事件成为一桩事先张扬的谋反事件。

唐太宗曾经命李靖向侯君集传授兵法，侯君集神秘地跑来向唐太宗告状说："李靖总有一天会造反!"唐太宗问为什么，侯君集回答道："李靖传授给我的兵法都是粗浅的入门知识，他把精华都藏起来了，这不就是想造反吗?"唐太宗转头去问李靖，李靖回答道："这是侯君集自己想谋反!如今天下安定，我传授给他的兵法已经足以制约四夷，他干吗还不知足，非要穷尽我的兵法?这不就是想造反吗!"

有一段时间，李靖和侯君集同在尚书省做官，李靖是右仆射，侯君集是兵部尚书，两人有一次一块儿回尚书省，侯君集骑着马，过了大门好几步才发现已经进门了，李靖后来就偷偷跟别人说："侯君集天天心不在焉的，难道他怀有异志吗?"

江夏王李道宗也曾经从容不迫地告诉唐太宗："侯君集志大才疏，又自负微功，不甘心居于李靖和房玄龄之下，虽然做了吏部尚书，他的胃口可大着呢，远远没有餍足。臣察其言观其行，日后必定会作乱。"唐太宗安慰他说："君集的本事我还不明白，不是我吝啬官位，大唐帝国的官场精髓是论资排辈，他还没有轮到呢，急什么！不过你也别瞎猜，你们都是跟随朕打天下的功臣，这对他不公平。"

决定性的时刻终于来临了，事情的起因是侯君集卷入了皇位争夺战。太子李承乾虽然早已被立为太子，但是由于自身的修养和旁人的觊觎，地位并不稳固，于是暗中建立了一个阴谋小团体，打算在合适的时候起兵谋反。侯君集时任吏部尚书，他的女婿贺兰楚石在太子的东宫中担任千牛卫的官职，李承乾得知侯君集时有怨言，就通过贺兰楚石结交上了侯君集。两人一拍即合，侯君集举起双手向太子表忠心："这双好手当为殿下用之。"但是密谋者的心理承受能力毕竟脆弱，侯君集就常常在夜间惊醒，出一身冷汗。妻子看在眼里，劝他道："你是国家的重臣，是不是做了什么亏心事？如果真的做了，我劝你赶快去自首，或许还能保住项上人头和咱们的家产。"侯君集哪里肯从？

结果，太子党还没有来得及发兵起事就泄密了，李承乾被废为庶人，其他人等免官的免官，伏诛的伏诛。颇具讽刺意味的是，侯君集暴露身份却是出于自己女婿贺兰楚石的告密。唐太宗亲审侯君集，对侯君集说："我不想让刀笔吏在你的身后评价中羞辱你，因此才亲自审你，你就招了吧。"侯君集嘴硬，就是不承认自己参与了太子谋反事件。唐太宗长叹一声，把贺兰楚石招来。贺兰楚石一五一十把前因后果像说书一样重新讲了一遍，又拿出侯君集和李承乾的来往书信，侯君集这才理屈词穷，低头认罪。由于他犯了大逆不道之罪，按律当斩。

临刑前侯君集还表演了一把英雄气概。侯君集颜色不变，做出一副视死如归的样子，对监刑将军说："我哪里是真的想谋反啊，只不过人生蹉跎才走到了这一步。麻烦你转告皇上，念在我是他的老臣，又为朝廷尽忠效劳的分儿上，请保全我的一个儿子，在我死后，还能有人给我上上坟。”临终遗言如此凄凉，唐太宗于是免了侯君集妻子和儿子的死罪，改为流放岭南，在那个闻之色变的瘴疠之地给侯君集上坟去了。

侯君集谋反事件最后的尾声是，李世民和李道宗击掌相庆，说：“果如卿言!”

唐朝是一个很奇怪的朝代，在这个号称“盛唐”的朝代里，政变、谋反事件层出不穷，李世民本人就是通过血腥的“玄武门之变”才上的台，这让人不得不怀疑，侯君集谋反事件其实是唐太宗进行政治清洗的牺牲品，比如那个密告侯君集谋反的张亮，在侯君集死后三年，也是因同样的“谋反”罪名被杀。虽然凌烟阁二十四功臣中病故的居多，但是也不乏因“谋反”身死的：长孙无忌、张亮、侯君集。李靖也屡次被诬谋反，只好主动退休，闭门不出；李孝恭和尉迟敬德都是主动早早就退出了权力中心。

侯君集是一个莽汉，行伍起家，不学无术，很晚才开始读书学习，传说他每天不吃饭，专门养了两个美人，以人乳为食。这样一个莽汉，如果对朝廷有怨气，真敢凭着血气之勇拍案而起造反。但是莽汉成大事不足，看看侯君集在李承乾集团里的表现就知道了，而且最后居然被自己的女婿出卖！“有勇无谋”这句话，说的不正是侯君集吗？因此，侯君集的罪名不应该叫“谋反”，因为他无“谋”，只能叫“反”，“造反”。

曹锡宝：没扳倒和珅反被革职

在我国古代社会，反贪污也是社会的一个主旋律。但反贪者往往都身败名裂，其呼声和行动得不到任何效果。原因很简单，专制制度下，敢贪污的人往往背后都有靠山，有的靠山甚至是皇帝本人。而贪污者往往又都是小人，无所不用其极，反贪者往往是君子，做起事来一板一眼，不走偏门。所以，君子往往斗不过小人。

乾隆时期，大臣曹锡宝准备把贪污犯大学士和珅扳倒，万事俱备，只因为一个人的告密而功亏一篑。

曹锡宝是乾隆二十二年（公元 1757 年）进士，历任内阁中书、军机章京、刑部主事、刑部郎中、山东粮道和监察御史等职。此人生性坦率，刚直不阿，办事认真，尽职尽责。正是这种性格，才使得乾隆发现了他身上的闪光点，任命他为监察御史。监察御史以监督官员为主要职责，曹锡宝在任上当然对当时的大学士和珅招权纳贿、结党营私、中饱私囊、贪污腐败的事情了然于胸，而且气愤非常，他很可能从上任初就想找机会弹劾和大学士。但是，这是一件很难办到的事情。首先和珅权倾一时，树大根深，身后又有乾隆皇帝为他撑腰，连当时的皇太子即后来的嘉庆皇帝都要让他三分。其次，和大学士贪污腐败从来不留下证据，曹锡宝想要动他，就必须要在证据上下工夫。但曹锡宝深知，即使功夫做得很深，以自己一个小御史去弹劾大学士，也不是一件容易的事。

不过，不久后，乾隆五十一年（公元 1786 年）五月，两广总督富勒浑的家奴殷士俊被人告发，该人不但在当地横行不法，还拥有说不清来源的巨额财产。朝廷下令追查到底，结果，调查结果证明告密者没有说谎。原本这件事就这样完了，但乾隆皇帝突然想到一个问题，殷士俊不过是一个家奴，他能得到这样一份巨额家财，靠他自己的力量能办到吗？唯一的方法就是靠着他主子的势力到处进行敲诈勒索。于是派人对富勒浑进行调查。结果发现，富勒浑也不干净。乾隆皇帝大怒，将此人革职查办。

这件事情才算结束，但在曹锡宝看来，事情虽然结束了，可经验教训却值得他深思。既然不能直接动和大学士，为什么不走曲线？他瞄准了和珅的忠实奴仆、大管家刘全。他希望通过告发刘全这个家奴，进而勾出和大学士来。

曹锡宝的思路很正确，刘全的身份跟殷士俊差不多。他在和家做仆人的时间非常长。最开始时，刘全并不服侍和珅，而是给和珅的父母赶车、跑腿。和珅父母去世后，刘全才完全地跟了和珅，和珅与他是无话不谈，因而深得和珅的信任。在和珅得势后，刘全便成了和家的大管家，和家对外的经营、接待、收取馈赠礼品等事宜全由他一人操持，并代理和珅掌管和家所经营的店铺等。

主子风光，奴才自然也跟着沾光。刘全平日就以和珅代理人的身份出现，结交官府、士绅、商贾，狐假虎威，招摇撞骗，假公济私，贪污受贿，侵吞公款，无所不为。此人跟他主子一样，也善敛财。他广置房产，经营当铺、作坊和其他各种店铺，共积攒了二千多万两白银的家产，这个数字可是当时京官靠工资一辈子都赚不来的。

但是，这些证据事实上不能成为证据，乾隆政府曾规定，官员可以经营小商业，只要纳税就可以。曹锡宝如果以"刘全有二千多万两不明来源白银"为由上告，很可能被和珅一句话就能化解：这是开当铺与店铺赚来的，而且只是他自己暂时存放在刘全那里的，并非刘全的财产。

曹锡宝继续找证据，他发现刘全在和珅宅第附近的街道上修建了一所豪宅，规模宏大，装修豪华，室内各种摆设琳琅满目。这还不是最重要的，最重要的是，刘全家使用的车马、衣物也全都超过了朝廷的规定。在清朝，等级观念相当分明，什么等级的人穿什么衣服、坐什么马车，都有严格规定，如果超越了等级规定，那就是犯罪。在经过详细周密的调查，并亲自到刘全家里考察后，曹锡宝终于胜券在握地于富勒浑事件发生的一个月后向乾隆呈上奏折，奏折的大概内容是说，大学士和珅的奴才刘全恃势营私，衣服、车马、居室皆逾制，希望皇帝明查。自然，这种事情不是一个奴才就敢做出来的，背后肯定有人撑腰。

现在已不能得知曹锡宝那道奏折的原文，但他在写完后肯定做了再三斟酌。因为正直的“告密”者在告密的时候，都会字斟句酌，很怕自己一不小心写了“栽赃陷害”的文字，而影响自己的声誉，同时也给“告密”本身带来麻烦。曹锡宝“告发”的初稿我们已经不得而知，但他写完后，就把纸稿拿给同事和朋友们看，请他们提意见。

在这期间，肯定有人会认为写得好，也有人认为哪个地方不该这样说，也有人认为都不能说。曹锡宝在总结百家之长后才定稿，然后呈给了乾隆。

乾隆皇帝当时并不在京城，六月的北京酷暑难熬，乾隆皇帝正在热河行宫避暑。在接到曹锡宝奏折后，立即将随驾的和珅召来，把曹锡宝的奏折扔给他，让他解释。

和珅当时非常镇静，只是随便看了一眼奏折，就回奏说自己平时管教下人很严，不许他们在外惹是生非，而且，他对刘全非常了解，根本不会做出告发人曹锡宝所说的那些事。乾隆皇帝知道曹锡宝的为人，如果没有其事，他绝对不会信口雌黄。和珅见乾隆皇帝不说话，就主动要求乾隆皇帝如果不信，可以派人立即去严查此事。即使没有和珅的要求，乾隆皇帝也会派人去查。他让留京办事的亲王和有关部门的大臣召见曹锡宝问情况，曹锡宝坚持自己所奏属实。有关部门大臣就派出专人跟曹锡宝一起来到刘全家查验。

远远的，曹锡宝看到刘全的宅子就有些纳闷，因为那和普通百姓的房屋一样，进入里面，曹锡宝险些没有晕过去，里面根本不见华服名车！也就是说，曹锡宝在奏折里写的那些事情，均属造谣！如果曹锡宝是个唯心主义者，他肯定会相信自己是撞鬼了，或者是被鬼撞了。就在几天前，他还亲自来到这个地方考察过，有的名贵物件，他还用手摸过。转眼之间，这里就仿佛被狐精变没了一样。正直、毫无心机的曹锡宝只能也只好认定自己撞鬼了。

撞鬼的结果可想而知，查案大臣将查案结果报告给了乾隆。乾隆大怒，他一直就很相信和珅，现在，就更加相信了。他立即怀疑曹锡宝弹劾刘全另有不可告人的目的，但至于是什么目的，用和珅的话来说，如今我是皇帝您最宠信的奴才，有些人嫉妒甚至恼怒都是理所当然的。难免会有人一怒而做一些傻事，比如攻击我。

乾隆皇帝相信了，强令曹锡宝必须“逐条指实”。曹锡宝无法“指实”，在证据面前，他只好承认自己无中生有，认错请罪，最后，乾隆念他坦白，把他“革职留任”。此后，曹锡宝始终无法提起精神来面对工作和生活，心情忧郁，六年后，也就是乾隆五十七年（公元1792年），他在愤恨中死去。

即使在他临死前，他可能也不知道这到底是怎么一回事。他可能想过刘全这个人不但是个小人，还是个神人，懂得未卜先知，或者就是自己纯粹是撞了鬼。

他的确撞到了鬼，但这是个内鬼。这个内鬼的名字叫吴省钦，是他的同乡，在朝中担任侍郎职务，是从二品官员。吴省钦是清朝历史上一个比较有名气的文人，有著作流传于世。吴省钦在没有做官之前，本是一个教书匠，虽然满腹经纶，但考了很多年国家考试，也没有考中。后来，他的学生和珅发迹，吴省钦就和自己的弟弟来找和珅，希望通过这条捷径，在科考中蒙混过关。和珅之所以要帮他的老师，首先他也不是通过科举考试上来的，大家惺惺相惜；其次，师恩重如山；最后，和珅当时想培植自己的势力，所以，双方一拍即合。结果，和珅通过自己的关系得到了考试题目，吴省钦就这样考中了。

做官后，在和珅的提拔下，吴省钦连连高升。他的同乡曹锡宝把那个奏折初稿拿给他看并请他提意见的时候，他表面指点，一转身，就以兔子般的速度派人跑到热河避暑山庄，将抄的一份奏折内容献给了和珅。对和珅来说，这已经不只是一份绝密情报，也是一份非常珍贵的礼物了。

和珅在得此消息后，火速把刘全召到热河，经过一番商议后，让刘全快马加鞭赶回去，迅速拆除逾制的房屋，毁掉不应该配置的车马，隐藏、转移不应该穿戴的衣物。速度之快再加上那边的官员耽误了点儿工夫，所以当曹锡宝跟随审案官员来寻找证据的时候，什么证据都没有了。

曹锡宝反贪不成，反落得诬陷大臣、追逐名利的罪名，真是老天无眼。但从他个人身上来分析，这件事不成功是有一定道理的。和珅当时权倾朝野，找机会巴结他的人数不胜数，曹锡宝居然冒失地将奏折给他认为的可信任的每个人看，显然是忘记了自己身边的危险。即使没有吴省钦这个和珅的亲信，也肯定有别人告他的密。另外，曹锡宝虽然和吴省钦是朋友，可对这个朋友太不了解，如果他稍加了解，就不会不知道吴省钦是靠着和珅的关系才上来的。确切地说，曹锡宝的奏折也是一种告密，既然是告密，就有“密”字在里面，用雍正的说法，“密”最不可示人。他却拿着自己的告密内容招摇过市，失败是必然的。

不过，由于曹锡宝的告密内容属实，并且是以正直和道德为根基的，所以，他应该得到公正的评判。在他死后第七年，也就是嘉庆四年（公元1799年）正月初三，太上皇乾隆老皇帝去世。第二天，上任的嘉庆皇帝就削去了和珅的军机大臣之职。初八，又下令将和珅逮捕入狱。不久，令和珅自尽。同时也下令抄了刘全的家，搜得各种动产和不动产加上现钞：折合现金共值二十余万两白银，证明了曹锡宝原来检举揭发的全是事实。嘉庆帝想到了当年还有个告密者曹锡宝，发布上谕：“故御史曹锡宝：尝劾和珅奴刘全倚势营私，家赀丰厚。彼时和珅声势熏灼，举朝无一人敢于纠劾，而锡宝独能抗辞执奏，不愧诤臣。今和珅治罪后，并籍全家，赀产至二十余万。是锡宝所劾不虚，宜加优奖，以旌直言。锡宝赠副都御史，其子江（曹江）视赠官予荫。”

另一位告密者吴省钦的结局就不太妙了，他的靠山和珅“跌倒”

后，吴省钦惶惶不可终日，但嘉庆皇帝似乎没有把他放在眼里，并没有对他动手。可如我们所知，小人常戚戚。如果这个时候，他能主动站出来，当污点证人，很可能会得到嘉庆的嘉奖。

但他没有。嘉庆四年（公元 1799 年），嘉庆特意让以前和珅的同党们上奏。目的很明确，揭发和珅。吴省钦思考许久后，还是不肯把自己当成和珅的同党，居然上了这样一道奏折："举人王云能运用气功以手掌击倒多人，希望皇帝试看。"王云是他的同乡，"运用气功以手掌击倒多人"就是民间传说的掌心雷。嘉庆皇帝看后，大怒，回他："你身为朝廷命官，不在'正事'上（揭发和珅）下工夫，居然搞些个民间玩意!"最终，他被革职还乡。

数年之后，这位告密者便默默地死去了。

年羹尧：恃功骄奢被雍正四步赐死

凡看过电视连续剧《雍正王朝》的朋友，都一定会对年羹尧留下深刻的印象。这位显赫一时的年大将军曾经屡立战功、威镇西陲，满朝文武无不服其神勇，同时也得到雍正帝的特殊宠遇，可谓春风得意。但是不久，风云骤变，弹劾奏章连篇累牍，各种打击接踵而至，直至被雍正帝削官夺爵，列大罪 92 条，赐自尽。一个曾经叱咤风云的大将军最终落此下场，实在令人扼腕叹息。

年羹尧，字亮工，号双峰，汉军镶黄旗人，父亲年遐龄曾做过工部侍郎、湖北巡抚，哥哥年希尧也曾做过工部侍郎。这些还属平常，关键是年羹尧的妹妹是胤禛的侧福晋，雍正即位后被封为贵妃。如此说来，年羹尧还是雍正的大舅子。不过，年羹尧虽说是标准的皇亲国戚，但他本人还是有真本事的。他后来虽然以军功著称，但他年轻的时候却是中过进士（康熙三十九年）的，并且还做过翰林院的检讨，这是很不容易的。

因为妹妹的这层关系，年羹尧和雍正的关系自然大不一般，在官场上也是一帆风顺，先做四川巡抚，后升为四川总督，康熙六十年（公元1721年）又做上了川陕总督。康熙死后，雍正命他与接替抚远大将军胤禵的延信共同执掌西北军务。由此，年羹尧成为雍正即位后的左膀右臂，备受恩宠。

雍正元年（公元1723年）十月，青海和硕特蒙古部首领罗卜藏丹津趁抚远大将军胤禵回京之际发动叛乱，妄图控制青藏地区，使得本已经平静的西北局势再起波澜。罗卜藏丹津的叛乱，对于刚刚上位的雍正是个不小的考验。当然，雍正也可以像大多数建国者一样，利用这个机会把当时对他篡位的质疑给转移过去。于是雍正便命年羹尧接任抚远大将军坐镇西宁，指挥平叛，许胜不许败，以帮助他稳固皇位。

年羹尧也算争气，经过充分的作战准备，在雍正二年（公元1724年）初，年羹尧下令诸将“分道深入，捣其巢穴”。在短短的半个月内，各路大军跃进千里，将叛军打得落花流水。特别是四川提督岳钟琪（当时雍正封其为奋威将军）更是表现神勇，他率军一路狂追，直捣敌穴，匪首罗卜藏丹津仓皇之下，化装成女人才得以逃脱。最后，罗卜藏丹津领着两百多残兵败将投奔了准噶尔部的策妄阿拉布坦，从此一蹶不振。

由此，“年大将军”之威名，大江南北，人尽皆知。

对于年羹尧的功劳（不仅是战功，关键还是对雍正初期稳固其皇位的贡献），雍正是看在眼里的。他曾极为肉麻地对年羹尧说：“朕实不知如何疼你，方有颜对天地神明也。西宁危急之时，即一折一字恐朕心烦惊骇，委屈设法，间以闲字，尔此等用心爱我处，朕皆体得。总之你待朕之意，朕全晓得就是矣。所以你此一番心，感邀上苍，如是应朕，方知我君臣非泛泛无因而来者也，朕实庆幸之至。”

雍正对此时的年羹尧可谓是圣眷正浓，几乎有过火之嫌。譬如有一次赐给年羹尧荔枝，为了保证新鲜，雍正特令驿站必须在6日内快马送到（从京师到西安），这难免让人想起当年唐明皇“一骑红尘妃子笑”的典故。至于其他的赏赐，如奇宝珍玩、珍馐美味更是隔三岔五地就送到年羹尧的军中。除此之外，年羹尧的家人有什么事情，雍正也是关怀备至，嘘寒问暖，连年羹尧的妹妹年贵妃和外甥福惠（8 岁夭折）的身体状况，雍正也常常在下发给年羹尧的手谕中特意告知。

雍正曾语重心长地跟年羹尧说：“朕要是不做一个出色的皇帝，就对不起你如此对朕；但你要是不做英武超群的大臣，那也不能回报朕对你的知遇之恩。但愿我们两个能给后人做千古榜样。”他还常念叨说，如果朝中多几个像年羹尧这样的大臣的话，那大清帝国还愁不强大？年羹尧听雍正这么推心置腹，那还不满心欢喜？

此时的年羹尧志得意满，完全处于一种被奉承、被恩宠的自我陶醉中，进而做出了许多超越本分的事情，最终招致雍正的警觉和嫉恨，以致家破人亡。

年羹尧的失宠和继而被整是以雍正二年十月第二次进京谒见为导火线的。在赴京途中，他令都统范时捷、直隶总督李维钧等跪道迎送。到京时，黄缰紫骝，郊迎的王公以下官员跪接，年羹尧安然坐在马上行过，看都不看一眼。王公大臣下马向他问候，他也只是点点头而已。更有甚者，他在雍正面前，态度竟也十分骄横，“无人臣礼”。年羹尧进京不久，雍正奖赏军功，京中传言这是接受了年羹尧的请求，又说整治阿灵阿（皇八子允禩集团的成员）等人，也是听了年羹尧的话，这些话大大刺伤了雍正的自尊心。

年羹尧结束陛见回任后，接到了雍正的谕旨，上面有一段论述功臣保全名节的话：“凡人臣图功易，成功难；成功易，守功难；守功易，终功难……若倚功造过，必致反恩为仇，此从来人情常有者。”在这个朱谕中，雍正改变了过去嘉奖称赞的语调，警告年羹尧要慎重自持，此后年羹尧的处境便急转直下。

分析年羹尧失宠获罪的原因，大致有以下几点：

第一，擅作威福。年羹尧自恃功高，骄横跋扈之风日甚一日。他在官场往来中趾高气扬、盛气凌人：赠送给属下官员物件，“令北向叩头谢恩”；发给总督、将军的文书，本该平行公文，却擅称“令谕”，把同官视为下属；甚至蒙古扎萨克郡王额驸阿宝见他，也要行跪拜礼。

对于朝廷派来的御前侍卫，理应优待，但年羹尧把他们留在身边当作“前后导引，执鞭坠镫”的奴仆使用。按照清代的制度，凡上谕到达地方，地方大员必须迎诏，行三跪九叩大礼，跪请圣安，但雍正的恩诏两次到西宁，年羹尧竟“不行宣读晓谕”。

更有甚者，他曾向雍正进呈其出资刻印的《陆宣公奏议》，雍正打算亲自撰写序言，尚未写出，年羹尧自己竟拟出一篇，并要雍正帝认可。年羹尧在雍正面前也行止失仪，“御前箕坐，无人臣礼”，雍正心中颇为不快。

第二，结党营私。当时在文武官员的选任上，凡是年羹尧所保举之人，吏、兵二部一律优先录用，号称“年选”。他还排斥异己，任用私人，形成了一个以他为首，以陕甘四川官员为骨干，包括其他地区官员在内的小集团。小说《儿女英雄传》所写的纪献唐实指年羹尧，说他是经略七省的大将军，“他那里雄兵十万，甲士千员，猛将如云，谋臣似雨”。这些都是艺术上的夸张，与实际情形有很大的出入，但也说明年羹尧的势力之大。

许多混迹官场的拍马钻营之辈眼见年羹尧势头正劲、权力日益膨胀，遂竞相奔走其门。而年羹尧也是个注重培植私人势力的人，每有肥缺美差必定安插其私人亲信，“异己者屏斥，趋赴者荐拔”。比如他弹劾直隶巡抚赵之垣“庸劣纨绔”“断不可令为巡抚”，而举荐其私人李维钧。赵之垣因此而丢官，于是转而投靠年羹尧门下，先后送给他价值达 20 万两之巨的珠宝。年羹尧就借雍正二年进京之机，特地将赵之垣带到北京，“再四恳求引见”，力保其人可用。遭年羹尧参劾降职的江苏按察使葛继孔也两次送上各种珍贵古玩，年羹尧于是答应日后对他“留心照看”。此外，年羹尧还借用兵之机，虚冒军功，使其未出籍的家奴桑成鼎、魏之耀分别当上了直隶道员和署理副将的官职。

第三，贪敛财富。年羹尧贪赃受贿、侵蚀钱粮，累计达数百万两之多。而在雍正朝初年，整顿吏治、惩治贪赃枉法是一项重要改革措施。在这种节骨眼上，雍正是不会轻易放过年羹尧的。

雍正对年羹尧的惩处是分步逐渐进行的。第一步是在雍正二年十一月年羹尧陛见离京前后，此时雍正已做出决定，要打击年羹尧。年羹尧离京后接到的那份朱谕就是对他的暗示。

第二步是给有关官员打招呼。一是雍正的亲信，要求他们要与年羹尧划清界限，揭发年羹尧的劣迹，以争取保全自身；二是年羹尧不喜欢的人，使他们知道皇帝要整治年羹尧了，让他们站稳立场；三是与年羹尧关系一般的人，让他们提高警惕，疏远和摆脱年羹尧，不要站错了队。这就为公开处治年羹尧做好了准备。

第三步把矛头直接指向年羹尧，将其调离西安老巢。

到了雍正三年正月，雍正对年羹尧的不满开始公开化。年羹尧指使陕西巡抚胡期恒参奏陕西驿道金南瑛一事，雍正说这是年羹尧任用私人、乱结朋党的做法，不予准奏。

年羹尧曾经参劾四川巡抚蔡埏威逼所属知府蒋兴仁致死，蔡埏因此被罢官，经审讯后定为斩监候；而年羹尧的私人王景灏得以出任四川巡抚。这时雍正已经暗下决心要打击年羹尧，蔡埏被押到北京后，雍正不同意刑部把他监禁起来，反而特地召见他。蔡埏陈述了自己在任时因对抗年羹尧而遭诬陷的情况，又上奏了年羹尧“贪暴”的种种情形。雍正于是传谕说：“蔡埏是年羹尧参奏的，若把他绳之以法，人们一定会认为是朕听了年羹尧的话才杀他的。这样就让年羹尧操持了朝廷威福之柄。”因此，雍正不仅没有给蔡埏治罪，而且升任他做了左都御史，成为对付年羹尧的得力工具。

雍正三年三月，出现了“日月合璧，五星联珠”的所谓“祥瑞”，群臣称贺，年羹尧也上贺表称颂雍正夙兴夜寐，励精图治。但表中字迹潦草，又一时疏忽把“朝乾夕惕”误写为“夕惕朝乾”。雍正抓住这个把柄借题发挥，说年羹尧本来不是一个办事粗心的人，这次是故意不把“朝乾夕惕”四个字“归之于朕耳”。并认为这是他“自恃己功，显露不敬之意”，所以对他在青海立的战功，“亦在朕许与不许之间”。接着雍正更换了四川和陕西的官员，先将年羹尧的亲信甘肃巡抚胡期恒革职，署理四川提督纳泰调回京，使其不能在任所作乱。四月，解除年羹尧川陕总督职，命他交出抚远大将军印，调任杭州将军。

最后一步是勒令年羹尧自裁。年羹尧调职后，内外官员更加看清形势，纷纷揭发其罪状。雍正以服从群臣所请为名，尽削年羹尧官职，并于当年九月下令捕拿年羹尧押送北京会审。十二月，朝廷议政大臣向雍正提交审判结果，给年羹尧开列 92 款大罪，请求立正典刑。其罪状分别是：大逆罪 5 条，欺罔罪 9 条，僭越罪 16 条，狂悖罪 13 条，专擅罪 6 条，忌刻罪 6 条，残忍罪 4 条，贪婪罪 18 条，侵蚀罪 15 条。

雍正说，这 92 款中应服极刑及立斩的就有 30 多条，但念及年羹尧功勋卓著、名噪一时，“年大将军”的威名举国皆知，如果对其加以刑诛，恐怕天下人心不服，自己也难免要背上心狠手辣、杀戮功臣的恶名，于是表示开恩，赐其狱中自裁。年羹尧父兄族中任官者俱革职，嫡亲子孙发遣边地充军，家产抄没入官。叱咤一时的年大将军以身败名裂、家破人亡告终。

方苞：清代监狱目睹之敲诈勒索花样

清朝文学家方苞在文章《狱中杂记》中，把他自己当年被关在牢狱的所见所闻全记录了下来。即使今天读来，狱中公权私用，官府的权力被那些牢役用来给自己谋利，其敲骨吸髓手段之残忍，仿佛人间地狱，着实恐怖。

康熙五十一年（公元 1712 年）三月，方苞当时被关在刑部监狱，看见每天都有三四个犯人死掉后便从墙洞里拉出去。见他吃惊，同一牢房的原洪洞县杜县令走过来告诉他说，这还算好的，今年气候还好，死的人不多，往年发瘟疫的时候，每天都要死十几个人呢。

方苞问怎么会这样，杜县令说："狱中有老监 4 座，每座有 5 间房子，牢役们只开当中那间的窗户和天窗透气透光，旁边的 4 间都不开窗，但里面却经常关着 200 多个犯人。每到晚上，牢门落锁，天亮才开，犯人拉屎拉尿全在里面，气味极其难闻。冬天的时候，一些穷的犯人没有被褥，就在地上睡觉，哪能不生病？所以深更半夜的时候，有人死了，活人也只得和死人脚靠脚、头靠头地躺着，监房里疾病传染，死的人当然也就多了。"

说到这儿，杜县令恨恨地说："也真是可怜，那些杀人越货的强盗和惯犯，他们精气特别旺盛，倒基本不生病；那些得病死的，反倒是那些罪轻被押或者被牵连的，或者被当作人证暂时羁押的，你说这不是荒唐吗？"

方苞便问："北京不是还有顺天府的监狱和五城兵马御史衙门的监狱吗，怎么刑部监狱里关的犯人这么多啊？"杜县令说："你不知道，近年来的案件，只要案情稍微重一点儿，顺天府、五城兵马御史衙门就不敢管；而掌管京城九门守卫的步兵统领抓的犯人，也被放在刑部监狱关押。那些衙门的书吏、狱官、禁卒们，觉得关的人越多，就越有利可图，所以稍微有点儿牵连的，就一定想方设法捉进来。"

说到这里，杜县令叹道："这里就是鬼门关，进来了不死也得脱层皮。不管你有罪无罪，先给你戴上脚镣手铐，让你吃尽苦头，等到你受不了，就进来劝你找保人，然后估计你家里有多少财产好勒索。勒索来的钱，这些人就瓜分了。比如要去掉脚镣手铐关到老监外面，得要好几十两银子。至于那些榨不出油水的穷犯人，那就倒霉了，戴上刑具关押，一点儿也不会客气，还要用他们来警戒其他犯人。"

方苞有个叫黄升的好友，被无辜牵连进了牢房。一次方苞去看他，看到他被牢役们整治得没了人形，非常生气，就问他怎么回事。黄升有气无力地说，牢役们先把他用链子锁在尿缸边，那链子套在他的脖子上，坐也坐不下，只能靠着栅栏半蹲着。拘了大半天后，牢役们出来和黄升谈价钱，说："你想舒服呢，也不难，就看你肯出多少钱。你看，里边屋里，铺盖和桌子啥都有，你要吃什么也行，但住那屋得有条件。"黄升问他什么条件，牢役们说："进那屋花50吊。你要再花30吊，就帮你去掉链子；地下打铺也是20吊，住高铺加30吊。你要吃菜吃饭，哪怕是吃鸦片烟，我们都可以代办，按次算也行，长包也行，还可以给你便宜点儿，反正都有价钱。"

倒霉的是这个黄升当时身上没带钱，牢役们见自己说了半天没收获，大怒，众人便一拥而上，将他打个半死，又罚站一夜，第二天家人送钱来才放了下来。

按说死刑犯最难敲诈了，但刽子手勒索起来更是触目惊心。譬如家中有钱的死囚，刽子手往往派他的同伙去找亲属谈，其中对要凌迟碎剐的，就威胁说："要是顺从我的话，当时先刺心脏，给个痛快；要不然，四肢剐完了，人还会有气。"对那些判绞刑的，就说："要是顺从我，一绞就断气；不然绞三次，让他慢慢死。"就算是判砍头，没什么技术好要挟，也要留下死人的脑袋做抵押，问收尸的家属要钱。如此一来，那些刽子手往往都能勒索到几十两甚至上百两银子。只为减少犯人的痛苦，那些没钱的家庭，往往把自家的财产当光，去贿赂那些人。真碰上那些一点儿钱都没有的，那就不客气了，往往要按照前面威胁的那样来行刑。

就连负责捆绑犯人的衙役也生财有道，谁要是不肯掏钱的话，这些人就乘捆绑的时候折断犯人的筋骨。譬如每年秋天各地都要集中处决犯人，为了震慑那些犯人，往往有陪绑制度，也就是说，捆绑到行刑地等待执行死刑的，大概有十分之三四，其他的只是陪绑。那些在捆绑时没交钱的，被弄伤后往往要好几个月才能痊愈，有的甚至被弄成残废。

方苞曾劝一个老牢役说："你们跟那些犯人没仇没恨的，不过想得点儿财物。那些穷人要真没有，你们就不能当做点儿善事放过他们吗?"那人冷笑道："放过他们?我们这是为了立下规矩，警告其他犯人，要不这样的话，那不人人都心存侥幸，不肯掏钱?"

见他不明白，那老牢役说："这里面是有学问的。比如同案被捕的3个人，同样刑具拷打，一个人给了20两银子，他骨头受了点儿轻伤，养了一个多月才好；第二个人多给了1倍的银子，只受了点儿皮肉之苦，20天后就好了；第三个人比第一个人多了6倍的银子，打完后，当天晚上就健步如飞，跟平时没啥两样。这要是没有差别，哪个人肯多出钱呢?这就是规矩，规矩是不能坏的!"

熟谙官场的老手还在后面。有某姓兄弟二人，犯的把持公仓的大罪，依律当斩立决。判决下来后，管文书的书吏说："你们给我1000两银子，我有办法让你们不死。"两兄弟大惊，问他有什么办法，书吏说："这也不难，我另准备一份判决词，原文不用改动，只不过把后面两个没有家属和亲戚的同案从犯的名字来换你们两个，等到案文加封上奏的时候，偷偷地换一下，反正他们死了没人给他们喊冤。"

另一个书吏有点儿担心，说："这样做，死掉的人固然没什么问题，但万一主审官发现怎么办呢?如果让他们发现，我们就活不成了。"管文书的书吏笑道："这你尽管放心，他要发现的话就得重新上奏请示，重新开判决词，我们这些人固然活不成，但主审官也得一个个罢官走人，对他们来说，这只不过是两个不相干的人，又没人喊冤，多一事不如少一事，他们是不会认真对待的。对他们来说，保住自己的官职比什么都重要，我们这些人，又有什么可怕的呢?"

后来，这个人还真就这么干了，结果两名可怜的从犯被处了死刑。主审官后来发现了，被吓得口张舌翘，却也不敢追究。方苞在狱中还见过这两兄弟，同牢房的犯人指着他们说："这两人就是用谁谁的命换他们脑袋的。"

《狱中杂记》最后还说，有些奸狡的人因长期被关在牢里，干脆和狱卒内外勾结，不出去了，他们在牢里负责惩罚犯人，帮狱卒勒索财物，自己也捞了些钱。比如山阴县有个姓李的，因杀人被关在监狱里，用这种办法每年也能搞到几百两银子。

四、真相大白——还原真实瞬间

我们现在读到的历史，是经过人为加工过了的副本，已经沉积在记载中，已经凝固成文字，成为静止的固体。但根据一些史实，我们还是可以还原最初发生时最为真实的瞬间，感受历史最为本真的魅力。

以姐姐为诱饵：赵襄子一步步灭掉代国

春秋末战国初的代国所管辖的地域在今天的河北怀安、蔚县以西，山西阳高以东一带。建立这个国家的是少数民族狄族。这个民族的精神十分值得学习，它在中原各国此起彼伏的摧残下，屹立不倒，并在春秋初首先脱离周王朝的统治而自立为国。没有中原那一套所谓的仁义教化，代国的发展很让人刮目相看。尤其是这个国家适合养马及牲畜的地形与气候，更让赵国想入非非。在当时，马作为战略资源，使牧养马匹的草场亦同属于战略资源，谁能控制战略资源自然就有坐大的可能。

当时的赵国比代国强大，赵国国君赵襄子的想法其实也很简单，吞并代国，获得代国马匹、草场这些战略资源。但是，灭掉代国又谈何容易。作为在当时晋国边境的一个国家，如果没有雄厚的军事实力，恐怕早已不存在了。代国人原本就是少数民族，并且有马骑，有箭射。我们知道，在过了一百年后，赵国出现了赵武灵王，才有了正规骑兵。而在公元前 475 年，晋国想要与代国进行一场决定生死的较量，恐怕晋国占不到一点儿便宜。

赵襄子当然知道这个道理，就在他父亲死掉安葬后不久，他就登上赵国与代国的边境——夏屋山观察代地的风土人情。

成功学与厚黑学同时告诉他，想要攻击一个强大的对手，就必须找到对手的弱点。而社会学告诉他，想要知道对手的弱点，就要观察他的生活活动。

他登上夏屋山，代地风光与人情尽收眼底，经过许多天的观察和打探，在收集的资料上他写道：代地人喜欢音乐，代国君主以好色为精神食粮。

好色，无疑就是代国君主的弱点，这是尽人皆知的道理。但是，找到了对方的弱点，并不代表就能攻击。

赵国当时可没有美女，赵襄子急得抓耳挠腮。但有一天，他看到了自己的姐姐，眼前一亮。

他的姐姐当时正如花似玉，拥有着让男女都嫉羡的细腰和吹拉弹唱的技能。

于是赵襄子给代国国君写信，先对自己姐姐的容貌夸赞了一番，然后是对代国国君的本事渲染了一回，最后，说明了来信的目的：我们联姻，有难同当，有福同享。

若有一点点头脑的人，一定会想到“无事献殷勤，非奸即盗”这句话。但这句话在战国初期还没有出现，而代国国君恰好是个没有头脑的人。

他如果稍微冷静地想一下就该明白，赵襄子所谓的“联盟”纯属扯淡。晋国与代地虽然没有发生过大的冲突，但小战役不断。代国虽没有侵犯晋国的心思，但晋国一直想要拿掉代国，特别是赵襄子，因为这关系着他们赵氏势力的发展。

这在当时是地球人都知道的，可当赵襄子把自己的姐姐送到代地时，代国君主什么都不管了，这也不能怪他，他本来就是个好色的人。

为了报答赵襄子的送美之举，他送了许多匹骏马给赵襄子，然后就和美人去浪漫了。

也许有人会说，赵襄子这个人太缺德，居然把姐姐当成武器。如果说这是一种缺德，那他想让姐姐守寡的想法，更是丧尽天良了。

这个时候，代国国君已经成了他姐夫。自古以来，小舅子对付姐夫的事很是平常，但可没有一个小舅子如赵襄子一样想把姐夫给弄死的。

可在他那个位置，又有着他那样的理想，也管不了那么多。他准备好一切后，就给姐夫下了邀请函。大致意思是说：自从您当了我姐夫后，我这个做小舅子的也没有好好招呼过您，实在是因为跨国婚姻有太多不便啊。您上次送我的马，我骑了，跑起来还不错。我现在对您的感激之情如江水滔滔啊。为了感谢您，我请您吃饭。地点就在咱们边境的夏屋山上。不见不散。

邀请函被代国国君翻来覆去地看，高兴异常。但他手下还是有能人的，此人就提醒他，赵襄子此人在晋国可不是善茬。您此次去白吃白喝，可要多带点儿人。您要知道，一旦您有个三长两短，我们就如猢狲一样散掉，代国可就完了。

代国国君把脑袋晃得跟拨浪鼓一样，在他看来，赵襄子是他的小舅子，两方都是亲戚，怎么可能发生事情呢？多虑，多虑。

他给赵襄子回信，表示到时一定准时赴宴。赵襄子就开始了这场饭局的准备工作。第一步，他把自己的姐姐以服丧之名召了回来，他姐夫并没有怀疑。第二步，也是最重要的一步，他需要一个像样的杀手。

和五十年前吴王僚一样，代国国君虽然不穿龟甲，但其作为游牧民族，力大无比，近距离搏击是他的长项。况且，代国国君虽然不准备，但肯定会带一批武士。为了让姐夫少带点儿武士，他又给姐夫写信，说：家父刚死，我们就大吃大喝很是不好。如果人太多，恐怕家父会诈尸，还请少带些，不能超过五十人。

他姐夫爽快地同意了。

赵襄子就着手实现他的第二步，找杀手说起来简单，但做起来是很难的。据说姐夫对兵器很敏感，但凡兵器离他有一丈时，他眉毛就跳。所以，坚决不能找用剑和刀的杀手。

他最终选定了一个调酒师。战国时期的调酒师其实就是给主人倒酒的，工具是一根特别长的大金斗，我们今天来看这种倒酒器具，其实就是一柄加长版的铜锤。

第二步准备完毕后，他又准备第三步。一个倒酒师不可能对付那么多武士，所以，还需要一批对付姐夫带来的武士的人。赵襄子挑选了一百名士兵，练习羽毛舞。所谓羽毛舞就是每个人拿一根大羽毛在观众面前起舞，舞蹈练成后，他又给每个士兵发了一把刀，藏在羽毛里。

这一切准备就绪后，他才想到了菜。

如我们所知，这种饭局，什么菜、多少个菜都是次要的。所以，这场饭局到底有什么菜，历史并没有记载。

双方约好的那一天，大家都没有迟到。赵襄子带了几个厨师和一百名跳舞的士兵，他姐夫果然就带了五十个武士。

那名杀手，就是那个用加长版铜锤的调酒师在代国国君旁边，国君喝完一杯，他就用铜锤给斟上。那一百名士兵开始跳起了舞蹈，很是难看。正当双方吃得高兴时，赵襄子突然“哇呀”一声，代国国君还没有反应过来，一大铜锤就到了他眼前，他清楚地记得，这是那倒酒器具，还没有喊一声，眼前已经一黑。

杀手一击而中，绝不给对方喘息的机会，照着代国国君的脑袋，连连挥出，像是在砸石头。那五十名代国大汉一见国王的脑袋转眼之间就成了肉饼，正要动手，突然看见在他们中间跳舞的那些舞蹈演员向他们冲了过来。

片刻工夫，代国人全被杀掉。这场饭局就此结束。由于代国王城内并不知国君被杀死，因而赵襄子率领兵卒很顺利地进入代国国都，代国跟着那场饭局前后脚宣告结束。

这场饭局让代地并入了赵国，此饭局所得到的结果对赵国来讲意义非凡，它大大地扩张了赵国疆域的规模，从这以后，代地的人力物力资源直接为赵国所用。另外，代地的地理位置相当重要，它东接燕，南接中山，北接匈奴，与楼烦、林胡接壤。赵国灭掉代国不久，赵襄子就派人由代地出发南伐中山，夺取了中山国的左人及中人（地名）。后来的武灵王讨伐中山和楼烦、林胡，其根据地都是代地。

两百多年后，赵国被秦灭掉，赵国最后一个王迁被秦俘虏后，赵国的公子嘉跑到了代地自立为王，支撑了三十多年。这位贵公子大概不知道，自己还能在赵国被灭后而当王，完全是那场夏屋宴的功劳。

贪嗜烤鱼：吴王僚死于刺客之手

战国时期，诸樊继承吴国国主后，对自己的儿子们没有好感，倒是很看好自己的三弟季札。所以，他临死前把三个弟弟——大弟余祭、二弟夷昧和三弟季札叫到床前，让大弟余祭继承王位。按照吴国的传统，大弟余祭死时必须要把王位传给弟弟，以此类推，三代后，王位自然就传到季札手里了。

后来的事情都按照诸樊的计划进行，余祭死，传夷昧。夷昧死，准备把王位传给季札。但季札犯了那个时代最让人称赞的“病”：不肯受国，跑到深山老林里藏了起来。

诸樊当时想把王位最终交给季札，就是因为季札贤，可这种“贤”却把他的计划打乱了。如我们所知，春秋时的所谓贤就是礼让，曾饿死在首阳山的伯夷和叔齐就是这种“贤”的典型代表。

国不可一日无主，吴国的大臣们都认为该由诸樊的儿子公子光即位，公子光也是摩拳擦掌，准备接替本该就是他的王位。但夷昧的儿子僚跳了出来，迅速地做了吴国的国主。

公子光气得死去活来，一面大骂父亲愚蠢，一面痛恨堂弟僚的不要脸。可他毫无办法，吴王夷昧为僚打下了良好的政治基础，吴国上下对僚继承王位都很赞成。公子光只能把仇恨藏在心里，等待时机把堂弟拿下。

一天，公子光跑到在吴国当农民的伍子胥那里，给了他许多米粟布帛，试探性地问道："您是个有故事的人，曾跑遍吴、楚全境，可曾遇到比您差一点儿的才勇之士吗？"

这个马屁拍得真响，但由于伍子胥之前对他颇有怨言，所以很冷地说道："你们国有个叫专诸的，才是真勇士！"公子光志不在专诸，而是在伍子胥："啊呀，还希望先生能引见一下。"

伍子胥并不松口："何必，他离这里并不远，现在若派人去请，明早就能和你一起吃早餐。"公子光狡猾如鼠："既是才勇之人，我应亲自去拜访，怎么可以召呢？可我不知怎么走，还请您与我一同前去，给我指条路。"

伍子胥依旧不动，公子光只好暗示他，自己一旦成为吴国国主，必为他报仇雪恨。并且又告诉伍子胥，凭吴王僚的本事根本就不能为他报仇。

伍子胥不相信面前这个人能成为吴国国主，他问公子光怎么样才能成为国主，公子光早有计划，说道："刺杀。"

伍子胥想了想答应了下来，两人就一同去了专诸的家。公子光太知道他的这个堂弟从小就爱吃鱼。这大概得益于吴国的物产丰富，国王们对美食的要求一向很高。尤其是吴王僚，对美食的专注简直达到了如痴如醉的境界。

专诸又问道："他虽然爱吃鱼，但最爱吃的是什么样的鱼呢？"

"尤好鱼炙（烤鱼）。"

专诸点头，道："那我先走了，我去学烤鱼，这样才能亲近大王。"

第二天，专诸就跑到太湖去学烤鱼。当时在太湖烤鱼的师傅很多，专诸把大部分师傅都拜了。三个月后，专诸来见公子光，烤了一条鱼，公子光吃了，称赞不已，专诸用了三个月就成了一名合格的厨子。

公子光决定准备一场饭局，主菜就是烤鱼，他兴奋地把这个消息通知了伍子胥，并且准备摆宴。可伍子胥不同意。

伍子胥对公子光说："见过大鸟吗？它们在高空中飞，往你头上拉屎，你却不能奈何它。因为它会飞，想要制住它，就必须把它的翅膀剪除。"

公子光立即想到了吴王僚的翅膀，第一只翅膀是他的儿子庆忌，力大如牛。而吴王僚的第二只翅膀就是他的两个弟弟——掩余和烛庸，这两人掌握着吴国的所有军队。

伍子胥考虑得当然很周全，不但可以杀掉吴王僚，而且还能顺利继承王位。

公子光着急了："依你之见，该如何剪除这两只翅膀？"

伍子胥摇头："我们只能等待时机，不可妄动。"

公子光也只好如此，而专诸自然也没有用武之地，每天的工作就是在公子光家的厨房练习烤鱼。

由于此时楚平王已死，正当公子光怀疑伍子胥还会不会为他出力的时候，伍子胥来找他了。在来之前，伍子胥三天三夜没有睡觉。他不能亲手杀了楚平王，此生就活不开心。他来找公子光，说道："现在您的时机来了。"

公子光不知是什么时机，但非常高兴："先生还肯出力，真是难得。但不知是什么时机？"

伍子胥说道："现在楚王刚死，楚国又无能臣，您何不跟大王说，趁楚国办丧事之际，发兵南伐，可以称霸江南！"

公子光还在犹豫："万一，他派我去该怎么办？"

伍子胥出主意："您可以从车上故意掉下来，把腿摔坏。这样，大王必不会派你。你再推荐掩余、烛庸为将，再让他叫庆忌去结连郑、卫共攻楚国，此一网而除二翼，吴王僚想不死都难。”

公子光高兴异常，第二天就在光天化日之下从车上掉了下来，把一条很健康的腿摔得肿如象腿。第三天，他就跑进了王宫，把计策说给了吴王僚听。

吴王僚非常积极地响应公子光的计策，就这样，掩余、烛庸被派了出去。但没有派出庆忌，在这位头大没脑的王看来，暂时还不需要联合其他国家。

可战场情况并不妙，掩余、烛庸轻敌冒进，楚军用计将二人横腰截断，形势立即不利于吴国。两人立即向国主求救，公子光趁势说道：“如今之计，只能向郑、卫二国借兵了。”

吴王僚只好派出庆忌去纠合郑、卫。公子光的目的达到了，而等待吴王僚的是一个饭局。

公子光拿出铸剑师欧冶子的名剑“鱼肠”剑，两人找来专诸，要专诸试了一下是否合手，专诸握在手里，左刺一下右砍一下，果然很是顺手。他也不等公子光说，就慨然道：“我绝对能完成任务。只要让我能近得他身，即使是一万个吴王僚，我也能将其置之死地。”

第二天，公子光一瘸一拐地赶到王宫，对吴王僚说：“我家有个厨子，是从太湖来的，做的拿手菜就是您最爱吃的烤鱼，好吃得不得了。我敢说，你在此之前从没有吃过那么味道鲜美的烤鱼。我真诚地请您到我家里去品尝一下。”

吴王僚一听是鱼炙，口水早已出来，欣然答应了公子光，两人约定第二天晚饭见。公子光回到家里，就把自己养的武士都布置完毕，在客厅的地窖中藏了一些，又让伍子胥带领一百多“炸弹”在外接应。最后，才让厨房做菜。

第二天一大早，公子光就迫不及待地跑到王宫，再请吴王僚。他杀人的心跳动得太厉害了。吴王僚觉察出点儿不对劲来，因为他的这个哥哥从来没有这么热心过。他先打发走了公子光，然后入后宫，见到母亲，说："公子光摆了饭局，请我去吃烤鱼，您说他会不会有什么阴谋?"

他的老母说："他这个人平时就像别人欠他几吊钱似的，你得的王位，他始终不服。十多年来他可没有请你吃过饭，你最好不要去。"

吴王僚毕竟是一国王，坦然道："我若是推辞，岂不被人小看去?只要我严加防范，他也不能奈我何。"

有些时候，人往往因为自己手中所具有的优势而丧失了许多东西。吴王僚就是因为认为自己是王，认为自己只要利用手中的权力，就能保护好自己。他虽然怀疑可能会有什么事发生，但由于过分迷信自己的权力，他把怀疑轻松地扼杀了。而最关键的一点是：他喜欢吃烤鱼。一个人有特别突出的嗜好有时候并不一定是好事。

吴王僚用手中的权力做了如下安排：先是穿了三层盔甲，然后把王宫中所有能用上的士兵都用上了。从王宫门开始，一直到公子光家大门，都是他的军队。整个大街都是王宫卫队，这大概是世界上最有排场的赴宴场面了。

但这还不算完，他又挑选出百名大力士，扛着长戟，一直跟随在他左右，几乎已将他团团围住。公子光把他迎进客厅，坐在酒桌前，那百名大力士就把桌子围起来，只留一通道，供厨师上菜用。

公子光就在吴王僚身边，手无寸铁。如果他真想动手，只能用脏话或者是用嘴咬。厨子们端着菜来了，就在客厅的入口处，被人剥光了衣服，只端着盘菜战栗地趴在地上，匍匐而前。

看着一个个光溜溜的厨子爬过来又爬回去，公子光脑袋发胀。他想，专诸该怎么把匕首带到吴王僚面前呢?

天慢慢地黑了下来，公子光陪着吴王僚喝了几杯后，按照约定，主菜该上场了。公子光突然"哎哟"一声，捏着自己的脚大喊大叫。吴王僚急忙问是怎么回事，公子光说："我前几天不小心摔到了腿，现在不知为何，脚丫子又疼，这一疼起来就痛彻心髓，必须用大帛缠紧，其痛方止。大王先宽坐，我去把脚丫子裹上，然后再来陪大王痛饮三百碗。”

吴王僚道：“您请便。”

公子光就一步一拐地潜进窖室中去了。饭局已经吃到这个份上，见还没有烤鱼，吴王僚不耐烦了，吩咐让烤鱼师傅把烤鱼端上来。

专诸出现了。

他在门口就被人剥了个精光，端着一条大大的烤鱼，慢慢地爬了上来。

吴王僚闻到了香味，微微地闭上眼睛，使劲用鼻子嗅。专诸已经到了他面前，那条鱼好大，被烤得颜色很耐看。吴王僚要伸手去拿，专诸却把盘子转了个圈，鱼尾冲着自己，鱼头对着吴王僚。

突然，一种不祥的预感袭上吴王僚的心头，他还没来得及思考这种预感是对是错，外面漆黑的天空猛地出现一道流星，这是天象有变。吴王僚正要站起，专诸已经出手。

他揪住鱼尾，一拽，一柄匕首已经在手。吴王僚因为穿了三层铠甲，行动速度略一慢。专诸大喝一声，匕首已经贯进吴王僚的身体，从前胸入，后胸出。

百多名大力士这时才反应过来，发声喊，把专诸踢翻，一顿乱戟，专诸成了一堆肉酱。龟缩在窖室中的公子光听到动静，知道已得手，领着自己的人冲了出来。由于空间狭小，长戟施展不开，所以，吴王僚的百名大力士瞬间就被公子光的死士们斩杀。

在外面的士兵听说大王已遇难，又见对方不要命似的冲杀，哪里还有勇气再争，要么放下武器，要么逃跑。

公子光立即与伍子胥奔入王宫，敲响大钟，历数吴王僚之罪过，然后登王位，是为吴王阖闾。

沙丘饿死：理想家“一国两王”计划的后果

早先，赵国的开国君主是赵籍，到敬侯赵章当政时迁都邯郸。再下来当政者就是成侯赵种了。此时的赵国虽然站稳了脚跟，却没有空闲放心放胆彻底享受太平，被颠覆的威胁时刻都在。成侯的儿子肃侯接任国家后，苦苦支撑，但仍旧不能解除赵国四面八方的威胁，直到第五任国君赵雍的登场。

公元前326年，肃侯死掉，赵雍接下了这副担子。此时，他的年纪太小，几乎不知道治理一个国家该从哪里下手。虽然小，但他依旧记得父亲死后的风光。秦、楚、燕、齐、魏五个诸侯国均派出锐师万人来会葬，可谓史无前例。只要不是傻子都明白，这五个国家是黄鼠狼，赵国这只“鸡”正面临着生死存亡的关头。

也许，对别人，这是一个生死关，但对于赵国的掌门人，这根本就不算什么！从在晋国时的赵衰、赵盾、赵朔到赵氏孤儿赵武，赵家几近灭门，所历险滩恶浪不可谓不大，但也都平安而过了。到了赵简子、赵襄子时代，名义上是晋国的臣子，实际上已经挟晋主以令天下了。

老虎的儿子绝对不是狗，赵雍虽然年纪小，但血管里流淌的却是赵家的血。他在大臣肥义的帮助下，巧妙地化解了五只黄鼠狼的虎视眈眈。赵雍这才正式即位，此时，距离他的先祖三分晋国已逾百年。

接着，他开始了改革，先在军中推行胡服，势如破竹，无可阻挡；此后五年，命将军、大夫、嫡子均穿胡服，两年后，他灭掉了中山，终成战国七雄之一。

守成者若想成就自己的大事业，必须要改革。只有改革，才能甩开前一任的包袱，重新塑造一个自己。可以说，在中国历史上的所有改革者中，赵雍应该是一个最合格的改革者。一个合格的改革者至少符合如下条件：第一，改革取得了巨大成效，并且没有后遗症；第二，改革者不会死在改革这件事上。

赵雍在改革取得成功后，依旧不老实。胡服骑射大功已就，赵雍做出了又一个惊人的决定：退位给小儿子赵何。那年他才四十岁，精力正充沛，很多人对此又摇手又摇头，想不通。赵武灵王就补充说，所有军政大权依旧自己掌握，大臣们如遇重大事情可直接向自己报告，不需要通过君主赵何。他这一规定确定了一件事：赵何只不过是名义上的赵国国君。

赵雍有几个儿子，长子叫赵章，次子叫赵何。赵章是长子，按理说即位顺理成章。可是，因为他的弟弟赵何的老妈是个美人，深深地吸引了自己的老父亲。所以，他就被废了。赵何成了太子，最后成了赵国的国君。

当赵雍要退位时，有大臣就说，大王正值壮年，如今天下强国林立，大王不站在最前沿开疆拓土，反而龟缩到背后去，这不是一国之君所为。又有大臣把情绪对准了赵何，太子何年纪太小，根本无法担当一国之君的重任。

可赵雍不听，在做了"太上皇"后，他在境内巡游，看到一座高山，雄伟峭拔，心里喜欢，就让人爬到山顶，在崖壁上凿了些脚印。非常人行非常事，赵太上皇的想法横空出世。为了看看自己的强敌秦昭王的虚实，他曾经化装成外交人员入秦。等到秦昭王觉出这个外交官不一般，派人追他时，他已经安然回国了。

可以看出，赵雍不但是一个伟大的人，还是一个可爱的人。他在回国后，把秦国到赵国的路线一一描绘出来。谁也不知道他到底要做什么，因为不久后，他就死掉了。他死的那一刻，历史把他描绘出的那张地图掩埋在尘埃里。

事情继续在恶化，有一次，他想看看大臣对年轻君主的态度，就让赵何在朝廷独自召见群臣处理政事，自己则在一旁窥视群臣和宗室贵族对国王的礼仪。窥视之下，他非常满意又非常伤感。满意的是，众臣与宗室贵族对这位小国王都很尊敬；伤感的是，他看到长子赵章垂头丧气地屈服于其弟之下，虽然没有一丝恼恨，但那么大一个人，居然要给比自己小许多岁的弟弟鞠躬行礼。无论如何，这都不能让好父亲赵雍安心定神，视若无睹。他难过了，突然觉得对不起大儿子。

于是，有一天，他找到赵章，在一阵嘘寒问暖后，不禁泪流满面。并且，他想了一个让大儿子也很高兴的办法。

第二天，他找来他的另一个儿子赵胜和相国肥义，把自己要把赵国一分为二、赵章与赵何同称王的想法说给了两人听。肥相国有点儿恼，生气地说道："原太子已经废掉，新王已经即位，事情已经到了这一步田地，主父您就应努力来维持这种关系，您不能把国家当成土豆，说分就分啊！"

赵胜也跟父亲说："父亲当初废太子章就已经错了，您现在还想一错再错吗？"

赵雍糊涂了，就想一错再错下去。这位在军事上创造了无数功勋的"太上皇"错误地将一国的军事当成了整个国家的政治，他愚蠢地认为控制了国家的军队就控制了一切，这是绝对错误的。

就在这一年，也就是赵章被封到代地称安阳君的公元前 295 年，赵雍"一国两王"的计划还没有实施，关系着赵国百年命运和赵雍本人命运的事件就发生了。

公元前 295 年，主父赵雍让国君赵何和安阳君赵章陪他到沙丘游览。事实上，这是赵雍一次有目的的游览。他是想通过这次游玩的机会实现他"一国两王"的计划。既然在朝堂上有大臣反对，那他就把这一计划放到朝堂外来讲。旅游的作用不仅是休养身体与放松心情，还是许多政客解决一些棘手问题的最佳方式。

当时，赵雍与赵何的行宫相距四里，而赵章的行宫正在两人行宫的中间。在这段时间里，赵雍经常和赵章在一起，所谈内容虽然历史没有记载，但赵章肯定从父亲的言语中得出一个信息：自己的好日子可能要来了。

但是，他的等待并没有等到结果。因为就在一天晚上，他的智囊田不礼向他提出了不需要等待下去的建议。他们两人不约而同地、自信地认为，这一次是杀掉赵何的天赐良机。他们的想法完全正确，因为是出来旅游，三方都没有带多少军队，谁要对谁先下手，都有取胜的把握。

田不礼，这位一心想要恢复贵族特权的齐国人非常积极，他说："赵何那小子，远离首都，他行宫守卫的力量，十分薄弱，不堪一击。"

赵章不想太鲁莽，提出了心中的疑惑，道："他的守卫虽然很少，但我们的人也不多，一旦打起来，如果不能成功，我们就完蛋了。"

但田不礼已经疯了，他丧失了最基本的聪明与理智。他那天晚上的唯一目的就是杀掉赵何，只有杀掉赵何，才能拥赵章为王；赵章若为王，他必是相国。"我们可假传太上皇（主父）的命令，声称有紧急事故，召唤赵何觐见，赵何必然经过我们营地，我们就伏兵截击，一刀杀掉。"

赵章听了谋士的话，直冒冷汗，如果计划一旦成功，他杀掉的不仅是自己的弟弟，还是一国之君，他发抖："杀掉国王，如何善后？"

田不礼回答："只要杀掉赵何，再多的问题都会迎刃而解。届时再假传太上皇旨意，号召军队。那时候你是王位的唯一继承人，谁敢违抗？"

如果单从田不礼的话来看，有理有据，绝对可行。赵章并不聪明，但也不傻，他知道这是他翻身的唯一机会。于是，他同意了田不礼的方案。

但是，他们只做到了知己，却没有做到知彼。当两人派出假冒太上皇赵雍的使者到达赵何的行宫传假消息时，侍卫官高信想起了相国肥义告诫过自己的话：任何宣召国王的命令，都要先报他知道。

他立即找到肥义，说："主父那边派人来说，主父得了重病，要国王赶紧过去。"

肥义警觉起来："怎么可能？太上皇御体一向康健，而奇怪的是为什么恰恰深更半夜发病呢？这件事有点儿蹊跷，必须慎重。"于是他来见国君赵何，把主父得重病的事说了一遍。赵何就要去看。肥义拦住他，说道："您先慢。您别忘了安阳君也在，如果我们现在赶过去，必定要经过他的行宫。"

赵何道："依相国之意呢？"

肥义皱眉道："此事很奇怪，我想到一个办法，由我带着大王的护卫，先行前往，如果有变，我首当其冲，你们可有充足的时间准备。如果平安，大王再去，也是一样。"临走前，嘱咐高信："你和侍卫军要加强戒备，紧闭宫门，除非特殊情况，千万不可打开。"

结果可想而知，当肥义和他所带的皇家护卫走到赵章行宫时，全被田不礼埋伏的士兵击杀。杀声震天，赵何行宫里的侍卫开始了准备，准备迎接大敌前来。

赵章和田不礼发现杀错了人，眼红心跳，索性直奔赵何行宫而来。但是，即使赵何行宫没有准备，他们都没有把握攻下，现在有了准备，他们当然就更没有办法攻下了。

正在两方人马杀得声闻于天时，远在都城的赵雍的叔父赵成与太傅（皇家教司）李兑各率一支军队赶来沙丘保驾。他们在邯郸总觉得有什么事情要发生，结果一到，真的就碰上了兄弟二人在厮杀。两股军队的加入把赵章打得大败，赵章在田不礼的建议下跑进了主父的行宫。赵雍看到满脸是血的大儿子，赶紧就把他藏了起来。

李兑和赵成杀掉田不礼后，发现少了赵章。沙丘这个鬼地方根本藏不住人，傻子都能猜出赵章在哪儿。两个人带着军队就冲到了赵雍的行宫前，希望赵雍交出叛贼。

赵雍瞪着眼睛，想发威。但李兑和赵成都不理他，因为他已经不是国王了。两个人在行宫中只一搜就搜出了赵章，就地斩首。然后，又全部撤出了行宫，听着赵雍在里面号啕大哭。

赵成听到主父的哭声太过于悲凉，脑子里闪过一丝不祥的念头。他对李兑说："我们今天做的事真是惊天动地，冲进了主父的行宫，又当场杀掉了他想要保护的赵章。你听他现在哭得惊天地泣鬼神，他回到都城，能放过我们俩吗？"

李兑立即开始紧张起来，并且害怕得发抖："如何是好？"

赵成想了一想，一横心一咬牙："让他永远都不能回都城。"

于是，两个人不撤兵，并发布告示，主父行宫里的人都有造反嫌疑，最后出来的就杀掉，先出来的赦免。

赵雍本来就没有带多少人，经过赵成与李兑这一手，行宫里转眼之间只剩他一个人了。

赵雍遇到了他此生第一次无法克服的困难，没有人帮助他，当他也打算出宫时，宫门已在外面反锁。几天后，宫中粮食吃尽，赵雍开始挨饿。就在饥饿难忍时，他爬到宫墙上向外哀号，许诺他从此不问国事，哪怕是做一平民也可以。

赵成不相信他，李兑也不相信。最后，赵雍爬到树上搜索一些鸟蛋充饥，又支持了一月有余，鸟蛋终于吃完，也没有鸟再回到那里下蛋。赵雍无奈之下只好饿死在寂无一人的空屋之中。

一代英雄就这样被活活饿死了，赵成与李兑两个浑蛋在三个月后进入行宫，他们的主父的尸体已经被老鼠和蚂蚁啃了个精光。

在围行宫过程中，那位他亲生的儿子、赵国的君王——赵何没有伸出援手来救助父亲，所有士兵也没有救这位英雄，因为他们只能听赵何的指挥。

从以上可以看出，赵雍并不聪明，错误的决策、错误的行动，把他自己一步一步地推向深渊。在最后，他带着少量兵马去行宫，还带了两个危险的儿子。

他是个理想主义者，理想主义者往往都会取得大成就，也会犯下大错误。如果我们回顾这位赵国甚至是战国时期最具英雄气概的国王，我们就会发现，他的错误其实在废掉大儿子的时候就已经注定了。

这件事情已经过去了两千多年，这中间饿死的人数不过来，身为一国之君而饿死，赵雍真有想空前绝后的意思。但他达到了“空前”，却没有“绝后”。许多年后，南朝梁的一位皇帝梁武帝也被活活饿死了。

事实上，赵国历史拐点的机器在赵雍成为太上皇的时候就已经开始运行了。但还有把这一拐点拉到正位的可能，不过，理想家赵雍没有把握住，最终，赵国再也没有出现一位如他那样的君主。赵国在“一蟹不如一蟹”君主的维持下，最终不但没有称霸，反而被秦国所灭。

赤壁之战：不是败于火攻，而是毁于血吸虫病

东汉末年，一场瘟疫改变了历史的进程，这就是曹操想要统一南方而发动的赤壁之战。曹操字孟德，中国著名的政治家、军事家。20岁时，举孝廉为郎。黄巾起义爆发后，参与镇压起义军。公元190年参与讨伐董卓的军事行动，并逐步开始建立武装。公元196年，迎汉献帝于洛阳，后迁都于许昌，自此有了“挟天子以令诸侯”的政治优势。公元200年，在官渡击败了当时北方最大的军阀袁绍，占据了北方大片土地。

8年后，北方另一位军阀刘表病危，其少子刘琮准备继位领荆州牧。刘表的长子刘琦与刘琮是异母兄弟，素不和睦，军中诸将，也各有彼此，这就使荆州内部发生了严重的政治危机。曹操立即趁乱讨伐刘表，先发制人，趁刘表病危之际，发兵荆州，刘琮刚继位就被迫降曹。

曹操遂统一了北方，他的下一个目标就是在南方的两个小人物——孙权与刘备。刘备当时依附于刘表，刘表集团一崩溃，他只好夹着尾巴逃跑。一方面，曹操趁机做出部署，先以赵俨为章陵太守兼都监护军，监领虎威将军于禁、平虏将军朱灵、破虏将军李典、荡寇将军张郃、奋威将军冯楷等七军，统一指挥他们在汉水、淮水之间的行动。另一方面，曹操在江陵、襄阳、樊城等要地留兵驻守，自率主力沿汉水、长江东进。他想先把刘备歼灭于樊口，然后顺江而下，灭掉孙权。

刘备当时吓得魂不附体，急忙叫人提方案，有人就建议联合孙权共同对抗曹操。大难临头之时，就如同饥不择食一样，他急忙派人去找孙权，希望大家联合起来做点儿事，其实就是保住性命。

公元208年十月，刘备先退到夏口，然后派出军师诸葛亮赴柴桑会见孙权，共谋抗曹大计。

孙权手下也并非都是饭桶，只不过慑于曹军号称八十万的声势，都主张议和，孙权在和战之间犹豫不决。此时，张昭站了出来，态度很明朗："我主张议和，我辅佐您父亲并非是帮助他建立一个割据政权，而是想辅佐他安定百姓。现在曹操既已扫平北方，平定荆襄，这正是统一天下的大好时机，那么帮助他完成这一伟大使命，免除生灵涂炭，有何不好呢?"

但是，他的建议并没有被采纳，诸葛亮和周瑜都希望和曹操打一架。诸葛亮的心思自然不用说，他来孙权这里就是怂恿孙权打架的；而周瑜当时非常年轻，自然对打仗有着十二分的兴趣，况且，他是武将，武将不打仗如何体现价值呢!

两人又对当时的形势做了估计。结论如下：自己方面，刘备方面有着一定实力，现在收拢的部队和关羽的水军精兵尚有万余人，刘琦的部队也不下万人，如果与东吴的军队联合作战，实力相当可观。曹操方面，号称八十万，实际上只有十五六万人，加之后方不稳，远征疲惫，不服水土，士兵都是群旱鸭子。我们只要打就能胜。

孙权拍案而起，下定了抗曹的决心，即命周瑜、程普为左右都督，鲁肃为赞军校尉，率领三万精锐水师，与刘备军会合约五万人，进驻夏口。

曹操一面训练军队，一面打听对方动静，当得知两个小人物联合起来后，大笑不止，他亲统大军水陆并进，直逼江南。孙刘联军自夏口溯江而上，与曹军相遇于赤壁。

在曹操之前，北方人与南方人的战争很少发生。战国时代，诸侯国之间打架，也是北方对北方、南方找南方的居多。秦、汉两个统一王朝在对待与南方人开战的问题上都很慎重。这是因为南北地理形势不同，所以作战方式就有很大不同，秦朝就是因为派出主力去征讨百越而久未取胜不得返，才让项羽在北方捡了个大便宜。

曹操自然知道这一点，所以在攻取荆州后，就抓紧时间训练自己的军队。他深知，自己的步兵骑兵都晕水晕船，想要一举拿下那两个小人物，就必须克服这些问题。

但他并没有克服，在第一场战役中，他就吃了个败仗，退到了长江北乌林（今湖北洪湖境内），与孙刘联军夹江对峙。

当时，长江风高浪急，曹军的士兵在船上站都不能站稳，像是喝醉了一样。曹操为了减轻江上风急浪颠，下令用铁链和木板连接战船，犹如城堡，使步骑兵可在上驰骋，以利攻战。

周瑜鉴于敌众我寡，意欲谋攻，以求速战，遂采纳手下黄盖提出采用火攻的计谋。于是，就有了周瑜打黄盖的苦肉计。黄盖遂派人给曹操送伪降书，并与曹操事先约定投降时间。

十月的一天，此时已是初冬，黄盖的屁股还肿着呢。他率领蒙冲、斗舰十艘，满载易燃的枯草干柴，灌以油脂，外用布幕围住，插上与曹操约定的旗号向曹军驶来。

奇怪的是，曹军官兵见黄盖来降，居然一点儿都不惊诧，也毫无警觉，就看着黄盖的战船慢慢地靠近了自己。离得近了，黄盖下令点燃柴草，同时发火，火烈风猛，船往如箭，烧尽北船，延及岸上各营。顷刻，烟焰张天，人马烧溺死者甚众。

南岸的孙刘联军主力船队知道是黄盖得手了，立即发动攻击，所有船只飞速前进，横渡长江。曹操只好撤退。但在撤退前，他居然把没有烧到的船也给烧了，这是件很奇怪的事。

在联军的迅疾追击下，曹操率领残余部队经华容道逃脱。当时道路泥泞，无法行走，天上又刮着大风，曹操就命令伤病员背草填路。这些弱者刚刚把路修得勉强可行，骑兵就冲了过去。结果，伤病员被冲过去的人马所践踏，陷在泥泞之中，死于非命。

总算天还算开眼，曹操顺利逃回北方，他绝不丧失统一天下的信心，令满宠驻当阳，曹仁守江陵。可惜的是，曹仁并没有守好江陵，第二年，曹仁撤出江陵。

赤壁之战后，曹操反省一番，就抓紧时间建设水军，进控江淮。两个小人物继续拴在一起，以抗拒他。后来，刘备趁势取得武陵、长沙、桂阳、零陵等四郡，自任荆州牧，作为西取益州的基地，孙权本据有江南，三方面逐渐形成了三足鼎立的格局。

按照上面的叙述，我们完全可以说是赤壁之战奠定了三足鼎立的历史格局。那么，是什么决定了赤壁之战呢？或者说，是什么因素导致了曹操的失败呢？

此役中，双方动员的兵力分别为，孙刘方面不到五万，曹操方面至少十五万。而且，曹军的战斗力要远超过孙刘联军方面。

当然，战争中出现意外是绝对正常的。那么，在赤壁之战中到底出现了什么意外情况呢？

翻看正史《三国志·吴书·周瑜传》中，在赤壁之战后，曹操给孙权写了一封信，信中有这样一句话：赤壁之役，值有疾病，孤烧船自退，横使周瑜虚获此名。

原来如此！

原来，曹操后来烧船撤退是因为士兵感染了瘟疫，所以，才不想继续把仗打下去。

当初，曹操兵马占据江陵时恰是血吸虫感染高发期。它分为急性、慢性和晚期三种，而曹操的军队患上的正是急性血吸虫病，这种疾病主要是在秋季流行，曹操在第一次与联军交手失败后，开始训练水兵时正是在血吸虫病感染严重的秋季。得上急性血吸虫病的人呈现发热症状，体温相差可高达四摄氏度；腹泻成为家常便饭，每日为三次到五次，严重者可达二十次到三十次。

现在我们就可以想明白，为什么黄盖只用装着易燃物品的十艘船就能把曹军的船队烧掉了。因为没有人救火，大家都在高烧，或是在厕所。

可另一件事又值得我们怀疑，既然疾病横行军队，为什么只有曹操的军队受到感染，而周瑜的军队却没有受到血吸虫病的袭击呢？

要知道，周瑜的军队基本上都是在长江流域一带活动，熟悉水性，对血吸虫病也有了自身的免疫力和抵抗力。可曹操的士兵都是北方人，有人根本就不知道南方居然还有这样一种总让人上厕所的疾病，不像南方人，很少有机会感染血吸虫病，所以，第一次总是不幸的。由于没有免疫力，便变成了易感染人群。

据说，血吸虫病的历史非常之久，早在汉代马王堆出土的女人的尸体中就已经发现了血吸虫病的虫卵。而且，曹操军队感染这种病可能是前无古人，但绝对不是后无来者。

曹操很倒霉，被血吸虫病夺走了统一天下的梦想。

蚜虫粪便：将历史的巨轮由中唐拖向晚唐

经过安史之乱后的唐朝，藩镇割据已成事实，并且不易被任何一个皇帝所改变。宦官已经从原来的专政升级到反奴为主。在文宗前的几位皇帝，要么是昏庸无能，要么就是因宦官而立，要么就是在藩镇问题上脱不开身，根本无暇顾及宦官。

文宗皇帝却不是这样，他决心要废除宦官，并从王守澄开始。王守澄此时掌握着唐朝宫廷的兵权，气焰嚣张，对朝政指指点点，有几次甚至搞得自己很下不了台。让文宗气得死去活来的就是，明明许多事情已经和宰相们商量好了，但王守澄却认为不妥，其实许多事情都很妥当，并且丝毫影响不到他的利益，但这个人就是要找皇帝的麻烦。他经常对文宗说：我觉得这件事不对，怎么可以这样做呢？文宗皇帝受够了，想要把宦官彻底从李家天下清除掉，第一件事就是要让王守澄滚蛋。

但这件事想起来容易，做起来却难于上青天。帝国的许多大臣都或多或少地与宦官有着千丝万缕的联系。尤其是自宪宗朝设立枢密使一职以后，宦官出任枢密使，履行上情下达、下情上传的职责，宦官开始掌握政事的决策权。他们的官署在宫城内，称为北司，而宰相及大臣们办事的地方在皇城边，称为南衙，北司的权力越来越大，而南衙越来越势弱。官员们已经把宦官的飞扬跋扈当成理所应当的了，诛杀宦官在这些人心中已成了非分之想。

文宗皇帝决心把这种“非分之想”变成天经地义的现实。此时的王守澄觉得，这个皇帝不是很老实，就派了一个自己人。此人叫郑注，确切地说，是个道士，懂得养生之道。

戏剧性的一幕就在于郑注并非完全是王太监的人，在他取得了文宗的极端好感和信任后，他又向文宗推荐了另一个人——李训。这两个人从此取得文宗的信任，最终导致“蚜虫粪便事件”的发生，给帝国带来无尽的伤痛，并直接将历史的巨轮从中唐拉向晚唐。

不久，两个人与文宗皇帝合作铲除宦官集团的行动开始了。当时，宦官既掌握了十几万禁军大权，又掌枢密之职，窃据着朝廷的要害部门，不少文臣武将因宦官而晋升，他们在朝廷盘根错节，根深蒂固，剪除宦官又谈何容易！但是宦官也并非是不可动摇的泰山，无懈可击，那就是他们内部也因争权夺利而钩心斗角。文宗和李、郑二人就是抓住宦官的这一弱点，利用他们之间的矛盾分化瓦解，以毒攻毒，开始了反击过程。

被击的第一个人就是王守澄。王守澄是个最合格的奸猾太监，想要搬动他，不用些智慧，恐怕很不容易做到。

太和九年（公元 835 年）五月，右领军将军仇士良有拥戴文宗之功，但却为王守澄所抑，忿然不平，李、郑二人便为文宗出谋划策，进仇士良以分王守澄之权。文宗皇帝欣然采纳了两人的意见，升迁宦官仇士良为左军神策中尉。王守澄非常不高兴，更加深了二人的矛盾。

六月份，文宗皇帝再动手。他暗示左军中尉韦元素，枢密使杨承和、王践言以神策军的首领自居，不把王守澄放在眼里。王守澄自然咽不下这口气，双方闹得不可开交。此时文宗皇帝及时出面，把韦元素、杨承和、王践言等人分别贬为西川、淮南、河东监军，不久，郑注、李训指责他们接受外臣贿赂，文宗下诏革职并赐酒毒死。

表面上看，王守澄取得了大胜利。他从来不晓得“兔死狐悲”这个成语的实践检验。因为在文宗和郑、李的安排下，宦官中最有权势的两枢密、两中尉已经去了三个，剩下一个他离死也不会太远了。

趁王守澄还沉浸在清除对手的喜悦里，文宗进一步行动，加王守澄为兼左右军神策观军容使，明为升迁，实则削去他的兵权。过了不久，一个小黄门带着皇帝赐予的毒酒悄然到王守澄府邸登门拜访，虽然心有不甘，他也只好喝下这杯毒酒。

在王守澄死后，李、郑二人与文宗同时发力，文宗首先把李训升为宰相，而郑注则出外到靠近京城的凤翔做节度使，培植军事力量，以呼应京城。他们的下一个目标是以仇士良为头目的宦官集团。他们约定，在王守澄下葬的那一天，郑注以故旧的身份率领亲兵前来送葬，然后在城外将送葬的宦官一网打尽。于是，郑注奔赴凤翔，组织亲兵。

而李训则抓紧时间联系朝中有兵权的大臣，争取获得武装力量。而宦官和大部分官员都蒙在鼓里，一切都在紧张地进行。

王守澄下葬的日子越来越近，但似乎还有许多事情没有准备好。李训和郑注本来就是中下之才，对于彻底铲除宦官这一对于改变唐帝国的行动，两人却漏掉了一个最为重要的环节。那就是仇士良等大宦官并不一定出席王守澄的葬礼。

仇士良是一个优秀的宦官，此人并非是靠着溜须拍马而上位的。事实上，此人有着很强的能力，又正巧文宗皇帝利用他来分王守澄的权，此人很不容易对付。

如果按照计划，郑注在郊外杀掉的仅仅是一些无关紧要的小头目，反而引起尚在宫中的仇士良等人反弹，到时候危险的可就不仅仅是文宗皇帝一个人了。在朝中的李训如热锅上的蚂蚁，他决定了一件足以改变唐朝中晚期历史的事：提前行动。

他把自己的想法告诉了文宗，文宗皇帝希望他能与郑注商量一下，但李训等不了，坚决等不了。

太和九年（公元 835 年）十一月的一天早朝，“自己人”金吾卫将军韩约出奏，说是昨晚天降甘露于金吾卫大堂庭院的树上，天降祥瑞，启请皇上昭告天下。

所谓“甘露”，其实就是蚜虫的一种排泄物，是一种粪便。原来，蚜虫吸取了植物的汁液，经过消化系统的作用，把多余的糖分和水分排泄出来，洒在植物的枝叶上，状“其凝如脂”，色“皓莹如雪”，味“其甘如饴”，真犹可谓“甘露”了。据专家们研究，蚜虫的排泄物确有较多的转化糖、甘蔗糖和松子糖，其中碳水化合物占 70%左右，糖精占 20%以上，蛋白质占 3%。因此，它也确有那么一点儿滋补作用。

但这样一种“粪便”却是我国古代人心目中了不起的神物，古代人认为它是“神灵之精”“仁瑞之泽”，是一种延年益寿的“圣药”。无数古代帝王将相都对它梦寐以求。伟大的汉武帝就曾为了吃到甘露，特意在长安城外的建章宫内建造了一座高二十丈、大七围的承露盘，祈求上天赐给甘露。而清朝的乾隆皇帝也曾在北京北海公园的琼岛上建造了一座承露台，用铜铸了一个如同真人大小的太监，手捧铜盆，祈求上天赐露。

由此可知，甘露降临，不但是皇帝之福，还是社稷之福。许多大臣听说了韩约的报告后，大喜过望。文宗皇帝假装让李训等人去查看。李训出去准备好了杀手，就回来奏称说：我等肉眼，实在看不出这一神物，还希望文宗皇帝派别人去看。

文宗见仇士良在旁早已经跃跃欲试，就吩咐仇士良和一些重要的宦官前去查看。仇士良带着北司的高级宦官们纷纷出朝门，他们刚走出，李训立刻叫兵士到殿下保护皇帝。仇士良带着十几个宦官来到金吾卫，韩约已经在门口等候。

仇士良突然觉得有什么地方不对劲。他发现院廊的帷帐被风吹起，隐隐约约地露出了浑身武装的士兵。几乎是反弹似的思索，他立刻对着同伴大喊一声，自己扭头就跑。在这种危急时刻，他居然想到了首先要保护文宗，他朝站在殿下无所事事的士兵们大叫，赶快上殿保护皇上，事后重重有赏。虽然他叫得声嘶力竭，但远水解不了近渴，文宗的软榻已经被宦官们抢在手中，抬起就跑。

宦官毕竟训练有素，依赖皇帝而存在的生存本能告诉他们有皇帝就有一切，因此，即便是逃跑也要把皇帝抢在手里。李训也深知皇帝的重要性，没有了文宗，就什么都没了。他奋不顾身地扑上去，拖住软榻，可惜其他的士兵就想不了这么多。和他们一样，百官们也不知道到底发生了什么事。

他们把所有的精力都放在了把皇帝抬出大殿去，只要奔进内宫，胜利就属于他们了。此时仇士良已经接近了文宗的软榻，而李训已经落在了后面。他们看到在后面追的只有李训一个人，一个宦官嫌他碍手碍脚，飞起一刀，李训从此就不在人间了。宦官们终于抬着文宗皇帝跑进了宣政门，他们胜利了。文宗的计划破产，一切都结束了。

这就是影响了中唐历史的“甘露之变”，就这么开始，但并没有结束。

当仇士良等宦官安静下来，并彻底控制了局势后，开始进行了血腥的报复。他们当然不能对文宗皇帝怎样，于是，把对文宗的恨发泄到了百官身上。

他们开始屠杀官僚吏卒。回到中书省不久的宰相王涯、舒元舆听到宦官发怒的消息后狼狈出逃，来不及逃走的中书、门下省及金吾吏卒 600 余人都被宦官杀掉。仇士良等又分兵关闭宫门，搜索诸司官吏，被滥杀者有千余人，横尸流血，不忍目睹。

这件事后，文宗皇帝愤懑不已，精神恍惚，但仍然不忘歼灭宦官，常自言自语地说：“须杀此辈，令我君臣间绝。”

文宗皇帝虽然没有被宦官干掉，但却如处囚禁，朝廷百官的生死大权皆归宦官，他心里充满了愤恨、屈辱和愁苦，不久就死掉了。

“蚜虫粪便事件”后，宦官更加飞扬跋扈，他们胁迫天子，下视宰相，凌暴朝士如草芥。唐朝历史上宦官最辉煌的时代来临了，李家天下最凄惨的日子开始了。

几块石头：宋徽宗为自己建造坟墓

有人喜欢花，有人喜欢草，也有人喜欢树和白云，这大概是人类对自然的一个最简单的致敬。在这些致敬里，宋徽宗毫无保留地喜欢上了石头。

徽宗皇帝喜欢的石头跟我们今天在路上踢到的小石头可完全不一样，他喜欢的是大块奇形怪状的堆在一起的石头。早在北宋崇宁四年(公元 1105 年)，这位多才多艺的皇帝就想建立一个园林建设工程——艮岳，为了这个目的，他特意在苏州设置了一个叫应奉局的专门机构，一个叫朱勔的苏州人对山石素有心得，被蔡京推荐来管领该局，专事在东南江浙一带搜罗奇花异木、嶙峋美石。花石到手后，多经水路运河，千里迢迢，运往京城汴京，就是现在的开封，十船一组，称作一“纲”，这就是“花石纲”名称的由来。

看过《水浒传》的人都知道，青面兽杨志就是因为押运“花石纲”在去往东京的船上掉链子才落魄到桥上去卖刀的。杨志当然不知道自己运送的石头正在为中国的美学作贡献，所以，石头落到江里就落到江里了，他丝毫不感到惭愧。

据说，为保障“花石纲”的运输，关系国家民生之重的漕运都被挤在一边，漕船和大量商船都被强征来运送花石。朱勔在这个时候充分地充当了畜生的角色，只要发现民间有一石一木可以入选的，他即派人直入其家，破墙拆屋，把石、木掠往京城。花石船队如在沿途遇到狭窄的桥孔或城墙的水门，立即将其拆除，确保通行无阻。大江南北，经办“花石纲”的官吏都趁机敲诈勒索，弄得民不聊生。

朱勔这样好好的人不做，却要去做畜生，根子就在徽宗本人身上。他对此事简直到了如痴如醉的地步。史料记载，有一安徽灵璧县产的巨石，用大船运往京师，需拆毁城门方能进入，上千人都搬不动，入城之后，徽宗大喜，御笔赐名“卿云万态奇峰”，并悬金带于其上。

一国之主有个人喜好并不是什么大事，但若把自己的喜好当成必不可少的朝政，并且将其施之全国，危害生灵，那国家想不危险都不能。“花石纲”所采办之漆楮竹木，当时从两浙路运一竿竹子到汴梁，所费达五十贯钱，相当于宋朝一般平民的全部家产，也就是说，为了几块石头就让人倾家荡产。

但徽宗对此毫不关心，他专心地建设着他的园林，并且是举全国之力。从美学的角度来讲，艮岳如果不被后来的金人所毁，它绝对是世界园林之最。但从社会学的角度来看，徽宗绝对是在自掘坟墓。他是在用石头为自己建造坟墓。

据史料记载，“花石纲”持续了二十多年，到了后来，“大率太湖，灵璧、慈溪、武康诸石；二浙花竹、杂木、海错；福建异花、荔枝、龙眼、橄榄；海南椰实；湖湘木竹、文竹；江南诸果；登莱淄沂海错、文石；两广、四川异花奇果”，都是巧取强夺的目标，侵扰范围之广，亦远不止于东南一带了。

也就是说，南方人民确实已经受够了皇帝的这种巧取，反抗自然就成了情理之中的事。翻看北宋历史农民起义这一段时，会发现一个很奇怪的现象就是，虽然起义非常多（不下二百起），但力量却非常小（比如被施耐庵吹嘘得神乎其神的宋江起义，只被一个叫张叔夜的地方官就摆平了），根本不用朝廷出动平叛大军。

只有一次起义，把北宋王朝几乎推进了深渊，那就是由“花石纲”引起的江南方腊起义。这次起义，朝廷才正式动用大批军队。由此可知，花石纲引起的后果有多么严重。但这还不是最严重的，最严重的就是，朝廷动用的军队是本该去做别的事的。

宋、辽两国是世仇，宋朝因澶渊之盟而被迫向辽国输绢送银，且数目巨大。到了徽宗时代，已经过去了一百多年，宋朝的任何一个皇帝胸中都积着一股怨气。虽然通过两国贸易，宋朝并没有吃亏，但始终觉得有块石头压着自己。如果有可能，任何一位皇帝都想把这块石头掀翻。

历史把这一重担交给了徽宗，提出这一重担的是一个叫赵良嗣的汉人。赵先生的先祖本居住在燕京，五代时石敬瑭为了称帝把燕云十六州送给了辽人，于是赵良嗣出生时就拥有了两个国家的户口。赵良嗣本名马植，其家族本为辽国大族，他在辽国做官已经做到了光禄卿。可不知为什么，他对自己的职位一直不满意，公元1111年，北宋朝廷派童贯给辽国送钱，在卢沟桥休息时，马植跑来见童贯。他直接说道：“我有灭燕（辽）之策，不知想听否?”

童贯就把马植带给了宋徽宗。

马植见到汉人的皇上，激动万分，说："如今，女真已经崛起，他们痛恨辽人，恨不得吃了辽人的肉，而当今的辽国皇帝耶律延禧又荒淫无道。如果我朝能遣使自登、莱涉海，与女真结盟，大家共同来对付辽国，必能成功。"

马植说的是实话，到了北宋徽宗年间，辽国统治已露败亡之兆，辽天祚帝荒淫无度，昏庸无能，民怨沸腾，军士疲惫。与此同时，北方崛起的女真人（金）虎视眈眈，在几次作战中，女真人均将辽国轻松击溃。

徽宗通过全方位的分析后，下了决心，联金灭辽。

这当然是个好计策，开始实施时也非常顺利。宣和元年（公元1119年），徽宗派人出使金，金人十分配合，次年遣粘木喝使宋，共商攻辽大计。宣和二年（公元1120年），徽宗又派马植出使金，金随即也遣使入宋。大家友好往来，融洽备至，最后双方约定，宋与金同时攻辽，金取辽的中京大定府，宋取辽的燕京析津府，这就是宋、金历史上的"海上盟约"。

十年时间，能达成这样的协议，也算是非常有效率了。徽宗一面建造他的园林，一面等着雪祖宗之耻。

但是，方腊让他的理想不能实现，就在"海上盟约"签订的同一年，方腊在江南起兵。这是北宋历史上最大的一次农民起义，忍无可忍的人们愤怒不已，发誓让皇上的石头变成石碑，冲动与怒气汇集到一起，起义军接连攻取了睦、歙两州。随后在短短四个月内，起义军竟达百万之众。

徽宗立即下令撤销了苏杭造作局并停制花石纲，以示悔过。

但一切都已经晚了，方腊本来是一时气愤才揭竿子闹事的。可当他看到自己已经拥有百万之众的时候，理想顿起，他想当皇帝。徽宗的"悔过"变得毫无意义了。

方腊势力正在从东南向西北发展，徽宗没有任何办法，只好把用了十年准备灭辽的军队用在方腊身上。宣和二年（公元 1120 年）底，徽宗任知枢密院事童贯为江、浙、淮南路宣抚使，并调原驻淮东的东南第一将和原驻荆湖北路的东南第七将以及驻于京畿的第四将南下镇压方腊义军。后又派准备与金联合攻辽的“陕西六路汉蕃精兵”南下，宋朝国内一片空虚。

宣和三年（公元 1121 年）二月，金国派人来让宋朝出兵攻辽，徽宗派不出人，草草写了封含含糊糊、模棱两可的国书，让金使带回，也不再派遣使者继续协商。金人大怒，以为宋人毁约。宋人当然没有毁约，而是在全力和方腊打仗。宣和三年（公元 1121 年）五月，方腊被灭掉。

部队打了半年仗，开始了休整。一直休整到宣和三年（公元 1121 年）底还没有休整过来，金国认为灭辽时机已经成熟，不管宋是否出兵，都要大举进攻辽国。

辽国的军队和将军太差了，在次年正月就被金人占领了中京大定府，辽天祚帝狼狈逃窜，辽败亡之势已经注定。

徽宗着急了，按照约定，如果再不出兵，燕京势必为金所取，这一带也再不能归自己所有。于是他赶紧派出童贯、种师道。这些人还是没有歇过来，他们的士兵同样如此。在与辽国的战斗中，经常被辽打得落荒而逃。

金人很奇怪，大宋原来这么弱，简直弱到了极限！在灭辽之后，金人就开始动起了图宋之念。宣和七年（公元 1125 年）十月，金大举侵宋。不到两年，靖康二年（公元 1127 年）二月，金克汴梁，徽宗、钦宗被掳至塞北苦寒之地坐井观天，北宋就此灭亡，此即为“靖康之难”。

回过头来看，这次“海上盟约”首先是宋主动提出来的，并且处心积虑准备了十年之久，假如当初按和约行事，按部就班谋定后，就以精锐之师攻击辽国，根本不会发生后来屡战屡败被金人看扁的事情。可是，就是因为方腊起兵东南，宋朝分身乏术，多年部署皆被打乱，从而违约败事，身陷国亡，这都是徽宗喜欢石头而引发的。

据说，当金兵直逼汴京时，徽宗又气又急，在床上拉住一位近臣的手激动地说："没想到金人会这样对待我。"话还没说完，便气塞喉咙，昏厥过去。在太医的救治下，他醒了过来，醒来之后，他便要来纸笔写下"传位东宫"的诏书，把皇位传给太子，即位的太子就是宋钦宗。

宋钦宗火线即位，但已无法改变大局，结果两人都做了金人的俘虏。被俘的还有徽宗的哥哥、弟弟及他的三十二个儿子、二十二个女儿，除九子在外勤王的赵构、仅一岁的幼女外，都做了俘虏，连同宫廷后妃、宗室贵戚、大臣约三千人被金人掳到北方。

当时正是农历四月天气，北方冰未消雪未融，徽、钦二宗和郑氏、朱氏二位皇后衣服都很单薄，晚上经常冻得睡不着觉，只得找些柴火、茅草燃烧取暖，夜里睡在地上，又湿又潮，破屋四面透风，活像囚徒一样。

据说，有一天，二帝遇到一位来自宋朝京师的老者，同忆往事，放声大哭，恰被路过的五国统领遇到，二帝遂被打了十几鞭子。

这是耻辱，是爱好石头的徽宗自取的耻辱。说几块石头是为他的坟墓准备的，也似乎并不为过。

后来，二帝被移往均州，此时徽宗已病得很厉害，不久就死在土炕上了。钦宗发现时，尸体已经僵硬。徽宗的尸体被架到一个石坑上焚烧，烧到半焦烂时，用水浇灭火，将尸体扔到坑中。当地的说法是，这样做可以使坑里的水做灯油。钦宗简直悲伤到了极点，也要跳下去和父亲一起做灯油，但被人拉住。

两次东征：日本依靠"神风"打败忽必烈

元朝的兴起，绝对是马上民族的骄傲。到了中国南宋末年，蒙古的开创者成吉思汗已建立起横跨欧亚两大洲的帝国，并在公元1259年迫使继新罗之后统治朝鲜半岛的高丽投降，蒙古势力遂与日本隔海相望。

蒙古帝国的野心，当然不可能让一个小日本在海那边空悬着。况且，当时的日本并没有和蒙古帝国建有外交关系，这当然让蒙古人很恼火，也很好奇。到了元世祖忽必烈时期，让日本知道自己就成了头等大事。

至元三年（公元1266年），忽必烈派出兵部侍郎郎赫德、礼部侍郎殷弘出使日本。他给日本人写了封信，在信中，他警告日本：效法高丽，举国来朝以通和好，如不相通好，将至“用兵”。

但他的信并没有到日本天皇朝廷那里，因为此时，日本掌握在镰仓幕府手里，幕府的负责人叫北条时宗，是个典型的武夫和领导武夫的人。他看到这封信后，摇了摇头，他并不知道蒙古帝国到底强大到什么程度，把信只看了一眼就扔到一边。忽必烈知道这件事后，又派出高丽使臣薛皋，送信给日本天皇。至元五年（公元1268年）正月，日本天皇朝廷收到了忽必烈的信。

这群日本人居然把这件事当成了一件非常小的事，所以，操作起来就很随意了。先是开会，开了五个月，得出了他们开始就认定的结果：书辞无理，不能接受，予以退回。

而镰仓幕府此时已经做好了迎接元朝来攻的准备。忽必烈气得要死，他本就是个喜欢用武力解决问题的人，碰到这样不识时务的东西，更是雪上加霜。但这并没有引起忽必烈的怒火，恰好相反，在同年九月，他再次命郎赫德经高丽出使日本，至元六年（公元1269年）初，郎赫德使节船到达对马，但对马岛守军拒绝其登陆。此时，忽必烈正在与南宋作战，一时之间还分不出身来对付日本，就在至元七年（公元1270年）十二月，他又派出女真人赵良弼出使日本，目的只有一个：以元朝的名义打开日本的大门。可这一次，赵良弼和前面的使者一样，依旧不能打动顽固的日本人。

当时，元帝国已经向东征服高丽，向南平定大理、西藏和安南，向西由中亚进入欧洲，席卷俄罗斯、波兰、匈牙利，放眼天下，视线所及，也只有一个弹丸岛国日本了；而且当时的日本与苟延残喘的南宋政权关系十分密切，官方往来和民间交往十分频繁，对南宋的抗元战争有较大的帮助。忽必烈当然知道，只要征服了日本，就可以卡断南宋的外援之路，使其坐以待毙。这样看来，蒙古人与日本人的这场战争是不可避免地要发生了。

而且，历时五年之久的襄樊攻坚战结束后，南宋的战略防御体系被彻底打破，南宋的灭亡已指日可待。在军事上取得重大进展的同时，元朝受降了大批的南宋军队，如何处理这些降兵降将，成了忽必烈的一块心病。南宋军队的战斗力太差，但又不能把他们直接杀掉。间接杀掉这些人最好的办法就是重新发动新的战争。

战争似乎已经迫不及待地到来，蒙古人已经做好了准备。

正在此时，也就是至元十年（公元 1273 年）的四月，高丽国发生了民间武装与朝廷的直接对抗，忽必烈在高丽王的“邀请”下，派出军队进驻高丽。这支军队由蒙古人忻都、高丽人洪茶丘和高丽将军金方庆带领，忻都率军攻入耽罗岛镇压林衍后，就于耽罗岛设招讨司，驻扎镇边军一千七百人，这一招实现了忽必烈的第一个想法：控制了日本与南宋间的海上通道，自己的军队可以全力进攻日本。

随后，忽必烈召忻都、金方庆等至元大都商议征日事宜。至元十一年（公元 1274 年）正月，忽必烈命令高丽王造舰九百艘，其中大舰可载千石或四千石者三百艘，由金方庆负责建造；拔都鲁轻疾舟（快速舰）三百艘，汲水小船三百艘，由洪茶丘负责建造，并规定于正月十五日动工，限期完成。这一项目给高丽人带来了巨大的工作量和沉重的负担，死伤无数，金钱浪费无数。让忽必烈高兴的是，同年六月，九百艘军舰完工。忽必烈立即下达征日命令，于是，一支由蒙、汉、高丽三族军队组成的联军，向日本进发。

这支联军的核心是蒙古族部队，计有蒙汉军两万人、高丽军五千六百人，加上高丽水手六千七百人，共三万二千三百人，由征东都元帅忻都、右副帅洪茶丘、左副帅刘复亨统率。

蒙古军的战斗力是有目共睹的，至元十一年（公元 1274 年），联军在忻都、洪茶丘、刘复亨三将的指挥下，十月三日从高丽合埔出发，驶向对马。十月五日逼近对马岛。

只一天时间，联军就占领了对马岛。十四日傍晚，联军攻入壹岐岛。十六日，联军逼近了肥前沿海岛屿及西北沿海一带。

但是，联军并没有在肥前登陆向纵深发展，而是把主力转移向博德湾。十月十七日，联军舰队进攻博德湾，杀散海滨守军占领今津一带。由于今津一带地形不利于大部队展开作战，且距离大宰府（日本的指挥部）尚有一日行程。因此联军当晚回到船上，准备次日进攻大宰府。

二十日晨，联军兵分四路，展开登陆战。第一路联军从博德湾西部百道源滨海一带登陆，准备被他们全歼的是昨晚已在此布阵的日本第一线指挥藤原景资所率领的五百骑兵。藤原景资是个正人君子，他没有在联军登陆时进攻，而是在联军整顿好队形后，方才按日本当时会战的惯例（这种惯例是自杀式的，无论对方是多少人，都要在对方准备好后才主动进攻。首先是由一名武士单骑搦战，冲在前边，大队骑兵随后冲杀）。可想而知，日本军队的这种做法开始时让联军吓了一跳，但一接触，联军发现这些人都是瞎咋呼，他们的“江湖武术”并不能与正规军队的作战技巧相提并论。结局已经可以预料，百道源战场上，日军“伏尸如麻”，联军很快推进至鹿原。

另一路联军的进展却并不顺利，他们负责攻击百道源西部的赤阪，肥后武士菊池二郎武房率自己所部武士一百三十骑与联军展开战斗。最高指挥部的藤原景资所率领的武士部队阻挡住了联军的脚步。这部分联军只好向鹿原方向后撤。

第三路联军从鹿原及鸟饲一带继续登陆，扩大占领地面。日本北九州各地流氓纷纷保卫祖国，或是趁火打劫。但这些人都无一例外地遇上了联军，双方各有损失。

最后一部分联军从博德湾东部箱崎方向登陆，占领岸边松林，从背后夹击与百道源元军作战的日本士兵。该地守军大友赖泰的武士队伍经不起蒙古人的夹击，开始向东南方撤退。由于大友赖泰部队的撤退，与百道源元军作战的日军腹背受敌，被迫向大宰府水城方向撤退。

二十日，联军与日军激战了一整天，近傍晚时候，元军先后占领了博德湾、箱崎等地，日军被迫全军撤退，但联军坚决痛打落水狗。元军左副帅、作战指挥刘复亨杀红了眼，居然跳下马来，为了更好地追击。日本人见到一个穿着与其他人不同的人，猜测到很可能是个头，就试着向他射了一箭。结果刘将军中箭，联合军被迫停止追击，日本人才把逃命的步伐减慢。日军撤退后，没有来得及逃走的老幼妇女，被俘近一千五百余人，这些人都被联军总指挥下令全部杀掉。

晚上，受伤的左副帅刘复亨回到船上，联军总指挥蒙古人忻都召集其余将领讨论第二天的军事行动。经过一天的战斗，联军包括蒙古士兵都对日本武士的勇猛颇有惧意，这并非是可怕的，可怕的是，在这个岛上，到底还有多少这样的会武术的流氓。刘将军躺在床上作要死状，这更让总指挥丧失了些信心。作为前线最高指挥官，忻都失去了往日的英雄气概和智慧，他无法准确地判断出战争双方的形势。有人建议立即班师，忻都当即表示同意，并将所有士兵撤回船上，准备第二天就回家。

可是，老天不让他们回去。

就在这天晚上，博德湾出现了罕见的台风暴雨。加上不熟悉地形，联军停泊在博德湾口的舰队一片混乱，不是互相碰撞而翻，就是被大浪打沉；午夜后，台风渐停，但暴雨又降，加上漆黑一片，士兵们以为天崩地裂了，都纷纷跳船逃命，其实是送死。就这样，到了第二天早晨，联军死亡兵卒达一万三千五百人。

第二天一早，日军在大宰府水城列阵，但不见联军进攻，派出士兵侦察，才知博德海面已无船只，联合军撤退了。日本朝野对突如其来的台风赶走敌人十分惊喜，在全国范围内展开了大规模拜神的活动，称为“神风”。此后“神风”陪伴了日本人六百七十多年，直到公元1945年。

事实上，忽必烈第一次发兵东征，主要意图就是通过武力威胁，迫使日本臣服，并不想占领日本。而总指挥忻都返回中国后为了保住自己的面子，就跟忽必烈说，蒙古兵已经攻入了日本，并且打败了他们。

作为无敌于天下的蒙古军队来讲，这样的消息是合情合理的。忽必烈很高兴，他以为日本吃了这次苦头后，会给脸就要的。于是派杜世忠等人持国书出使日本，以建立友好关系。不想日本政府拒不接受国书，反将这些人全部杀掉了。

忽必烈知道这个消息是四年后，南宋灭亡时，他才想起了杜世忠等人。当他再让南宋降将范文虎派人出使日本时，这些被派出去的人又遭杀害。

忽必烈哪里受过这样的气，一个小国居然敢这样轻视我大元帝国。一定要把他们杀得一干二净才罢休！

忽必烈命范文虎去江南收集张世杰旧部及其他自愿从军者计十万人，战船三千五百艘，组成江南军，由范文虎统率，从庆元（今浙江宁波）起航，跨海东征日本。另一方面，命洪茶丘至东北，招募沈阳、开原等地自愿从军者三千，归洪茶丘统领。那个一旦遇到特殊情况就丧失信心与智慧的前东征总指挥忻都仍统领蒙族军。考虑到高丽跟日本人的仇恨，忽必烈又任命高丽将领金方庆为征东都元帅，统率高丽军一万、水手一万五千，战船九百艘，军粮十万石。三军合计近四万人，组成东路军，取道高丽东征日本。

军事部署完成后，忽必烈于至元十八年（公元1281年）正月，召集两路征东军统帅会议，并任命宿将阿剌罕为两路军总指挥。会议确定，两路军各自择日出发，于六月十五日至壹岐岛会师。同时，忽必烈命令各船携带农具，以备占领九州岛后做屯田之用。

从这件事就可以看出，忽必烈和他的蒙古军队并非是以杀人为业的，他能统一地球四分之三的陆地，还是具备了一定智慧的。

至元十八年（公元1281年）初，元世祖忽必烈征日军事部署已经基本完成，即将择日下令出征。恰值此时，高丽王上书朝廷称日本武士犯边。于是，忽必烈下令征日大军出发。五月三日，元军东路征日军进攻对马岛的世界村（上岛佐贺浦）、大明浦，守岛日军顽强抵抗，但他们被全部杀掉。元军占领对马岛后，大肆杀掠。二十六日，东路大军进入隐歧岛。元军占领隐歧岛后，理应按忽必烈在军事会议上的指示，在此等待江南军。但是，蒙古人忻都自恃有上次战争的经验，且兵力多于上次，尤其是出于对于南宋降将蔑视的心态，恐怕江南军抢占首功，因而在没有对日军的防御措施进行侦察的情况下，贸然率军自隐歧岛出发，驶向博德湾。

他真是丢尽了蒙古人的脸，在遇到日军的顽强抵抗后，战斗持续到六月十三日仍旧不能进得半步。此时，正值盛夏时分，蔬菜和饮水供应都非常困难，内陆士兵长期在海上生活和战斗，不但疲惫不堪，还非常容易地患上了各种疫病。在这种情况下，抢占博德湾的计划已难以实现，遂决定于六月十五日从志贺岛撤退，驶向壹岐岛，与江南军会师。

日本人占了地利，所以，就在七月二十七日元军准备撤到壹岐岛的途中时，先头部队受到了日本水军的攻击。范文虎与忻都想要先攻大宰府，结果两个人就像患了偏瘫一样，迟迟不展开反攻，只在海上飘荡。到了八月一日，海上一阵台风袭来，元军的厄运再次到来。

在此次“神风”的袭击下，蒙古东路军损失三分之一，江南军损失一半，一些靠近海岸的士兵被日本人屠杀或溺死。也就是说，蒙古人第二次东征日本又以惨败而告终了。

蒙古人东征的失败让忽必烈知道了一件事，这个世界上还真有自己的民族征服不了的国家。他经过各种资料的汇编与分析，得出一个结论，这个结论也是日本人最信奉的：日本有神风保佑，人间一切力量都不能左右日本。

很多人都见识过台风的威力，我们现在已经不知道当年那两次台风的级数了，但有一点是可以肯定的，元军即使不遇上台风，攻下日本也是非常困难的。

悍妒之妇：导致明朝灭亡的一个偶然因素

崇祯二年（公元 1629 年），在天启二年考中进士而由知县升为御史的毛羽健向崇祯皇帝汇报说：“驿递一事，最为民害。”他说，兵部调动部队征用驿车的文书只看见发出的，没有交回的。一些人将乘坐驿车的文书互相借用，一张纸经过多次涂改修补。最后，他痛陈道：“差役之威如虎，小民之命如纸。敲骨吸髓，见闻心惨。”他希望崇祯皇帝悬赏捉拿这种破坏驿递制度的人。

崇祯皇帝当即命令有关部门严加清理整顿，这一整顿后，长期积聚的困顿得到了暂时的缓解。可毛羽健似乎没有看到这种效果一样，又给崇祯皇帝写信，认为驿递制度存在的作用已经非常小。

作为御史的毛羽健，其官职就决定着他是没事找事的人。此人天生就喜欢议论事情，对朝廷的一切都看不过去。他对驿递的看法自然是正确的，但是，使他拼命向崇祯皇帝建议裁撤驿递的原因并非完全是他的职责，而是一个女人。

毛羽健在崇祯元年由知县升为御史，调入京城，这让他大喜过望。

因为他实在不喜欢待在家里，在他的家中有一条“疯狗”，就是他的妻子温氏。

温氏这个人从头发到脚底板，没有一处符合中国妇女的传统美德。在她看来，妇女之德就像是她身上的虱子，一旦发现，就立即掐死它。我们可以称她为悍妒之妇的驰名商标。

毛羽健娶了这么个女人，每天都被她折磨得死去活来。这种滋味被民国时期一位叫宣永光的人铺陈得很有味道，他说：“我宁愿得罪一个强盗，也不愿得罪一个悍妇。得罪强盗，顶多挨一枪，万事大吉了；若是得罪一个女人，你可就受罪了。她能让你入人间地狱，让你死去活来，让你生不如死。”

毛羽健当时很可能就是这样一种状态，当他到京城后，高兴异常，就纳了一个小妾，过正常男人的生活。谁想，有一天，温氏突然从老家杀到京城，杀了他个措手不及。小妾被打个半死，他也被罚跪一天一夜，并承受了温氏一天一夜的无休止的生理和心理上的折磨。

照今天看来，这是一次捉奸事件，但在明朝，温氏的行为该受浸猪笼之罚。其实，她对丈夫的一切所为都应该受到浸猪笼的待遇。可毛羽健没有这个胆子，这位中国古代活得最窝囊的男人在跪着时，想着事情的来龙去脉。

他一下就想到了驿递制度，他的老婆告诉他，自己是靠驿递制度才这么飞快赶来的。于是，他恨上了驿递制度，就有了给崇祯皇帝的报告书。

毛羽健的这个故事，《明史》并没有记载，这大概是修史者的正统史观在作祟。他们在修史时往往把一些小人物（我们称这些小人物为个体）的作用忽略不计。他们用许多比如“势”“道”“气数”“必然性”一类极富消解功能的词语来分析并讲述历史。所以，毛羽健被悍妒之妇逼得无可奈何才给崇祯皇帝上报告书的事就被省略了。

毛羽健的这个故事记载于不知撰者的《秋灯录》中，全文如下：

"羽健嬖其妾，以妻乘传至，不及豫防，乃迁怒于驿递，倡为裁驿夫之说。"

许多人对此表示怀疑，他们认为，如天大的国家之事居然和枕席之事联系起来，简直是滑天下之大稽。但是，并不仅仅是《秋灯录》有此记载，在自署"花村看行侍者"的《谈往》中，有一条"流寇滋蔓之由"也谈到这件事。全文如下："流寇之起，始于裁驿递。驿递之裁倡于御史毛羽健，成于科臣刘懋。羽健娶妾甚嬖，其妻乘传至，立遣之，来速不及预防。羽健恚极，迁怒于驿递，倡为裁驿夫之说。而懋附和成之。驿递一裁，游手千万人，倚驿递为生者无从得食，相率为盗，遂至滋蔓。闯贼得以招集之，流毒中邦，覆灭宗社。两人首祸，万死不足赎，而实酿于一妇人。呜呼！女祸之酷，伏于衽席，可不惧哉！"

这里面有两个人物需要注意，一个是刘懋，另一个是李自成。书中谈到，刘懋促成了裁撤驿卒之事，而由于裁撤驿卒，让驿卒李自成失业，再让他成为刁民，最终灭掉了大明江山。该书作者最后说，毛羽健与刘懋万死不足赎，可两人的罪过实源于毛羽健的那个老婆温氏。

刘懋是个有为青年，万历四十一年（公元 1613 年）中进士，崇祯元年（公元 1628 年）被提为刑科给事中。他与毛羽健有亲戚关系，对毛羽健这个愤青也很欣赏。当他得知毛羽健给皇上递交了关于驿递制度的报告书和毛羽健为什么要这样做的时候，大为支持。崇祯二年（公元 1629 年），他上疏崇祯皇帝，建议裁驿，称："当今天下州县困于驿递的约十之七八，而驿递用于公务的仅十分之二，用于私事的占十分之八。"

刘懋不但是个有为青年，而且脑子也很灵。在上疏中，他把着眼点放在了崇祯一直希冀的财政问题上，他指出，如果将裁掉的驿卒的工资用在对付满洲人身上，实是两全其美之计。

崇祯皇帝中招了，该年五月，他下令让刘懋改任兵科给事中，专管驿递整顿事务。刘懋的整顿之路并不顺利，他被朝中许多大臣指摘。

岂止是指摘，简直就是想让他马上去死。给事中许国荣、御史姜思睿等大概知道他和毛羽健的亲戚关系，也知道毛羽健为什么要建议裁撤驿卒，纷纷上疏请求崇祯皇帝收回成命，但崇祯皇帝不准。这两人随即把矛头对准了刘懋，他们偷偷在家作法，呼刘懋的名而诅咒之，把刘懋的画像挂在树上，开弓射它。

到了崇祯四年（公元 1632 年），刘懋已是身心俱疲，再加上成千上万的驿卒失业后加入了造反大军，刘懋虽然为崇祯皇帝节省了许多银子，可终究受不住朝臣与百姓的唾骂，辞官而去。可悲的是，他死后，家人居然雇不到一人抬他的棺木。

许多史学家在对明朝的那段历史考察后，都认为大批驿卒的失业是导致各路农民军由危转盛的一个直接原因。这里面就有一位后来的英雄——李自成。

由后来所知，裁驿的确对明朝政权的稳定产生了不利影响，《明季北略》就很直接地指出："祖宗设立驿递，所以笼络强有力之人，使之肩挑背负，耗其精力，销其岁月，糊其口腹，使不敢为非，原有妙用。"

可以假设，崇祯皇帝如果不听刘懋和毛羽健的建议，不裁撤驿卒，三边总督杨鹤就有时间和能力将西北的农民叛乱武装平定，而"安内后才可攘外"的思想也可以毫无顾忌地实施。

且不管这种思想和行动能否取得成果，至少，崇祯皇帝不会被李自成逼得上吊。

当然，这是假设，崇祯皇帝裁驿了。这是很差劲的一招，更是致命的一招。从这以后，一系列偶然事件让明朝的历史屡屡出现拐点，"蝴蝶效应"开始起作用——李自成潼关逃生、明清议和、反间计杀袁崇焕、松山溃败、大同总兵献城、崇祯不肯南撤、李自成夺陈圆圆、吴三桂投降、清军入关……

五、寻幽入微——洞悉历史深处

历史的最深处，有一些不轻易为人所知的细节，它们盘根错节，水静流深，隐藏着历史事件发生最为详细的底色和最为真实的意蕴。让我们将目光投向更为深沉辽远的地方，细细探究历史的细节，将会惊奇地发现：事实竟然是这样的。

袁绍：不放弃任何一个加速自己失败的机会

袁绍这个人来头大、势力大、派头大，然而又魄力小、谋略小、肚量小。他是现实社会中的一个泡沫人物，曾经把自己吹涨得不可一世，高山仰止，突然间，随着晴空里一声裂帛，又迅速败落，捎带着还落下一个千古笑柄。

即使在袁绍势力最为鼎盛时期，对他也一直有着两种截然相反且很难调和的评价。袁绍派使者荀谌威胁韩馥让出冀州牧位置时，荀谌曾接连用三个问题向韩馥发难："论宽厚仁慈，大肚能容，为天下所同归共附，先生自以为比得上袁绍吗？论临危决断，智勇过人，先生自以为比得上袁绍吗？论家族权势，使天下多年受其恩惠，先生自以为比得上袁绍吗？"老实的韩馥一连说了三个"不如也"，随即乖乖地将自己带甲百万、粮食可应付十年战争的偌大冀州，向袁绍拱手相让。

这样的问题别说慵弱无能的韩馥，绝大多数有点儿头脸的人，不管是朝廷重臣还是草莽英雄，回答都会和韩馥一模一样。然而与此同时我们又发现，当时为数寥寥的有识之士，又不约而同地对袁绍表示了鄙视。这其中除了我们知道的荀彧、郭嘉、贾诩，当然还包括袁绍最大的劲敌曹操。

曹操很早就在一次袁氏兄弟大宴宾客的场合，看出了袁绍的危害作用，所谓“乱天下者，必这两兄弟”，几乎与此同时，曹操也暗暗萌生了日后加以剿除的念头。

不过，上文荀谌所提的第三项“家族权势”，又确实字字确凿，袁绍无人能及。

史载：“袁本初四世三公（一曰五公），门生故吏遍天下。”这是实情，虽然“三公”之位在不同的朝代，所指不尽相同，即在汉朝也时复有变，但“三公”作为朝廷重臣的象征，则没有变化。姑以“太尉、司徒、司空”为例，袁绍四世先祖中，都有人位列其中。可见，一登“三公”，人臣之位遂极，培植爪牙，罗织亲信，发展家族势力，便是想当然的了。袁氏家族既累世独多“三公”，“门生故吏遍天下”也就不足为怪了。

经过百余年的经营，袁氏家族遂在中原撒下了一个庞大的关系网，它对袁绍自然构成了一笔丰厚的家族遗赠。说句公道话，在如何最充分地利用这笔遗产，有可能的话再让它滚动生息，不断增值，以求收得更大的名声方面，袁绍显得颇有天赋。他没有像败家子那样白白糟蹋了好名声，相反，虽然他出生时父亲已经去世，他仍然在短短几年内，依靠自己的努力，在江湖上留下了甚至比父辈祖辈还要响亮的名声。

少年袁绍，相貌堂堂，器宇不凡，已完全是一副当代孟尝君的做派。待人接物，有口皆碑，致使天下英豪，“莫不争赴其庭”。当时的袁绍表面上还极有平等观念，不摆大贵人的臭架子，这一点你单单从停靠在袁家门口的各式大小车辆上也能略窥一二。打个比方，在今天就好像既停着豪华的劳斯莱斯、凯迪拉克，又有普通的夏利乃至奥拓，你甚至还能看到人力三轮。袁绍的行为自然引起了京城长安的不安，中常侍赵忠就曾在皇帝面前打过这样的小报告："袁本初在那边收买人心，广树亲信，大收人望，罗织敢死之士，真不知道这小子到底想干什么?"袁绍当时在朝廷中担任太傅要职的叔父袁隗，听到这些传言后非常紧张，急忙传信给侄子，要他收敛点儿。袁绍依旧我行我素。

不多久，袁绍来到了长安，与曹操一起任御林军官。当时皇帝不问政事，只知管宦官们叫"阿父阿母"，只知在宫廷里学驴叫马嘶，朝廷大权俱落在"十常侍"手里。当年的袁绍还是颇有胆识的，他与大将军何进（本质上是一个屠夫）合谋，计划着一锅端掉"十常侍"，为朝廷除去元凶。在何进事泄被人暗算之后，袁绍和兄弟袁术率兵突入皇宫，对太监见一个杀一个，因胡须稀疏而被两兄弟误杀的，也大有人在。一时间宫廷血流成河，太监如过街老鼠。"十常侍"之首张让虽暂时逃脱，后仍因大势已去而投河自杀。

虽有滥杀无辜之嫌，剿除"十常侍"，袁本初仍颇立功勋。然而功不抵罪，袁绍方屠十狼，又引一虎，招董卓入京，正是袁绍当初替何进出的点子。在是否招董卓入京的问题上，当时只有曹操坚决反对。只因曹操位卑职浅，所提意见无人采纳。历史证明，董卓之穷凶极恶，十倍于"十常侍"。所以论识见，袁绍已经输给曹操一招。

而董卓大兵入长安，军政要权一手独揽之际，曹操不得不陪着袁绍，分头逃往中原。区别是，曹操的逃亡凶险狼狈，袁绍的逃亡则不失为一次华丽的作秀。当着人见人畏的董卓之面，袁绍居然敢于拔刀在手，当堂顶撞道："你以为天下强人，只有你一个人吗?"说罢，袁绍倏然转身，将自己的官帽往门旗上一搁，以气吞山河之势，扬长而去；当然，一旦离开董卓的视线，迅速将轩昂步态改为撒蹄狂奔，则又是另一回事了。

也许在袁绍看来，引董卓入京属于"塞翁失马，安知非福"之事。如将董卓暴行视为"秦失其鹿，天下共逐之"的历史机遇，则袁绍正好等到一个拥兵自重的大好机缘，可以一边整顿军备，一边把战鼓敲得堂堂正正。

另外，袁绍逃离长安之后，暴怒的董卓对袁绍在长安的亲戚族友共300余人进行了血洗，其中包括袁绍那位太傅叔父袁隗。这一番家族血仇，不仅抬升了袁绍的身价，而且也更让他有了敲响战鼓的合法理由。

至此，我们对袁绍来头大、势力大、派头大，当可达成共识。然而，袁绍之为不在其大，恰在其小。

袁绍任盟主后，虽势力强盛，已完全可与董卓分庭抗礼，不知何故，却迟迟未有动静，按兵不动。而每天的歌舞排场，却一场不落；每晚的楼台酒会，亦一杯不少。只有曹操被惹恼了，他掷地有声地对袁绍嚷出一句“诸君北面，我自西向”的话后，便率领自己当时有限的五千兵员，单独“西向”，向董卓兴师问罪去了。曹操被杀得大败，回营后难免要对袁绍骂几声。袁绍理亏，便不断地安抚曹操，“按兵不动”的既定方针，却是一丝儿未改。

看来谁都被袁绍蒙在鼓里了，也许他根本就不想对董卓进行讨伐，报仇雪恨的念头也只是一闪即逝。袁绍只是将董卓看成一次机遇，正好借此壮大力量。不久，联合部队中除骁勇无比的孙坚曾以单挑之势与董卓交过手之外，联军本身则迅速作鸟兽散，当真是来如风去如电。

“西面的事别去管它，咱另立一个朝廷吧，刘虞汉室宗亲，就是一个现成的人选。”袁绍向曹操提议道。这样的糊涂事曹操是不会做的，曹操当时的志向是整理河山，一匡天下，而不是分裂版图，加剧动荡。但据此曹操（也包括我们）却正好看出袁绍的可鄙之处：董卓在长安挟制老皇帝，你袁绍在家乡河北邺城另立新朝廷，倘如此，袁绍在和董卓旗鼓相当的同时，不也就沦为董卓的一丘之貉了吗？

袁绍野心勃勃，眼力却实在差劲，曹操虽明确告诉他“刘虞肯定不会同意”，他仍然一意孤行。结果当然还是曹操正确：刘虞逃到山里去了。

袁绍没有对董卓发出一兵一卒，却加紧了盟军内部的内讧。自胁迫韩馥让出冀州牧之位后（韩馥后来被逼自杀），他又与另一个盟友公孙瓒发生了旷日持久的战争。袁绍之过河拆桥，不讲信义，在对待这两个盟友的态度上得到了极为昭彰的体现：当年推袁绍为盟主，韩馥用力最勤，立刘虞为帝，韩馥也是他的主要同谋，最后却反而成了他砧板上第一块肥肉。为迫使韩馥让出冀州，公孙瓒对袁绍帮助最大，一旦韩馥被迫自杀，袁绍立即又把矛头对准了公孙瓒。

在与公孙瓒相对较为惨烈的战争中，袁绍大将麴义劳苦功高，甚至还救过袁绍的命。然而正所谓“狡兔死，良狗烹”，公孙瓒一败，袁绍便借口麴义忤傲不逊，把他杀了，顺势整编了麴义的军队。

这时的袁绍如一只绩优股，骤然升值，威风不可方物。治下幅员辽阔，冀、青、幽、并四州尽入囊中，其“家天下”也初具规模。当然由于天生的弱智短视，他也为家业的最终毁于一旦预挖了陷阱。他让三个儿子和一个外甥各拥有一座州郡，表面上话说得好听，说是“借此观察一下儿辈们的才能高下”，其实却是想为自己宠爱的幼子袁尚培植势力。

袁绍宠爱袁尚的两条理由也很不上台面：一、袁尚为自己宠爱的后妻刘氏所生；二、袁尚在三兄弟中长得最像奶油小生。对自己相貌颇为自诩的袁绍，当然会将相貌的高下，视为才能高下的可靠标志。——然而正是这种匹似欧洲查理曼大帝将国土一分为三的举动，为袁绍死后疆域的分崩龟裂、兵戈扰攘预埋了祸种。

谋士沮授当年劝袁绍迎奉皇帝，袁绍不予采纳（潜在的理由是：此乃乱世，匹似秦失其鹿，先入咸阳者为王）。当曹操后发制人，挟天子以令诸侯，袁绍又老大不快，在致曹操的信中，态度强蛮地要求曹操把皇帝送到鄄城来，曹操拒绝了，自此，两人正式交恶。虽然曹操惮于袁绍的势力，曾做过一些妥协，如将高于自己的“大将军”职位让给袁绍，袁绍仍愤愤不平。

不久，在袁绍的授意下，一封出自三国著名刀笔吏陈琳手笔的讨曹操檄文，开始风行大江南北。鉴于该信措辞尖酸刻薄，骂尽了曹操祖孙三代，曹袁势不两立之势，已无可转圜。

三国三大战役的第一仗——官渡之战的大幕，在一种黑云压城城欲摧的气氛中，被拉开了。我们都已知道，这一仗是曹操的“奥斯特里茨”，袁绍的“滑铁卢”。

袁绍发动战争的时机是否合适，本来也不无疑问，至少，沮授就曾反对。考虑到沮授先生乃是袁绍帐下唯一一位智谋过人的谋士，他的意见便有理由得到尊重。可惜沮授命苦，稍加注意就会发现，袁绍若多听听沮先生的意见，整个三国的历史就将被重写。事实是，袁绍不仅没有采纳沮授的逆耳忠言，反而以惑乱军心之罪，削弱了沮授的兵权。

官渡之战的结果，与其说取决于曹操的用兵神武，倒不如说是因为袁绍的过于无能。将固执、愚蠢、狂妄等诸项用兵大忌结合得如此完美，袁绍真当得起反面教材的典型。

削弱沮授的兵权，只是袁绍“笨蛋才华”的第一步，这以后他以不可思议的愚笨，将所有的有利条件一一错过，同时又不放弃任何一个加速自己失败的机会。

官渡战幕刚刚拉开，袁绍最引以自豪的两员上将颜良、文丑即相继沙场授首，致使袁军士气大挫。袁绍兵力十倍于曹操，而行兵布阵如此不济，被曹操从容地各个击破，身为统帅，袁绍情何以堪。与曹操正面相对，袁绍本无须几许人马，抽出一支，暗度陈仓，隔山打牛，偷袭曹操身后的许昌，亦不失为一条妙计，谋士许攸即曾如此献策。袁绍倔犟如牛，断然拒绝：他因为存心想让曹操好看，脑子里尽歇斯底里地想着如何在正面战场上把曹操一举击败，故而对任何迂回之术都不加采纳。

两军相争，士气为先，加强团结，避免内部不必要的摩擦，为将者亦当遵循。袁绍在这一问题上又一错再错，先是临出发前将反对自己的谋士田丰投下大牢（附带提一句：田丰对袁绍也有过救命之恩），接着又默许在邺城的谋士审配抄没许攸的家财，逼得许攸临阵脱逃，顺便将袁绍一件重大军事机密报知曹操。

与曹操相持已有半年，粮草成了决定战争胜败的命脉。袁绍派去守卫粮草的军队既难称足够，委派的大将淳于琼又难称其才，且有贪杯恶习。权力虽遭削弱但对袁绍仍忠心不变的沮授，当时就曾提醒袁绍“当心曹公突袭淳于琼，可再派将军蒋奇另统一军，侧面防护”，同样遭到袁绍的拒绝。

凡是有利于自己的建议，无不加以拒绝，这样的统帅如还能打赢战争，那可真是对战争艺术的亵渎了。

结果，只在3天时间，袁绍10万大军，被弄得只剩下区区800人，陪袁绍逃回老家。

田丰的死，最能反映袁绍的心胸肚量。田丰曾反对袁绍投入这场战争，并预言袁绍必败。当袁绍果然大败，狱吏们纷纷向田丰庆贺，说是“先生大有先见之明，袁公回来后必定会加以重用”。

田丰叹道：“非也非也，我太了解袁公为人了。他表面宽容，内心猜忌，若此战获胜，袁公一时高兴，当然也会不咎既往，大赦天下，在下小命也可望保全。今既然失败，袁公羞恼之下只会更加震怒，遂致迁怒他人。烦请转告我家人，着速替我预制石棺，时刻准备收尸。”

果然，袁绍回府后下的第一道命令，就是处死田丰。

对照一下就可以发现，不管你将此理解为豪杰气质还是奸雄本色，曹操战败后做的第一件事，往往就是先找某位曾经反对过自己的谋士，一边握着他的手，一边诚恳地认错：“悔不用卿言，致有此败。”袁绍之为袁绍，正在于其性格的外宽内狠，外容内忌，反复无常，心胸逼仄。情绪高时，对引车卖浆者流他说不定都会蔼然相对；一旦发作，哪怕你是孔丘再生，孟轲还世，他仍然能够说翻脸就翻脸。据说，对那位最为时人敬仰的大学者郑玄，袁绍都曾经礼数不周，大加冒犯。

李治：无所作为赢得太子之位

贞观十七年（公元643年），是大唐皇朝的多事之秋。正月，著名大臣魏征病逝，对于当时的皇帝李世民来说，这意味着缺少了一个主心骨。与此同时，皇子们争夺权力的斗争白热化。三月，齐王李佑叛乱，接着一个更重大的案件被发现：太子承乾有一个谋反计划。多年的太子承乾只能被废黜。

接下来，谁会成为太子的人选呢？这是个人大事，也是国家的大事。

本来，魏王李泰一直觊觎太子之位，李泰有什么资格觊觎太子之位呢？最大的资格就是唐太宗对他的喜欢。唐太宗是一个性情中人，他的喜怒总是不难发现。在两个儿子之间，唐太宗似乎更喜欢李泰而不是李承乾。

与李泰相比，李承乾喜欢舞枪弄棒，练习武功。李泰则是另外一种风格，读书写作，文采飞扬。所以，每次皇帝外出，总是让李承乾监国守长安，而把李泰带在身边。唐太宗喜欢跟李泰讨论问题，喜欢李泰出众的才华。这种情况，大约跟国家形势安定，武功已经没有了用武之地的背景有关。

于是，太子与魏王之争，暗地里波涛汹涌，一副不共戴天的样子。

终于，太子承乾出了败招，竟然准备了一套谋反计划。而这个计划又提前暴露了，本来是为了保住太子之位，反而提前葬送了这个位置。

这种兄弟相残的局面，李治完全置身事外。或许是他没有这个心思，或许是没有这个条件。在贞观十七年的时候，李治只有16岁；李承乾比李治大9岁，是25岁；李泰比李治大7岁，是23岁。从自然年龄上看，李治跟哥哥们比，如同小孩子一样。这个自然差距，对于经营政治而言，利弊关系很清楚，李治没有优势。

然而从另一方面来看，这个年龄上的劣势，在惊涛骇浪的政治斗争中，反而成了优势，谁也注意不到他的威胁，所以就会放过他。在这个深宫的什么角落，谁也不会确切地知道，此时此刻，会有什么阴谋潜伏不动；谁也不会确切地知道，黑暗中有一双什么眼睛正瞄向自己。

贞观十七年四月一日，太子谋反计划被告发。在接下去的日子里，唐朝的政治立刻风云突变。随着太子谋反计划被证实，太子会被废黜已经是路人皆知的事情。那么，谁来接替太子呢？这理所当然地成为朝廷的头等大事。

魏王泰当然是热门人选，他有别人无法比拟的条件。承乾之后，他如今是年长者。按照古老的习惯，立嫡立长，那就非他莫属。当然，还有更重要的，那就是皇帝的期许。事情发展到今天，魏王泰应该是第一功劳者，而背后那只巨手，不就是当今皇上唐太宗吗？有谁会为了反对魏王泰而与皇上作对呢！魏王泰应该是长长地出了一口气。老天不负有心人啊，魏王泰终于熬出头了。在很多人睡不着的时候，魏王李泰的春秋大梦已经梦到了多年以后。

但是，在这个关键时刻，有一个坚定的身影站了起来反对立魏王为太子，那就是长孙无忌。这位嫡系皇子们的亲舅舅，多少年来，他都很少说话。有一次，唐太宗还夸他，说他善于回避嫌疑。那意思就是表扬他不揽权。如今，他这样明晃晃地站起来说话了。应该说明的是，他不是出于私心，他一定是更关心国家的未来，更希望未来光明而安定。

拔河比赛现在开始，关于接班人，关于最高权力，关于国家未来……

比赛的人是唐太宗和长孙无忌。李泰和李治站在旁边，默默地为他们鼓劲，他们都希望支持自己的人胜利。原本是众声嘈杂的场面，忽然安静下来。很多年以后，历史的研究者们还要不断地回到这个现场，分析理解，当时的比赛结果为什么那么令人意外。

唐太宗应该没有想到，很多人都没有想到，长孙无忌忽然之间变得如此坚定。而面对长孙无忌的坚定，很多人胆怯了。原本为魏王欢呼的人，忽然之间收回了自己的声音。唐太宗回头看看，竟然很少有人支持自己。这让唐太宗也心头不安。

为什么会是这样？

长孙无忌的声音不高，但是有力无比。晋王仁厚，可以保证兄弟们平安。打天下的日子已经过去了，他是最佳的守成之主。他不说李泰不行，但是字字都击中李泰的要害。李泰逼得哥哥承乾走投无路，甚至甘愿冒死谋反。李泰对于兄弟们的态度，让人无法承认他们是兄弟。如果他当未来的皇帝，那么你的其他儿子，就难保平安了。如果说他有什么胆识的话，那也是没有用武之地了，因为皇帝陛下已经把天下治理得安安稳稳了。

长孙无忌的理由，何止击中了魏王泰的要害，更重要的是击中了太宗的要害。这么多年，李世民想到玄武门之变就不免悲从中来。那场兄弟相残的毒水，有迹象表明，正在向下一代，向自己的儿子们蔓延。权力是一枝恶之花，它能泯灭一切良知，能让一切道德伴随自己的节奏起舞。他现在必须奋起抗争，希望把这股洪水猛兽挡在家门之外。

是的，唐太宗就是喜欢李泰，李泰的头脑、李泰的文学，没有一样他不喜欢。但是，长孙无忌提醒他注意到，李泰的心似乎是很危险的。他与哥哥的斗争，竟然如此天衣无缝，这应该不仅仅是头脑问题，还应该有良心问题。如果以后让他主政，那么自己最担心的问题会不会噩梦一样地发生呢？

“如何对待自己的兄弟，在你掌权的情况下？”李世民一定曾这样询问李泰，他不能凭长孙无忌等人的猜测就放弃李泰。

李泰的回答让唐太宗大为满意。李泰说，未来如果真的当了皇帝，最后杀死自己的儿子，让晋王李治继承自己的皇位。于是，唐太宗理直气壮地叫来长孙无忌和褚遂良等人。他把跟青雀（李泰的小名）的对话，原原本本地讲了出来，心中的喜悦溢于言表。

然而，让唐太宗没有想到，这么气泡一样的谎言，根本就不用长孙无忌亲自出面来挑破。褚遂良站了出来，他轻而易举地让这句谎言现出原形。他说，这个事情从一开始就是皇帝错了。连前太子承乾的谋反，错也在皇帝身上。为什么？因为太轻信李泰了。请问陛下，这个世间，究竟是兄弟亲还是父子亲？当然是父子亲。那么，历史上，有谁掌管大权后会杀儿子而让位给兄弟？没有。所以，李泰的谎言实在太明显了，这根本不用证明。

李泰平时跟皇帝关系太好，没有什么死心塌地的大臣。在这个关键时刻，没有好军师。他只知道讨好皇帝，忘了把握分寸。如果有足智多谋的军师，这样的态度如何可以公开呢？

最后，拔河比赛是长孙无忌胜利了。

让李世民妥协的还有原太子李承乾。他跟皇帝解释说，自己身为太子，还有什么更高的要求？为什么还要图谋不轨？就是被李泰逼的啊！李泰步步进逼，自己不防范，担心会落得惨败。现在，如果陛下立李泰为太子，那么所有的一切都正好落入李泰的计划之中了。这话当然有道理，李世民不免心中震撼。最后唐太宗决定，一切谋划者都要出局，要让后人记得，太子之位非经营所得。他想让子子孙孙都如此坚持下去，最高地位的统治者，只能备选，不能积极争取。这是很天真的想法，他的子孙们没有谁记得这一点。

李泰失败，自然李治胜出。现在的文献记录，没有发现李治亲自努力过什么，一切看起来都是水到渠成的，太子之位如同天上掉下来的一样。在李治当太子的过程中，长孙无忌、褚遂良都是大功臣。

那么李治真的一点儿都没有努力吗？不。史书记载，李治与李泰有过一次短兵相接。

《资治通鉴》卷一九七有过这样的记载：魏王泰恐上立晋王治，谓之曰："汝与元昌善，元昌今败，得无忧乎？"治由是忧形于色，上怪，屡问其故，治乃以状告，上怃然，始悔立泰之严矣。

元昌，是他们的叔叔汉王李元昌，参与了李承乾的谋反计划被赐死。李泰借李元昌给李治施压，是希望李治懂得利害主动撤退。最近有一个偶然的机会看到了李元昌的墓志，贞观十七年，李元昌不过25岁。所以他跟太子、跟晋王都能玩得很好。这个时候，李泰考虑过自己是哥哥吗？当然没有。他只是把李治当作竞争对手而已，不会考虑手足之情的。李治的反应呢？紧张，不知如何处理。后来被唐太宗发现神色不对，反复询问，才了解真相。唐太宗认为李治表现更好，有保护哥哥不告发的品质。这事，对于李泰而言，增加了一个失败的因素。

在存在多种可能的情况下，李治选择了最有利的一种方案。说明他的这个表现，不是自然反应，而是深思熟虑后的选择。李治以退为进，巧妙地暴露了哥哥，并取得父亲的好感。于是，这成了李泰失败而李治成功的一个因素，太宗后悔答应李泰，决定改弦更张，放弃李泰。可见，在李治当太子这件事情上，李治看起来是无所作为，其实是有所为有所不为，最终取得了胜利。

贞观十七年（公元643年）四月乙酉（六日），废黜太子承乾。第二天，宣布李治为新的太子。唐太宗决定，今后谁也不许经营太子之位，凡是经营者一概抛弃。上谓侍臣曰："我若立泰，则是太子之位可经营而得。自今太子失道，藩王窥伺者，皆两弃之，传诸子孙，永为后法。且泰立，承乾与治皆不全；治立，则承乾与泰皆无恙矣。"（《资治通鉴》卷一九七）

李治不主动告发李泰，在唐太宗看来是在保护李泰，十分符合唐太宗这个时候的心思。不仅如此，李治确实没有留下任何经营的痕迹，连他告发李泰私下的言论，都显得是被迫的。这个时候的李治，虽然只有 16 岁，可是他的行为已经很成熟。通常说，年龄大一定经验丰富，但在这件事上可见例外时常有之。在政治上，李承乾不成熟，李泰显然也不成熟，而年龄小的李治最成熟。这个结论如果成立，那么李治当太子应该说也不是天上掉馅饼，是有必然性的。

李治成为争夺太子的黑马，一点儿都不奇怪。所有的人都没有看到李治在经营，所有的人都在为李治而努力。连意志力超人的唐太宗，也为李治改变了主意，放弃了李泰而支持李治。历史记载表明，李治什么也没有干。连后来的历史学家也认为，李治当时还是一个小孩子。他们认为，长孙无忌要拥立李治，就是看中了李治的年幼无知。事实上，李治完全达到了无为无不为的境界。从高祖李渊的时候起，唐朝就开始推崇道教、推崇老子，但是从唐高祖到唐太宗，看来对老子的理论都没有什么透彻的理解。无为而无不为，看来只有李治把握得最切实。

李治就这样轻松地当上了太子。

沈括：作为科学家、外交家和诽谤家

沈括字存中，宋仁宗天圣九年（公元 1031 年）生于浙江钱塘（今杭州）一个官僚家庭。他自幼勤奋好读，在母亲的指导下，14 岁就读完了家中的藏书。24 岁开始踏上仕途，三年后，被推荐到京师昭文馆编校书籍，在这里他开始研究天文历算。晚年他在梦溪园认真总结自己一生的经历和科学活动，写出了闻名中外的科学巨著《梦溪笔谈》和《忘怀录》等。宋哲宗绍圣二年（公元 1095 年）沈括逝世。

一直以来，我们评价历史上的这名多才多艺的才子，都是有褒无贬。实际上，这就是我们对历史的认识不完全。人无完人，作为参与北宋改革大潮中的一名政治家，沈括本身也存在一些弊病。沈括深知王安石与苏东坡政见不同，他将注投到了王安石一边，对自己的好朋友苏东坡谗言陷害，在神宗面前检举揭发苏东坡诗中有讥讽政府的倾向。王安石作为一名讲究人品的文化大师，重视过沈括，最终也得出沈括是一名不可亲近的小人的结论。当然，在人格人品上的不可亲近，并不影响我们对沈括科学成就的肯定。

沈括博学多才，《宋史·本传》记载："博学善文，于天文、方志、律历、音乐、医药、卜算，无所不通，皆有所论著。"这个评价是中肯的。即使就自然科学而言，沈括的贡献也是多学科性的，涉及广阔的领域。

沈括十分重视发展农业生产和兴修水利，他写了《圩田五说》《万春圩图书》等关于圩田方面的著作。而且沈括为保卫北宋的疆土也作出过重要贡献。在熙宁七年（公元 1074 年）担任河北西路察访使和军器监长官期间，编成《修城法式条约》和《边州阵法》等军事著作。

沈括还是一名杰出的天文学家。熙宁五年（公元 1072 年），沈括负责领导司天监以后，研究改革了浑仪（测量天体方位的仪器）、浮漏和影表等旧式的天文观测仪器，还制造了测日影的圭表，改进了测影方法。沈括把他的研究成果写成《浑仪议》《浮漏议》《景表议》三篇论文，是我国天文学史上的重要文献。晚年时候，沈括提出了用"十二气历"（纯粹的阳历）代替原来的历法（阴阳合历）的主张，这个历法既符合天体运行的实际，也有利于农业活动的安排。现在世界各国采用的公历（阳历），在分月上甚至还不如沈括的"十二气历"合理。

沈括在数学方面也有精湛的研究。他创立了"隙积术"和"会圆术"。不仅促进了平面几何学的发展，而且在天文计算中也起了重要的作用。沈括对物理学研究的成果也是极其珍贵的。《梦溪笔谈》中所记载的这方面的见解和成果，涉及力学、光学、磁学、声学等各个领域，特别是磁学，沈括第一次明确地谈到磁针偏角问题。他指出："方家以磁石磨针锋，则能指南，然常微偏东，不全南也。”这是世界上关于地磁偏角的最早记录，西方直到公元1492年哥伦布第一次航行美洲时才发现，比沈括的发现晚了400年。

在化学方面，沈括注意到石油资源丰富，“生于地中无穷”，并且预料到“此物后必大行于世”，这一远见已为今天所验证。“石油”这个名称也是沈括首先使用的。沈括在地学方面也有许多卓越的论断，他观察研究了从地下发掘出来的各种各样的化石，明确指出它们是古代动物和植物的遗迹，并且根据化石推论了古代的自然环境。在欧洲，直到文艺复兴时期，意大利人达·芬奇对化石的性质才开始有所论述，这比沈括的推论晚了400多年。

除自然科学方面的贡献外，他在社会科学和人文科学方面也都有重大的成就，其成就涉及社会、经济、历史、外交、军事、考古、音律、绘画、书法、诗词等学术领域，堪称当时百科全书式的学者。这些学术成就，充分反映了沈括勤奋好学而又锐意进取的治学精神。

沈括是我国古代杰出的科学家，这样一位孜孜于科技领域的人，同时是一位外交能手，这一点却是鲜为人知的。

北宋年间，辽国经常找借口侵扰宋的边界。神宗熙宁八年（公元1075年），辽国又想进攻宋朝，但是苦于没有借口，于是就派了一个叫萧禧的使者来到汴京城面见北宋神宗皇帝，假称河东路黄嵬一带的土地是辽国的土地，现被宋朝占领，请求归还。萧禧说得有板有眼，并且拿出了辽和宋签订的有关条约文本做证明。负责和辽使谈判的大臣们心里都清楚，宋朝和辽国自有交往以来，宋朝的领土就只有减少的份，从来也没有增加过，黄嵬一带一定不是宋朝侵略辽国所得的，但是现在辽使有双方条约文本作证，这些条约好像也不是假造的。如果不承认，辽国有根有据；如果承认，这明显是辽对宋的讹诈。负责谈判的大臣们被萧禧弄得特别狼狈，想和他辩明此事的原委。结果神宗也被辽使耍笑了一番，心里虽然恼恨，但却没有根据反驳。萧禧当着神宗的面，态度十分强硬地说："你们必须马上把黄嵬一带归还我大辽，否则由此而引起的一切后果完全由你们承担。"萧禧怒气冲冲地返回北方，向辽国皇帝汇报谈判的结果去了，战争的阴影又笼罩在宋辽边界，大有一触即发的态势。神宗皇帝面临着一个特别大的难题：如果不能妥善地解决边界纠纷，宋辽战争将不可避免，那时北宋就又要面临内忧外患的境地，刚刚进行起来的改革说不定也会功亏一篑。

正当神宗心烦意乱的时候，沈括主动请求出使辽国，继续谈判边界的领土归属问题。他对神宗说："臣仔细查阅研究了资料，近年来，在我朝与辽国所签订的所有条约，准确的边界应该是以古长城为国界，而辽使所讲的黄嵬是位于长城之南 30 里的一个名不见经传的小地方，它理应是我朝的领土。辽人是欺负我朝无人知道黄嵬的准确位置，故意挑衅想发起战争。臣请求皇帝准许，让我出使辽国，凭着三寸不烂之舌跟辽人辩明是非，说清曲直。"说完，沈括就把有关条约的副本拿出来让神宗过目。宋神宗看过后，喜形于色，不由得长出了一口气。他对沈括说："负责谈判的大臣们都是酒囊饭袋，谈判了几天，竟然没有搞清楚黄嵬的来龙去脉，差点儿误了大事。"于是宋神宗就任命沈括为出使辽国的全权负责大使，去谈判黄嵬一带的归属问题。

沈括到辽国之后，辽国的宰相杨益戒亲自出面和他谈判边界的领土归属问题。在正式谈判之前，沈括就先让自己的随员把带来的条约副本和北方边界地点的地名、位置等内容背得滚瓜烂熟。在谈判中，沈括不露声色，镇定自若。在一连几次的谈判中，对于辽人提出的问题，随员们都能讲得头头是道，无懈可击。双方共谈了 6 次，而沈括和他的随员们每次都处于上风，所谈的内容符合宋辽双方条约公允的规定，辽国人也找不到任何破绽。辽国的宰相杨益戒恼羞成怒，原形毕露说："宋朝连这几里地大小的土地都不忍割舍，这不是明明想断绝和大辽的友好关系吗？"沈括毫不退让，据理力争："军队作战，理直士气就是旺盛，理曲士气就是衰退，杨宰相不会不清楚这一点吧？黄嵬虽小，可是条约上明白无误地写着应属大宋，你怎么能说是我们破坏两国关系呢？这是你们背弃自己祖先的信义，置以前签订的条约于不顾，想强占我大宋的土地，并且不惜以武力相威胁。我想你们以此为借口出兵恐怕不能说是名正言顺吧？辽国的老百姓也未必会为了这几里大小的土地就愿意和大宋朝开战吧？大宋虽然软弱，但也未必就怕和你们辽国打仗。”一席话说得那个嚣张的宰相杨益戒哑口无言，他看到沈括和他的使团成员们软硬不吃，就只好上报辽国皇帝，再另想别的办法挑起战争了。

沈括出使辽国不辱使命，从道义上制止了辽国以领土问题为借口而发动战争的企图，黄嵬最终也没能成为新的宋辽战争的导火线，沈括的出使功不可没。在出使辽国的路上，沈括绘图记载了所过地方的山脉河流的情况和当地风俗特点，了解了北方的人心向背，做成《使契丹图抄》呈报给北宋朝廷，它对日后宋朝处理北方边境的许多事务起到了一定的作用。

沈括与苏轼是好朋友，这两名在历史上都有杰出贡献的大家，最终却分道扬镳。沈括在其中扮演了不光彩的角色。自古文人相轻，进而相轧相害是常有的事情。皇帝在沈括面前夸奖苏东坡，沈括心中产生了一种默默的对比，不想让苏东坡的文化地位高于自己，于是检举揭发苏东坡诗中有讥讽朝廷之意。章惇等人便以苏轼的诗作为证据，指控他“大逆不道”，想置他于死地。一场牵连苏轼 39 位亲友、100 多首诗的大案便因沈括的告密震惊朝野。这就是著名的“乌台诗案”。

当时，北宋神宗皇帝任用王安石实行变法，以司马光为首的旧党坚决反对，总是阻挠新政实施。所以，当时在朝野内外以王安石为首的新党和以司马光为首的旧党，是势不两立的。可是，苏轼一向是个不会见风使舵的人，他总是实话实说，所以遭到了新旧两党的厌恶。起先苏轼反对变法，受到了新党的排斥；后来，旧党上台，苏轼出于实际情况的考虑又不同意全盘否定新法，遭到了旧党的戒备。再以后，新党又把旧党打了下去，为了争权夺利，又把苏轼归于旧党。

沈括在政治上倾向于以王安石为首的新党，加之与苏轼的个人恩怨，就伺机陷害这位好朋友。

元丰三年，苏轼被调任为湖州太守，当时依照惯例，调职官员要写一份“谢恩表”，然后刊行在“邸报”（当时北宋官方的报纸）上。他在表上写的一些话又让新旧两党产生了愤恨。表中有这样几句话，意思是这样的：“皇上您知道我愚昧，难以追随那些新进的权贵，又不能适应形势；可是您看在我虽然已经年老，却不爱生事，就派我去管管小民……”在他的这份“谢恩表”里，“新进”“生事”这两个词让人听出了弦外之音。谁是“新进”？谁又爱“生事”？人们对新党一阵嘲笑，沈括当然对苏轼就更为不满了。他于是趁机向皇上奏了一本，说：“苏轼的谢恩表讥讽时事，包藏祸心，怨恨皇上，讥谤讪上，渎职谩骂而没有人臣之节。现在人们已经在争相传诵，他这一举措实在是搞得朝野轰动，万死也不足以谢皇上。”另外，沈括还从苏轼写的诗文中摘出了60多条词句作为证实苏轼不满朝廷的材料，他诋毁苏轼“讪上骂下”，还举出具体的例子：“陛下教群吏学法令，他却说‘读书万卷不读律，致君尧舜知无术’；陛下发青苗钱，本来是接济贫民，他却说‘赢得儿童语音好，一年强半在城中’；陛下推行盐法，他却说‘岂是闻韶解忘味，迩来三月食无盐’……”沈括大肆毁谤在先，接着，御史中丞李定也跟着上表，还列举了四点苏轼该杀的理由。一时间，苏轼因为一份“谢恩表”竟然惹祸上身，皇帝将这件案子发到御史台处理。不久，苏轼就从湖州被抓回京城，过了一个月，又被关进御史台监狱。

起初，苏轼并不承认自己有怨谤之心，只是说其中的一些诗句的确反映了民间疾苦。可是后来，在沈括的吩咐下，手下对苏轼进行了轮番的审讯和折磨，苏轼一个儒生，实在忍受不了这种心理上的屈辱和肉体上的疼痛，所以就承认自己有罪，还写了“供词”。一首描写普通农村人家生活的诗:"杖藜裹饭去匆匆,过眼青钱转手空。赢得儿童语音好,一年强半在城中。"苏轼自己说是讥讽了朝廷的青苗立法,他的供词是:"此诗意言百姓请香青苗钱……庄家小子弟多在城市不看次第,但学得城中人语音而已,以讥新法青苗助役不便也。"可是这番话是多么牵强附会!苏轼还说,他的《山村绝句》"老翁七十自腰镰,惭愧春山笋蕨甜。岂是闻韶解忘味,迩来三月食无盐",讥讽了新法实施中的"盐法"太急,使得山中之人饥贫无食,动经数月。其实这首诗与盐法哪里有半点儿瓜葛,苏轼当时已经完全绝望了,就等着沈括把罪状和供词编织就绪,待皇帝批准后杀头了。

幸好,宋神宗觉得苏轼是一名不可多得的人才,在反复考虑之后动了恻隐之心。后来,神宗又看到苏轼在狱中写的诗,更是不准备杀苏轼了,所以就赦免了他。这首诗是这样写的:

圣主如天万物春,小臣愚暗自忘身。
百年未满先还债,十口无归更累人。
是处青山可埋骨,他时夜雨独伤神。
与君今世为兄弟,更结来生未了因。

苏轼因诗句差点儿被杀,又因诗句获救,真是值得庆幸。而沈括在"乌台诗案"中扮演的丑陋角色,却是他人生的一个污点,让我们看到了一名杰出天才的另一面。

完颜亮:当面一套背面一套的超级大师

中国历史上的帝王,去世之后获得"炀"之谥号者,共有4人,一是陈后主陈叔宝,二是隋炀帝杨广,三是金海陵王完颜亮,四是南齐炀帝萧宝卷。"炀"是恶谥,为那些"好内远礼、去礼远众",也即荒淫无耻、亲小人远贤臣的皇帝所专用。

完颜亮荒淫无耻、残暴嗜杀,与隋炀帝相比,有过之而无不及。

而他作伪的水平，也与新朝皇帝王莽不相上下，堪称大师。

完颜亮是金太祖完颜阿骨打之孙、辽王宗干的次子，自幼聪颖好学，曾拜汉儒张用直为师，平素喜与儒生探讨儒学，满口仁义礼智信，又好吟诗作赋，俨然仁人君子、儒雅少年。他城府甚深，人莫能测其志，对外示人以宽和，且不爱钱财，时人莫不称其贤。他 18 岁便以宗室子弟当上了奉国上将军，此后屡屡升迁。几年后便爬上了尚书左丞的高位。熙宗完颜亶是金太祖完颜旻的嫡孙，而完颜亮的老爹宗干则是太祖的长子，他也是太祖的孙子，故心中常怀不平，认为自己也有坐龙椅的资格。

但是，完颜亮善于伪装，野心深藏不露。在熙宗面前处处顺承旨意。皇统七年（公元 1147 年）十一月的一天，熙宗召见他，说到太祖创业的艰难，他竟呜咽流涕，哭将起来。熙宗见说到爷爷，他竟如此伤心，大为感动，堂兄弟俩的心理距离立刻缩短为零，不但心理上没有了距离，而且认为他对自己忠心耿耿，不久便拜他为平章政事，5 个月后又拜为右丞相，成为国家领导人。次年正月，他又兼任都元帅，集军政大权于一身。此时的完颜亮，年仅 28 岁。

完颜亮大权在握，便开始积极密谋夺取帝位。他暗中对心腹说："吾志有三：国家大事，皆自我出，一也；帅师伐国（宋），执其君长，问罪于前，二也；得天下绝色而妻之，三也。"由此言可以看出，他不但既爱江山，又爱美人，而且要伐灭南宋，称霸天下。皇统九年（公元 1149 年）十二月的一天深夜，完颜亮率其党徒亲信闯入完颜亶的寝宫，将他宰掉，登上了皇位。此后，他为了巩固龙椅，又展开一系列大屠杀，反对或疑似反对他的大臣全被杀掉，太宗完颜晟、开国功臣完颜宗翰的子孙被斩尽杀绝，宗室诸王 50 余人被杀。后来，就连和他一起密谋并参与弑帝的家伙也大多被宰掉。

完颜亮坐稳了龙椅，便开始为自己树立明主圣君的形象。

他对旧政进行一系列改革，以"励官守、务农时、慎刑罚、扬侧陋、恤穷民、节财用、审才实”七事诏告朝野，以表示自己是施仁政、爱百姓、尚节俭、重人才的皇帝。他夺位的第二年，群臣上尊号曰“法天膺运睿武宣文大明圣孝皇帝”，他当年便下诏去此尊号。不久，有司上奏，有庆云出现，他严肃而又谦虚地说：“朕何德以当此，自今以后，凡有瑞应，勿得上奏，若是有妖异出现，当立即谕朕，使朕自警。”以表示自己是个不尚虚名、勤政务实的好皇帝。他还几次下诏“求直言”，朝廷内外，上自公卿大夫，下至平民百姓，都可以上书进言，以显示自己虚心纳谏。

他以种种花招邀买人心。为了表示自己节俭，吃饭时拒绝负责膳食的官员上鹅，因为在北方，鹅是稀罕物，价格十分昂贵。有时用破衣补被，以示近臣；或是故意穿着打补丁的衣服让负责记录起居的官员看见，表示自己是如何艰苦朴素。并且下令把熙宗在位时皇家苑林中所养的禽兽全部放掉，以避免浪费饲料。为了表示与士兵同甘苦，他有时与军士同吃陈米饭，并且狼吞虎咽，比军士吃得还快，军士还没吃完，他已把碗里的饭吃光。

为了树立亲民形象，他路遇百姓的车辆陷入泥泽，即令卫士前去推车，他在路边等待，直到卫士们把车推上来，他才继续前行。他见到农民在田间收庄稼，必下车到田头和他们交谈，和蔼可亲地问他们收成如何，有时还要赐给他们衣服。适逢太子生日，皇后献给他一幅稼穑图，第二天他便召集侍臣，对他们说：“昨太子生日，皇后献朕一物，大是珍异，卿试观之。”说罢从绛囊中取出那幅图给侍臣看，怕他们看不出皇后献图的用意何在，又解释说：“皇后的意思是，太子生在深宫之中，不知民间稼穑之难，故以此图献之，朕甚贤之。”表面上是夸皇后，实际上是显示自己不但关心民间疾苦，还要教育太子也如此。某地官吏献嘉禾，以表示当地喜获丰收，他批评官吏报喜不报忧，诏令从此以后，不得再有进献嘉禾之事。

为了表示重视人才的选拔，他在迁都燕京（今北京市，完颜亮将其改名为中都大兴府）后，特开殿试，亲自过问选拔官员之事。他或是到便殿亲自阅览试卷，或是在楼上观看考试，并且多次为考生出题，如“忠臣犹孝子”“忧国如饥渴”“不贵异物民乃足”等。他与近臣交谈，常引古代贤君以自况。表面上是要以其自勉，其实是在自夸。

为了表示自己是个孝子，他也有精彩的表演。他的嫡母徒单氏，是他爹宗干的正室，一生无子。他夺位后，尊她和生母大氏同为太后。他与徒单太后原有隔阂，因此他迁都燕京时，把徒单太后留在旧都上京（今黑龙江阿城）。直到他的母亲大氏去世后 3 年，他才按母亲临终时的嘱告，把徒单氏迁到燕京。贞元三年（公元 1155 年）夏，完颜亮遣大臣往上京奉迁太祖等先帝陵至大房山，并迎太后来燕京，他在沙流河迎祭先帝梓宫，并谒见太后。他命左右带着皮革制成的约杖，跪在太后面前，谢罪道：“孩儿不孝，很久未来给母后请安、问候冷温，请母后痛笞之，否则孩儿于心不安。”徒单太后道：“今平民之子有百金之产，尚且爱之不忍笞。我有子如此，怎忍心杖笞呢?”遂将他扶起，喝退持杖者。太后至燕京，他又率百官于郊外迎接，让太后入居寿康宫。当天又举行盛大宴会，亲率后宫、宰臣以及百官为太后祝寿，极欢而罢。此后，他每日给太后请安，侍太后十分恭顺，太后从坐榻上站起时，他都要上前扶掖。太后乘舆辇外出，他常拿着太后出行所需用具，在后面徒步跟随。这一连串的表演，效果极佳，令“见者以为至孝，太后亦以为诚然”。

然而，这个“圣君明主”，其真面目又是如何呢?

他表面上崇尚节俭，其实却穷奢极欲，肆意挥霍。他拒食鹅以示俭，但他外出游猎时，却不惜以重金购买一鹅一鹑，有时甚至以一条牛换一只鹌鹑，以快口腹。他夺位称帝后不久，便于天德三年（公元 1151 年）下诏迁都燕京，命人大修宫室，耗资无数。他于贞元元年（公元 1153 年）三月迁都燕京，同时下令将上京宫殿宗庙，以及大族宅第全部拆毁，将其夷为平地，交农民耕种。正隆三年（公元 1158

年），他为便于指挥兵马伐宋，又拟迁居南京（北宋都城汴京，今河南开封），并下诏大修宫室。此工程十分浩大，耗费资财人力无穷，运一木之费至两千万，牵一车之力至500人。伐木采石，车辆塞途，许多民夫累死于运输途中。所建宫殿，雕梁画栋，遍饰黄金，间以五彩，施工之时，金屑在空中飞舞，如同落雪，一殿之费以亿万计。一殿建成，稍不如意，他便下令拆毁重建，务求辉煌华丽。

他表面上要求臣下进直言，以显示自己虚心纳谏，其实却刚愎自用，拒听谏言，甚至闻谏则怒，动辄杀人。他决定南下伐宋，并下诏营建南京宫室，朝臣翟永固、韩汝嘉直言进谏道："燕京的宫室刚刚建成，库藏匮乏，民办未苏，岂可再兴土木！而我与宋通好，岁帑从未短缺，遽兴征伐。亦恐师出无名。"他竟勃然大怒，将他们赶出殿外。这两个人还算幸运，太医使祁宰上疏谏伐宋，竟被他下令处死，并籍没其家。他出巡时，遇一男子上书言事。他不问青红皂白，便下令将其斩首。他的嫡母徒单太后得知他要伐宋，屡次谏阻，他竟派人将太后缢杀，并焚其尸于宫中，弃其骨于水中，并杀太后亲属、侍婢等十余人。其孝子的假面具，至此彻底扯下。

他表面上亲民爱民，其实却残民害民，视百姓为马牛。他决定伐宋后，下诏征马56万匹，各路献马者昼夜不绝于途，死者耽藉于道。他又诏令河南州县所贮粮米，不得他用，以备军需。他命军民造军械兵器于中都，造战船于通州（今北京通州），役夫死者甚众。所需材料，皆强令百姓供给，致使箭翎一尺贵至千钱，村民为了供给造弓箭的筋革，只好把赖以稼穑的耕牛宰掉。为造战船，强拆民舍，将其门板屋梁作为材料，并焚烧死尸，提炼油膏，以为造船之用。官逼民反，骚乱迭起，大者攻城夺地，小者占山为王。但他却"恶闻盗贼事，言者皆罪之"，以致地方发生暴乱，朝臣也不敢奏闻。

他表面上重视人才，但却对有才能的人十分嫉恨，对于功高望重者，更是欲除之而后快。左副元帅完颜杲有功于金，领兵在外，颇得军心，他指使人诬告其谋反，将其杀死。韩王完颜亨是名将宗弼（兀术）之子，才勇如同乃父，他指使人诬告完颜亨密谋对他行刺，将其处死。就连他的弟弟完颜衮，也因声望颇高而遭他嫉恨，后来完颜衮的家奴诬告其谋反，他正好抓住借口，不问真假，将其弟斩首于市。

他夺取帝位之后，下诏将被他诛杀的宗室诸王的妻女收入后宫，供他淫乐。

这些女子有的是他的姑嫂，有的是他的堂姊妹，有的是他的晚辈，皆封为妃嫔。他如看中臣吏之妻，便将其夫遣往上京，或派往外地为官，或是干脆把其夫杀掉，而后将其妻召入宫中奸淫。他与妃嫔纵淫，必令乐工奏乐，并撤去帏帐，令众妃妾列坐观看；又在卧榻前铺上地毯，令妃嫔裸体相逐以为戏。他淫兴一动，便上前抱住一个，就地交欢。

正隆六年（公元 1161 年），这个精于作伪的家伙，在率军伐宋途中，被部将完颜元宜率众杀于瓜洲渡（江苏扬州市南），死时 40 岁，在位 13 年。他死后第二年，被世宗完颜雍降封为海陵王，18 年后，又被降为庶人。《金史·本纪第五》评曰：“海陵在位十余年，每饰情貌以御臣下……淫嬖不择骨肉，刑杀不问有罪……空国以图人国，遂至于败。”

完颜亮虽死，其“每饰情貌以御臣下”，靠作伪树立廉政爱民形象以欺世者，仍不乏其人。

“平民皇帝”：不打元兵专打友军

明太祖朱元璋被称为“平民皇帝”。在中国历代皇帝中，朱元璋的家庭层次低得不能再低，穷得不能再穷。他当叫花子讨不到饭，当小和尚化不到缘，经常饿得头昏眼花，冷汗淋漓。他的投军，最初不过是混碗饭吃，哪有什么雄心、野心，后来居然打下了江山，这都是被环境逼出来的。这不是“平民皇帝”又是什么！既然是穷人出身的皇帝，对百姓总应该好点儿。现在让我们揭开史书一层一层的面纱，看看历史的真相究竟如何？

在元廷的暴政统治之下，老百姓长期过着“窦娥冤”式的生活，有冤无处申，有理无处说。公元1351年，当元廷征集数10万民工治理黄河之时，在工地上挖出了一个石人，只有一只眼睛，于是民间盛传“石人一只眼，挑动黄河天下反”。以黄河工地为中心，抗元的怒火燃遍了中华大地。英雄四起，各据一方。元廷虽然派兵镇压，但是起义军此伏彼起，元廷穷于应付。4年之后，起义军首领刘福通部打出“反元复宋”的旗帜，拥宋徽宗的后裔韩林儿为帝，在亳州建立政权，国号大宋，年号龙凤。各地起义军虽多使用龙凤年号，不过是遥相呼应，虚张声势而已，大家仍然是各自为战，并未听从大宋政权的指挥。

朱元璋自己没有任何本钱，投身的还是一个小首领郭子兴的队伍。作为郭子兴的贴身卫兵——亲兵，由于忠心、作战勇敢，他逐渐取得郭子兴的信任，娶了郭子兴的义女马氏为妻。郭子兴死后，他取而代之，自己就有了本钱。

在这一场大混战之中，朱元璋的表现如何呢？当时他的根据地在今安徽省的中部，那他进军的矛头应该直指北方——元廷的所在地。但是从他率领郭子兴的部众开始，到他于1368年登上帝位之前，这10余年间他的进军方向始终是向东——打张士诚，向西——打陈友谅，向南——打方国珍，从来没有向北进军去打过元兵。

这些行动是不是出于某种不得已的原因，或者是由于某些偶然因素所造成？其实不然，这种“不打元兵，专打友军”的做法是朱元璋的“既定方针”，这个“既定方针”是由他的一个同乡同宗儒士朱升代他拟定的，有史为据，有案可查。朱升向他建议的行动纲领是“高筑墙，广积粮，缓称王”。所谓“高筑墙，广积粮”就是筑好防御工事，多存粮草，暂取守势，不要出击，自己保存实力，坐山观虎斗。等到别人实力耗尽，再出来收拾残局。所谓“缓称王”，是指对付元廷的策略。许多友军称帝称王，成了元兵打击的目标，太不合算，不如先做缩头乌龟，在别人大事招摇之时，深藏不露，设法自保；等到时机成熟，然后一鸣惊人。从后来朱元璋所吟的《菊花诗》来看，他对朱升的建议已经心领神会。《菊花诗》曰：

百花发时我不发，我一发时都吓杀。

要与西风战一场，满身穿就黄金甲。

从许多有记载的历史事实看来，朱元璋也是诚心地奉行这一斗争策略。在许多抗元起义军纷纷北上之时，他按兵不动，坐视友军与元兵血战，付出重大牺牲。在友军互相火拼之时，他又拉一方打一方，从中获利。他从起兵到登上皇帝宝座，一共 15 年。前 10 年中，他在夹缝中生存，坐大；到后 5 年，他才重拳出击。从 1363 年到 1364 年，他消灭了陈友谅这一股势力，尽得江西与两湖之地；1367 年，他又集中力量，一举消灭了张士诚和方国珍两股势力，取得江苏、浙江、福建这一大片地方。

10 多年中，他一直“缓称王”，只打“大宋”的旗帜，用“龙凤”的年号，让刘福通、韩林儿做自己的挡箭牌。待韩林儿兵败前来投奔，他觉得这个傀儡已无利用价值，就害死了韩林儿，自己先称吴王，再登位做了大明皇帝。这时南方已被削平，消除了后顾之忧，他才大举北伐，挥军直捣元廷。经过十几年的战斗，许多勇敢北伐的起义军早已击破了元兵的主力，再加上元廷的大将“窝里斗”愈演愈烈，已经无力对外，朱元璋大军北伐，如入无人之境，坐待“驱逐鞑虏，恢复中华”的光荣。

朱元璋一直把抗元的口号喊得震天价响，却在后方蚕食友军，耐心等待元廷主力的溃败和各路友军实力的耗尽。时机成熟，他才下手，不仅摘了许多“大桃子”，而且获得“英雄”的美名。

十几年中，他韬光养晦，不显山不露水，如果和元兵接触，他又是怎么处理的呢？请看《明史·太祖本纪》中的一段记载：1354年冬，元兵大败张士诚于高邮，进而围攻六合。这已经威胁到朱元璋的根据地，他不能不介入，与元兵发生冲突，缴获了许多马匹。他因此觉得不妥，赶快进行了补救。派地方父老牵牛担酒去向元将谢罪，并送还所获马匹，还向元将解释说："我们之所以守城，是在防他盗（实指友军）耳！"当时元兵正集中力量打击张士诚，也不想过多追究，此事才过了关。请问：这样的英雄，是不是要打折扣？

在史书上，御用文人对于"太祖高皇帝"都是一片歌颂之声，不必多说；但是民间对于朱元璋的评价又是如何？有一首凤阳花鼓唱得好：

说凤阳，道凤阳，凤阳本是好地方。自从出了朱皇帝，十年倒有九年荒，大户人家卖牛马，小户人家卖儿郎。我家没有儿郎卖，身背花鼓走四方。咚咚锵，咚咚锵，咚锵咚锵咚咚锵！

600年来，大家对于这首鼓词做了许多不同的解释，至今尚无定论。不管如何解释，结论大概都是一致的，那就是，朱皇帝带给老百姓的不是幸福，而是祸害。不管什么阶级——大户人家、小户人家同样受害，并无例外。

刘观：监察部部长贪污受贿终被查办

朱元璋早年由于家庭和本人曾受尽贪官欺压，所以本能地对官员贪污贿赂就极为痛恨。明朝建立之后，他发誓要把自己的政权建成一个彻底没有贪贿的王朝。他从"宽民严官"的执政理念出发，一开始就对各级官员采取了高压态势，极尽整饬之能事，其手段几乎到了残酷的程度。这种高压态势一直延续了两任皇帝，再之后的皇帝们对贪贿惩治就有点儿忽松忽紧，贪官的数量也就与政策风向标相同步而忽多忽少。

这期间，有位叫刘观的明政府高官（相当于现监察部部长），屡次因贪贿坐罪，三起三落。几任皇帝对他的处理过程，基本上体现了明朝初年反贪污贿赂的轨迹。

在历史上与其他朝代相比，明朝早期的官员有三个“最”：一是工资最低，二是权力最小，三是被杀最多。这是因为朱元璋从骨子里就十分轻视他们，认为他们只不过是朱家王朝的打工者而已。既然是打工者，老板就与他们没有任何感情，对待他们就异常冷酷无情。

比如，朱元璋给府县一把手的工资，仅仅勉强能够维持一家人的生活。而府县其他开支，包括机关雇员工资、办公、办案、接待、车马、人情来往等一切日常开支，国家一概不管。逼得官员们只有靠贪污受贿来维持。那时的官员，凡是能维持机关正常运转，或者官做得比较风光的，几乎没有不是靠贪污受贿来维持资金来源的。

即使这样被人歧视，这样没有油水，甚至还有生命之虞，当时人们对当官仍然趋之若鹜，男儿们仍然认为这是人生价值的最大体现，削尖脑袋也要往官员队伍中挤。

就在朱元璋大杀贪官的1385年，保定府的雄县就有一个叫刘观的人，头悬梁锥刺股历经无数春夏寒暑，靠自己的本事考中了进士。虽然他就要走进血雨腥风充满险恶的官场，迎接他的必是吉凶难测，生死未卜。但消息传来刘观仍然喜不自胜，因为他盘算着，只要脱颖而出走进官场，自己就是人上人、佼佼者，其风光已经代替了风险。

皇榜题名之后，吏部将刘观派到山西太谷县做了个县丞（相当于副县长）。但刘观目标很高，不想在基层长干，便开始钻营活动，不到一年就跑关系活动到了中央机关，任了个监察御史，从此开始了他在监察部门工作的生涯。在这岗位上一干就是10年，这期间他对自己要求严格，一心上进，直到1397年，朱元璋便破格提拔他为左佥都御史（相当于现监察部副部长）。

史书上说，就在他当了左佥都御史以后，曾经因为出了事而被捕入狱，但并没有说是什么事。在反贪贿为朱元璋工作重心的时期，想必一个掌握官员生杀大权的高官，出事恐怕也与贪污受贿有关，不会是别的事。这是刘观政治生涯中第一次坐罪。

还是他的活动能量大，入狱时间不长，经他运作就被释放。释放后朱元璋任命他出任嘉兴知府。他是无论如何不愿当明朝的地方官，正不想去时，恰值他父亲去世，便以守丧为由辞官回了雄县老家。

他在雄县家乡闲置 6 年，明朝皇帝已经换了两茬，此时是成祖朱棣当政。

成祖朱棣有太祖朱元璋遗风，行事严苛，对腐败也毫不留情。书上说他常常“指忠臣为奸党，甚者加族诛、掘冢，妻女发浣衣局、教坊司，亲党谪戍，违抗者即尽杀戮”。看来朱棣对贪官的处理不在朱元璋之下，也是够狠的。

已经在家闲得不耐烦的刘观，这时开始要求出来工作。经他的一番努力，于永乐元年（公元 1403 年），朱棣提拔他为云南按察使，还是他的老本行监察工作。但还未赴任出发，中央的任命又变了，改为户部右侍郎（相当于现财政部副部长）。工作了只一年，永乐二年（公元 1404 年），又调任左副都御史，回到了他的原单位。

刘观复职后，一切得心应手，工作干得不错。永乐六年（公元 1408 年），礼部尚书郑赐病逝，于是升刘观为礼部尚书，成了正部级。同年十二月，又与刑部尚书吕震互换官职。频繁换官，而且都是要职，可见他在朱棣皇帝心目中的分量。

但这时刘观有些飘飘然，对自己要求开始不够严格。受贿行私，搞特殊，讲排场，坐轿超标，各种问题开始暴露。监国的皇太子发现了他这些问题，对其进行批评。事情反映到朱棣那儿，朱棣按照“大臣有小的过失，不应当就给予折振”的原则，特地赐书诏谕皇太子，让他不要太认真，朱棣就这样把事情压下了。

也是为了保护他，朱棣有意先调他出中央机关一段时间。适逢永乐八年（1410 年）凉州羌族叛乱，朱棣便任命费献为都督、刘观为参赞军事，前去率师征讨。结果仗打得一塌糊涂，刘观骄傲自满，把征讨视同儿戏，严重失职。朱棣一气之下，将刘观一捋到底，调回朝廷当了个一般吏员。

这次挫折不小。刘观在这个小吏员的岗位上一待就是 5 年，一直熬到永乐十三年（公元 1415 年），朱棣才重新启用他，并提拔让他重新做了左副都御史。

看来刘观做监察工作是个行家里手，一回到任上就崭露头角。很快朱棣又提他为左都御史，成了这个监察部门的一把手。这期间他除去做好中央监察业务工作外，还多次奉命督办通浚河漕，巡抚各地考察官吏，任务都完成得不错。

通过对刘观的态度，可见朱棣在反贪贿以及管理保护使用官员上，除去有峻刑厉法的一面之外，与朱元璋一棍子打死的做法已有所区别。不过也正是这一区别，为刘观以后的更严重的坐罪埋下了伏笔。

朱棣去世前后，明初紧绷的反腐败之弦已经开始松了下来。

继任朱棣皇位的是仁宗朱高炽。过去由于朱棣对刘观的重视，朱高炽即位后（公元 1425 年），也对刘观高看一眼，除让他继续主管监察部门之外，还让他兼任太子的老师（太子少保），并破天荒地同时给他开了两份俸禄，这在明朝时绝无仅有，可见仁宗对其之厚。

如此风光地被重用，这时的刘观开始忘乎所以，并有了拨弄是非、随便整人的毛病。最突出的一件事是，当时的大理寺少卿（相当于现最高法院副院长）戈谦多次上书说事，仁宗嫌他说话啰唆不得要领感到厌烦，经常批评他。这本是一件小事，戈谦作为一个部门副职，一见皇帝就紧张这也是可以理解的。可是作为监察部长和太子老师的刘观，竟然落井下石，趁机偷偷发动他的下属十四道监察御史上书说戈谦的坏话。

从这以后人们彻底看清了刘观的人品，机关干部们开始鄙视他，认为他做人有点儿不地道，大家心照不宣地有意躲避他。

朱高炽这个皇帝与父亲朱棣以及爷爷朱元璋大不一样，“性甚仁恕谦卑”。这还不算，本来自己本事不大，他还有意要对父亲和爷爷所实行的反贪腐的政策进行改革修正，想自己另搞一套。

刚即位，就对刘观说了一些谦虚的话：我当皇帝经验不足，你们都是咱国的大臣，如我处事有不正确的地方，你们就及时告诉我，我会及时改过的。

接着又召大学士杨士奇、杨荣、金幼孜过来，对他们亮出了自己的执政态度：这几年国家法制开始乱了起来，官场纪律也有些松弛，这我是知道的。但现在有关部门报的所谓大案，都是舞文弄法妄加之罪。所以我考虑，今后凡是死刑，一定要再三斟酌，执法部门不能对此疏忽，也不能宁当酷吏还不感到惭愧。从今以后凡审重要犯人，你们三人必须一块儿审理定案，如发现冤情，不管多复杂都要认真复查。

接下来，朱高炽又召刘观、大理寺卿虞谦，对他们说：过去，你们执法部门都把诬陷人当作功劳，抓住政府工作人员们的一句话、一个字，就以诽谤论处，甚至弄得人家家破人亡，还不让人家申怨解辩。最近，这种风气又开始出现。你们想想，治理国家需要听取大家的意见，大家都害怕谁还敢说话？不能再动辄就说是诽谤了。政策进一步放宽。

杨士奇按照仁宗朱高炽的指示，立即拟好了一份文件。文件中说，今后凡是对官员贬谪、抄家、死刑，执法部门必须上报，如果多次上报都不能获准，你们就不能执行，这要成为定制。以后各执法机关一律不能再用鞭打的刑法，更不能用宫刑而让人绝后。除谋反者之外，一律不能再牵连家人，另外凡是举报诽谤者一律不再立案。

仁宗彻底抛弃了朱元璋、朱棣所开创的反贪贿的格局。他对先辈们形成的对贪贿的高压态势开了减压的口子，官员队伍原有的紧张一下子松弛下来。一些高级官员开始放松对自己的要求，本人和家属子女也迅速蠢蠢欲动。整个官员队伍，尤其在政权高层官员心中，开始红尘万丈，言必以实惠说事，官商勾结，权钱共谋，奢靡消费之风迅速刮起。

正当官场风气按照仁宗的思路迅速恶化之时，只不到一年时间仁宗就去世了。

接下来即位的是宣宗朱瞻基。这个朱瞻基的性格比较复杂。

一方面他继承仁宗的路子，提倡以人为本，多有惠政。甚至，他经常批评监察部刘观，嫌他们上报案件过多、过滥。说对人要宽厚，能不立案的就不要立案。为此，监察部门每次上报案件都是一压再压，一减再减，一拖再拖。就这样，每次报案，刘观还特别紧张。报案时只要见宣宗不高兴，刘观就不敢把上报材料拿出来，扭头偷偷给他的随从说，赶紧告诉刑庭的人，这事先放放，下来再说吧。这案子很可能就不了了之。

另一方面，宣宗对贪官污吏，即使是公卿大臣，也敢于下手。也曾经处理过不少腐败官员，比如御史沈瑞接受贿赂案，宣宗说："御史本是朝廷耳目，今受重赂，是耳目蔽矣。"把他谪戍辽东。工部尚书吴中私自把公家的木料、砖瓦赠送给别人盖房，也被下狱。他还责成各级官绅民等，大力推荐廉洁官员，然后给予重用，出任府、州职务。明史上许多有名的循吏清官就出在他这个阶段。

也就是在这期间，宣宗高调处理了刘观。

从仁宗开始的风行全国的公款吃喝玩乐之风，到宣宗时已经十分严重。那时候从京城到府县，各个饭店都人满为患，饭店门前官轿、官车云集。官员们天天大吃大喝，宴会聚乐，互相请客。大家都以奢侈相尚，饭局比规格、比档次，还让小姐作陪。不仅如此，监察部门也带头参与其中。

作为监察部门之长的刘观更是有请必到，还在饭局中多次接受贿赂。行贿之人送了礼下来就到处嚷嚷，别人听说后也就向刘观行贿办私事。这还不算，刘观的儿子刘辐，利用父亲的地位和影响，公开索要贿赂，甚至包揽诉讼，大肆聚敛钱财。刘观对此却睁一只眼闭一只眼，任凭儿子胡作非为。

刘观的副手们以及其他官员，见头头都这样，索性也都贪污受贿放纵无所顾忌起来，高官子弟们也纷纷仿效刘观儿子的做法，胡作非为无所不用其极。导致监察部门的风气严重恶化，给全国带了个很坏的头。

宣宗发现了这个问题。宣德三年（公元 1428 年）六月，一天罢朝后，宣宗便将大学士杨士奇、杨荣召到文华门，私下问他们，太祖那时候，朝臣们都谨慎清廉，克己自守，可现在的官员们却贪浊成风，这是什么原因呢？杨士奇回答道，太祖时是不错，成祖中期以前也不错，到成祖末期这种情况就开始出现了，如今更为严重。杨荣补充说道，成祖后期虽然有了贪浊之风，但也就是出了个贪官方宾（时任兵部尚书，恃宠贪恣），其他人的严重程度还没有超过方宾的，现在可就不一样喽。宣宗问道，今天谁是最严重的？杨荣回答说，刘观。宣宗闻之牙齿咬得咯咯响，立即问，谁可以代替刘观的职务？杨士奇、杨荣当即推荐了通政使顾佐。

宣宗于是将刘观外派去巡视河道，任用顾佐为监察部门首长。御史们见刘观被贬，不再怕他报复，便趁机纷纷上奏章弹劾刘观，并且涉及刘观之子刘辐许多贪赃枉法之事。宣宗阅后大怒，于是下令：立即逮捕刘观父子！

逮捕后，宣宗拿出弹劾他们父子的奏章给他们看。刘观当即就上疏为自己辩解，不承认这些上告材料上说的事。宣宗更加恼怒，又把廷臣们先后送上的密奏全部搬出来，甩给他看。这些材料中有的枉法受贿金额达千金。刘观一看傻了眼，这才认罪。于是宣宗将他们父子下到锦衣卫狱中，决定次年再处以极刑。

杨士奇、杨荣请求免其一死。宣宗念其旧情，就将刘观的儿子刘辐发配辽东，命刘观随同前往，算是免了他的死罪。刘观后来病死在了辽东。

此事之后，宣德七年（公元 1432 年），宣宗又命令掌政风的官员们考察奏免官吏中有贪污行为的人，该朝风气开始有些好转。宣宗感慨地说，幸亏那时罢免了刘观，要不这国家的风纪和法度不知要坏到什么程度呢。

但是到英宗之后，明朝贪贿之风又逐年抬头。到明朝中后期贪贿如潮涌而来，已经遍布明政权整个肌体的每一个细胞，直到无法收拾。

先前造物主眷顾大明初期政权，好不容易苦海挣扎登上了一叶没有贪贿的方舟，从朱高炽开始又糊糊涂涂跳回了大海，等到明末几位皇帝呛水再喊救命时，那方舟已经无影无踪了。

李自成：进京施暴行，自己逼死自己

明朝末年，李自成发动农民起义。农民军势如破竹，攻入北京后，李自成命人遍索皇宫，发现大内府库中只有黄金 17 万两，白银 13 万两，骇异之下，失望至极。本来，他“建国”之后，依理应该大赏将士，如今金银缺少，如何是好！

在刘宗敏等人撺掇下，李自成下令“追赃”。最早向大顺军“献财”的，乃大太监曹化淳，他一出手就是 5 万两白银，让李自成高兴了一把。

三月二十日，新朝“宰相”牛金星发布文告：“各官俱有次日朝见。朝见后，愿去者，听之。敢有抗违逆令者，斩！”

第二天，李自成等人坐于朝堂，牛金星手执花名册，一一点名。李自成坐一会儿就不耐烦了，与刘宗敏起身离去。忽然间，农民军中有传令：“前朝犯官俱送刘宗敏将军处听候发落。”于是，这大批人被驱赶至刘宗敏处。

结果，刘宗敏根本不审，也不问，只让人传令："以官第献银，一品必须献银累万，以下必须累千。痛快献银者，立刻放人；匿银不献者，大刑伺候。"

一时之间，棍杖狂飞，炮烙挑筋，挖眼割肠，北京城内四处响起明朝官员的惨嚎之声。同时，城中富民不少人也被加以拷掠，平民的薪米尽被农民军抢掠以供军用。城内饿尸遍地。

李自成也觉有些过分，对刘宗敏等人讲："你们为何不帮助孤王做个好皇帝？"

刘宗敏马上顶他一句："皇帝之权归你，拷掠之威归我，你别废话！"

李自成默然。甭看刘宗敏的官衔只是"权将军"，不是"太尉""大司马"什么的，其实他几乎与李自成平起平坐，根本不买这位哥们儿"皇帝"的账。

初入京城纪律严明，但随后军纪日益败坏。官员中首遭掠死的，竟然是率三大营兵士在京城外最早投降的明朝国戚、襄城伯李国桢。

这个贼臣，是崇祯帝末期最受宠信的臣子。李自成在北京城外初见李国桢，就没一丝好印象，呵斥他说："汝受天子重任，信宠逾于百官，依理应该死国，厚脸来降，汝欲何为？"马上就令人把他绑个严实，根本不理他的痛哭哀求。

刘宗敏首先刑拷于他，小火燎烧，大板痛砸，折磨一夜，终于让这位李爷极痛而死。

大学士魏藻德，明朝状元出身。单独囚于一黑屋中。这魏大人隔门缝乞求："新朝如欲用我为官，就把我放出来吧，别把我锁在这里。"这一来，反而提醒了刘宗敏。

刘宗敏把魏藻德提入厅堂亲自审问，首用夹刑，边夹边问："汝居首辅，何以乱国如此？"

魏藻德边嚎边答："我是书生，不谙政事，先帝无道，遂至于此。"

刘宗敏大怒："汝以书生擢状元，为官三年即升首辅。崇祯何处对不起你，竟敢诬他为无道昏君!"

于是，刘将军扇了他数十大嘴巴。士兵见状，夹棍猛扯，老魏十指皆断，疼痛之下大呼："我有一女，愿献给将军为妾!"刘宗敏唤人立取其女，奸污后送入军营，听凭军士享用。

但是，对于献女的老魏，刘宗敏更加不屑，严命兵士加紧拷掠。一共"伺候"了六天六夜，最后魏藻德脑袋被刑板夹裂，脑浆流出而死。

明朝的翰林、科臣这些清贫官员最倒霉，他们家中油水实在拿不出，多被刑掠而死。

经过数天拷掠，李自成军共得银 7000 多万两，均让工人重新熔铸成巨大的中间有孔窍的方板状银板，以便于运输。7000 万两真不是小数。崇祯帝 10 多年加饷摊派，从民间得银不过 2000 万两，结果导致民心涣散而亡国。李自成在京城榨银 7000 万，酷烈可知。

大顺军初入城的前 10 天左右纪律严明，士兵犯抢劫及强奸罪的被钉死剐杀了数百人。只是随着时日推移，农民军军纪日益败坏。

四月中旬，听闻山海关吴三桂"造反"，李自成坐不住了。他想让刘宗敏、李锦率军出征，但二将耽于京城内的淫乐享受，摇头不应。无奈，李自成只得"亲征"。

四月十九日，李自成早晨发兵。随行人中，除七八万精兵外（号称 20 万），还有吴三桂的父亲吴襄以及崇祯帝的 3 个儿子。

1644 年初，皇太极已死。主持清廷政局的多尔衮听说李自成在西安建"大顺"，立刻派人前去联络，提出要"并取中原，同享富贵"。李自成没有做出反应。

松山败后，明廷并未严处败逃的吴三桂，仅名义上降其三级，仍然派他固守宁远。崇祯十六年（公元 1643 年），他还率兵多次击败清军的进攻，并多次拒绝其舅父祖大寿替清军对他的"招降"。

农民军兵临北京城下，明廷下诏吴三桂弃宁远回援京师，他于三月十六日抵达山海关。三月二十日到达丰润，却听说农民军已经在前一天攻破北京城。

李自成派人持檄招抚，表示吴三桂归大顺后“不失封侯之位”。北京城内的吴三桂父亲吴襄为全家性命打算，也“语重心长”亲笔写信来劝（也可能是被农民军所逼）。

犹豫间，吴三桂得知了大顺军在北京拷打明朝官员追赃之事，大失所望。不久，当他得知自己父亲也被夹拷，愤怒至极，决定不再入京，怕自投罗网后父子遭杀戮。后人总是渲染吴三桂爱妾陈圆圆被刘宗敏抢掠奸污之事是他“冲冠一怒为红颜”、背叛李自成的主要原因，其实这只是次要原因。

吴三桂被李自成逼得撕破脸，不是即刻降清，而是以大明孤臣的身份，向清廷“借兵复仇”，这也为李自成最后的身死埋下了注脚。

多尔衮接到吴三桂密信，大喜过望，立刻直奔山海关而来。同时，他写信给吴三桂，许以“裂土封王”，要对方投降，而不是“借兵”。

李自成听说吴三桂与清军搭上线，不敢怠慢，派出降将唐通与白广恩先率骑兵赶至抚宁县东南的一片石，而他自己则率主力布阵于石河（今秦皇岛燕塞湖水库）。

此时，多尔衮及部下均心有疑惑，一怕吴三桂骗人，二是清军从未与李自成交过手，心中没谱。于是，清军先拿唐通一军开练，首先在一片石打败了这批为数不多的前“官军”与农民军混合的部队。

惶急之下，四月二十二日清晨，吴三桂本人亲自出关，驰奔欢喜岭上，拜见多尔衮。

多尔衮拉着吴三桂的手说：“君为故主复仇，大义可嘉。我今次领兵入关，严令大军遵纪。望君告知关内士民，万勿惊慌。”

吴三桂“感动”之余，忙与多尔衮盟誓，宰马杀牛祭天地，表示谁违约谁就不得好死。

多尔衮仍不放心，又让吴三桂剃发。吴三桂只得和手下几个高级军官立刻剃发、称臣。明军四五万人来不及一时全剃发，多尔衮就让他们先在身上缠白布条做记号。白布不够，明兵们用裹脚布扯下当记号。由此，混战之中，清军见身上裹白布的汉人就知为“盟军”不杀。

于是，吴三桂下令开山海关门。清军不费一兵一卒，由明兵自己打开了百万雄兵难以攻克的险关。

吴三桂哀兵，自为前锋。农民军有“主上”亲征，个个当先。斗至中午，毕竟农民军实力占上风，吴三桂已呈败相，明军被杀过半，勉强支撑。

关键时刻，清军号角声响起，两三万戴斗笠拖大辫的清军劲骑忽然呐喊着杀奔而来。

李自成吓得差点儿从马上掉下来，他低喊了一声“鞑子来啦”，掉转马头就跑。“主上”跑了，大家皆失主心骨，立刻也掉头跑。兵败如山倒。明军与清军合击，一路追杀，二三十里间，很快堆满了数万被杀的农民军尸体，据说暴骨3年后都收拾不净。

李自成仅剩数千残卒，败退永平，为泄愤，他下令剐杀吴三桂他爸吴襄，把首级悬于高竿之上。小喘片刻，他急忙遁回北京。

四月二十六日这天，李自成率残兵遁回北京。

这些败兵入城后，皆知末日将至，完全丧失纪律，开始在北京城内烧杀奸掠，备极惨毒。

李自成入城后，第一件事就是派人把吴三桂全家34口人尽数剐杀。

第二天一早，李自成即在武英殿举行正式“登基礼”，头戴冠冕，受“百官”朝贺。第二天一大早就匆忙离京，向西奔逃。自入城到离京，“大顺”政权仅存在了42天。

五月二日，多尔衮率清军抵至北京。他吸取李自成的失败教训，四处张榜，表示说无论是谁，只要降顺大清，官复原职不说，还要加官晋爵，新有封赏。这一来前明官员大悦，个个弹冠相庆。

此时各地的李自成部队，仍旧有数十万之多。他本人率残兵一路经太原、平阳，返掠西安，把大部队留守于山西、河南一带抵御明清联军。

回到西安后，李自成精神萎靡，半年内基本没什么大动作。

1645年正月十二日，守潼关的李自成部将马世耀投降。第二天，他与7000名农民军均被屠杀。

困愁于西安的李自成闻讯灰心，西北看来是待不住了。临撤退时，他下令部将田见秀把西安城内所有建筑和仓库烧毁。幸亏这位田将军还算有人性，只点燃了东门楼和南月城楼，为西安百姓留下了御寒的房屋与粮食。

李自成打不过清军，却渡过长江，在荆河口大败左良玉部明军，武昌、襄阳均落入李自成之手。他准备攻取南京，但清军追至武昌，李自成只得弃城接着逃。

四月下旬，在江西九江附近的一次大战中，农民军大败，数万人被杀，李自成的两个堂叔以及大将刘宗敏皆被俘后剐杀。

李自成身边仅剩下万把人。五月初四这天，农民军大队人马行至湖北通山县境。李自成胡乱吃了几口，就率28名亲兵在附近九宫山一带转悠，一来消遣愁绪，二来察看地形。

附近的山民听说有“贼人”到，就纠集了数十人来杀。这些老实巴交的农民，多年遭“流贼”之害，最重要的是，他们根本不知道有数千农民军在附近，只以为是一股小部队，故而有胆上来厮杀。

李自成手下人马立刻惊散。仓促之间，李自成拍马就跑。

逃到牛背岭，又遇山间滂沱大雨，李自成坐骑陷于泥中走不动，他只好下马牵坐骑深一脚浅一脚前行。农民程九伯见李自成一人独行，身边又有匹好马，立刻手持锄头窜了出来。李自成毕竟身经百战，程九伯不是对手，被对方骑在身下。李自成压住程九伯，回手抽刀，但刀鞘中因雨水沾泥，一时间拔不出来。

此刻，程九伯外甥金二狗赶到，他见舅舅被一个大汉骑在身下要挨宰，情急之下，抡起铁铲冲李自成砍去，“嚓”的一声，一下子削去“大顺皇帝”半个脑袋。

一下岗驿卒（李自成最早从事的职业）死于一农民之手，结局充满了隐喻般的黑色幽默。可以说，李自成完全是被自己逼死的。可叹这一切，杀人“真凶”程九伯根本不知，与外甥一起在山中小屋看着草地上的大马傻笑。

六、去伪存真——解密戏说背后

我们是一个喜欢研究故纸堆的民族，当现实中不能突破现状改善自身时，就只能在历史中寻求缓解，于是就有了历史的戏说。历史原是一出出戏，人们都在舞台上尽兴尽情地表演，唯独忘了自己应该是谁。历史可以戏说，但真相不容隐瞒。

司马相如：琴挑卓文君是一出钓“金龟女”的阴谋

司马相如，字长卿，幼年时，他的父母怕他有灾，所以给他取了个小名叫“犬子”。长卿完成学业之后，知道了蔺相如的故事，为了表示对蔺相如的羡慕之意，便更名为司马相如。

凭借家庭的富有，司马相如当了“郎”（以赀为郎），“郎”是皇帝的侍从。汉承秦制，规定家中有钱的人可以为郎。汉初曾以“十算”（十万）为起点，到了景帝朝改为“四算”（四万）为起点。这样做有两个目的，一是衣食足而知礼仪，二是有资产备得起官服。

司马相如初出道时，担任汉景帝的武骑常侍（骑兵侍卫），他本人并不喜欢这个职业。司马相如喜爱的是写赋（一种文体），但是，汉景帝偏偏不喜爱赋。所以，在景帝朝司马相如才华得不到施展，干得很郁闷。

后来，梁孝王进京，随同他一块儿来的有邹阳、枚乘、庄忌等人，相如和这几位辞赋高手志趣相投，一拍即合。于是，他以有病为由辞去了景帝朝的“郎”，随梁孝王到了梁国。梁孝王让司马相如和邹阳、枚乘等人一同居住，享受同等待遇。司马相如心情大变，文思泉涌，创作了著名的《子虚赋》，声名鹊起。

但是，不久（景帝中元六年，公元前 144 年），梁孝王病卒，门客各奔东西。司马相如离开梁地，回到家乡成都。《史记·司马相如传》记载：梁孝王卒，相如归，而家贫无以自业。《汉书·司马相如传》记载：梁孝王薨，相如归，而家贫无以自业。这两本重要史书记载的内容完全一致，都说司马相如从梁孝王游宦归来后，家中穷困，没有谋生的手段。

这段记载非常可疑。如果司马相如真是“家贫无以自业”，那么，他当初怎么能够“以赀为郎”呢？但是，司马迁、班固两个人都这么写，我们今天已经无法知道事情的真相了。

正是在这种情况下，临邛县（今四川邛崃）令王吉邀请司马相如到临邛。王县长与司马相如是莫逆之交，司马相如来到后，王吉将他安顿在县城的宾馆（都亭）里。

一场“琴挑”的浪漫剧由此拉开帷幕。

临邛县令王吉安置好密友司马相如之后，故意装出一副谦恭的姿态，天天到宾馆来看望司马相如。司马相如开始每天还见见县令王吉，后来，县令来访，司马相如一律谢绝。司马相如越是谢绝，王吉越是恭敬，照样天天来访。

“缪为恭敬”四个字非常值得玩味，“缪为恭敬”是故意装出一副毕恭毕敬的姿态。而王县令为什么要装出这副毕恭毕敬的姿态？司马相如和王吉究竟在打什么主意呢？

原来，临邛县有两位钢铁大王，一位是卓王孙，一位是程郑，两家都以炼铁暴富。按照时下的说法，一位是卓总，一位是程总。卓王孙家中的奴仆有八百多人，程郑家中的奴仆也有数百人，略逊一筹。这两位老总听说王县令天天去宾馆看望一位贵客，还屡屡碰壁，非常好奇，很想见识一下。思来想去，便想出一计：既然是县长的贵客，我们理应表示一下，不如备下一桌酒宴，好好款待一下人家，顺便也宴请一下县长。

到了宴请这一天，王县令先来到卓王孙家中。此时，上百位宾客已经入席，等到中午，卓王孙才派人去请司马相如前来赴宴，但是，司马相如推说有病不能赴宴。本来，等陪客们都到了才去请主宾，这是对客人尊敬的一种做法。但是，主宾不来，卓王孙别提多难堪了。王县令一听司马相如不来，菜都不敢吃一口，立即登门去请。司马相如见王县令如此盛情，没有办法，只好勉强成行。司马相如一到，他的风采立刻震动了临邛的上流社会。

有趣的是，《汉书》和《史记》记载王县令亲请司马相如一事有一字之差：《史记》写的是“相如不得已强往”，《汉书》写的是“相如为不得已而强往”。比起《史记》，《汉书》多了一个“为”字，“为”者“伪”也，即司马相如故作清高，假装不愿去赴宴。班固写得比司马迁更透彻，他揭示了司马相如和密友王县令的确是策划了一个大阴谋。那么，司马相如和密友王县令究竟想从这个阴谋中得到什么呢？

通过《汉书》这个“为”字，我们基本上可以知道，司马相如这次临邛之行，绝对不是一般的探亲访友，而是有备而来，要办成一件事，而且这件事一定和卓王孙有关。

王县令将司马相如安顿在宾馆里天天朝拜，意在造势，吸引卓王孙的眼球。果然，卓王孙上钩了：亲摆家宴宴请司马相如。赴宴之际，他又“千呼万唤始出来”，吊足卓王孙的胃口，哄抬自己的身价。

酒宴进行到高潮时，王县令把一张琴恭恭敬敬送到司马相如面前，说：听说长卿的琴弹得极好，希望能弹一曲以助酒兴。司马相如一再推辞，王县令一再相邀。最后，司马相如拗不过，顺手弹了两支曲子。

《史记·司马相如传》记载：相如口吃而善著书。司马相如有一个生理缺陷，就是结巴，但是，他的文章写得非常好。王县令之所以让司马相如赋琴，一是让司马相如回避自己的弱项——口吃，二是发挥自己的强项——弹琴。

做了这么多的铺垫，还亮出了绝技，到底为什么呢？

原来，这位卓王孙有一个宝贝女儿叫卓文君，这位文君小姐刚刚守寡，回到娘家暂住。她非常喜欢音乐，又特别精通琴瑟。所以，司马相如与其说是为王县令弹两支曲子，不如说是司马相如想用琴音挑动卓文君的芳心。请特别注意“相如缪与令相重而以琴心挑之”中的“缪”字，司马相如抚琴，绝非为县长大人所奏，而是为了让一位小姐芳心暗许。

一个人有癖好，就有了软肋。

卓文君酷爱音乐，这恰恰成了卓文君的短处。司马相如早就把卓文君给琢磨透了，卓文君精通琴瑟，这就是她的心理兴奋点。一支表达爱慕的琴曲，正是司马相如打开卓文君芳心的钥匙。

原来，司马相如故弄玄虚、排兵布阵多时，要谋的就是卓王孙的掌上明珠“金龟女”——卓文君！

司马相如应邀到临邛之时，随行车马非常之多，来到之后表现得从容大方，举止文雅，加上他英俊帅气，整个临邛县无人不知。寡居家中的卓文君早有耳闻，只是无缘相识。等到司马相如到自己家中饮酒、弹琴，文君从门缝里看见司马相如的风流倜傥，内心十二万分仰慕，直担心自己配不上他。两支求婚曲让文君小姐听得如醉如痴，心动不已。

这就是所谓司马相如的“琴挑”，即用琴声挑动文君的春心。

酒宴结束之后，司马相如派人用重金买通卓文君的侍女，直抒胸臆。“两情相悦”的确令人幸福得发晕。卓文君奋不顾身，连夜从家中出逃，司马相如狂喜不已，当夜带她离开临邛，回到成都家中。

到了成都，卓文君才发现，司马相如家中一贫如洗，只有四面墙（家居徒四壁立）。

当然，“家居徒四壁立”这句话与此前的“以赀为郎”，出行有盛大的车马随从颇不相符，真不知道司马相如家中的经济状况到底怎么样。

第二天，卓王孙听说自己的女儿私奔司马相如，而且，两个人已经离开临邛要回成都，气急败坏。不过，作为一个大汉帝国首富，卓王孙自有撒手锏：经济制裁，一个子儿都不给！

蜜月之后，两个年轻人立即感受到生活的艰辛与窘迫，卓王孙的经济制裁立竿见影。卓文君第一个受不了了！她自幼长于豪门，富日子过惯了，哪里受得了穷？她对司马相如说："假如你愿意和我一块儿回临邛，就是向我的兄弟们借点儿钱，也足以维持生活，何苦在这儿受穷呢?"

最后，司马相如同意了爱妻的意见，变卖了车马，在临邛买了一处房子，开了个酒店，类似现在的酒吧。他让卓文君亲自站台卖酒（文君当垆），自己系着大围裙，和伙计们一块儿洗碗。

《西京杂记》（卷二）记载得更是有声有色：司马相如和卓文君回到成都之后，生活艰难，卓文君只得拿自己的高档皮衣去赊一点儿酒，二人同饮。喝完酒，卓文君抱着司马相如的脖子哭着说："我从来过的都是富贵日子，现在却到了用裘皮大衣换酒的地步。"于是，两个人商定到临邛开酒店，司马相如亲自穿着围裙干活，有意让卓王孙丢人。

卓王孙的富有绝非一般，司马迁《史记·货殖列传》记述了卓王孙在秦灭赵国之后，从赵地主动要求迁徙远方，最后迁到临邛炼铁致富的全过程。《史记·货殖列传》记载的都是国家级大富翁，卓王孙排行第一：卓氏……富至僮千人，田池射猎之乐，拟于人君。卓王孙无疑是当年福布斯中国排行榜的首富。

卓王孙的千金回临邛开酒吧，并亲自"当垆"卖酒；卓王孙的女婿司马相如和佣人一样打杂。实在让卓王孙丢人现眼，卓王孙因此大门不出，二门不迈。

这里的原因大概有以下三点：

自己引狼入室——司马相如拐走女儿，是因为自己请司马相如到家中赴宴，而此事又是王县令做的婚托儿，总不能和县长翻脸吧？卓王孙有苦难言。

卓文君不顾礼仪——自己的女儿放着千金大小姐不做，竟然不知廉耻，与司马相如私奔，让卓王孙脸面尽失。

丢人丢到家门口——女儿和司马相如的酒店如果开在成都，眼不见心不烦，舆论还不至于这么大；可他们竟然把酒店开到临邛，生意做到家门口，临邛小城，尽人皆知，这真叫“丢人丢到家”了！

卓王孙又羞又恼，却无处发泄。

文君的兄弟和长辈纷纷从中斡旋：卓王孙啊，你只有一个儿子两个女儿，家中又不缺钱；文君已为人妻，生米已然成熟饭，司马相如也算个人才，并非无能之辈，文君完全可以托付终身。再者说，司马相如还是王县令的座上宾，你又何必不依不饶呢？

卓王孙万般无奈，只好花钱消灾，分给文君一百名僮仆、一百万钱，另有一大笔嫁妆。

司马相如和卓文君立即关闭酒店，打道回成都，买田买地，富甲一方。

自此，这个钓取“金龟女”的阴谋以司马相如的得逞而画上了一个圆满的句号。

蔡邕：生不逢时，死因并非是一句叹息

蔡邕（132—192），字伯喈，陈留郡圉县（今河南省杞县）人，东汉末年著名的文学家、经史学家、书法家、书法理论家、画家、数学家、天文学家、音乐家，是一位集文学与艺术于一身的大学者。

文学方面，他是东汉后期散文代表作家之一，是东汉时期最突出的辞赋作家。他的文章清丽典雅，开创了一代文风。

关于蔡邕的笔法还有许多故事，传说有一次，钟繇与魏太祖曹操、邯郸淳、韦诞等讨论书法的用笔，钟繇向韦诞问蔡伯邕的用笔笔法，韦诞不肯告诉他，气得钟繇捶胸呕血，几乎死去。韦诞死后，钟繇派人盗掘了韦诞的墓冢，才得到随葬的笔法，于是“繇笔更妙”！故事虽荒诞，但蔡邕书法理论的珍贵由此可见一斑。

蔡邕在音乐方面的造诣更是非凡。在浙江绍兴的鉴湖景区有一个非常著名的景点——东汉柯笛亭，就是缘于蔡邕在此避难以椽竹制笛的故事而得名。据传说，蔡邕被流放后，桓帝嘉其才华出众，便赦免了他。蔡邕在回来的途中，得罪了五原太守王智，考虑到难以幸免，便不得已亡命江湖，避难江浙一带达 12 年之久。其间，蔡邕来到会稽（今绍兴）。一日夜宿柯亭，清风吹过，蔡邕听到亭子里响起一阵悠扬悦耳的声音，这声音分明是一种乐音。蔡邕便循声查看，发现声音来自亭东的椽竹，仔细数了数是第 16 根。第二天，他将这根椽竹取下制成一支竹笛，一吹奏果然音韵绝妙，于是蔡邕就将它取名为“柯笛亭”。以后蔡邕漂泊，就随身携带此笛到处吹奏，使得柯笛亭之名随着柯笛而名扬天下。

又传蔡邕浪迹吴越时，有一天住在一户农家，这家人在做饭时，将一段桐木填进炉膛。此时蔡邕正在客厅读书，忽然听到材木在烈焰中噼噼啪啪的响声，知道这是一块良木，便急忙请主妇取出。待用这段材木制成琴后，一弹奏，果然发出了美妙的乐音，因琴尾仍然留有被火烧焦的痕迹，所以当时的人们都称其为“焦尾琴”。

那么，这样一位学富五车、艺盖当世的大学者又怎么会被王允下狱而死呢？

罪名是阿附董卓！

谢承在《后汉书》对此有记载，但是为《三国志》作注的裴松之却不以为然。

他认为：“蔡邕虽为卓所亲任，情必不党。宁不知卓之奸凶，为天下所毒，闻其所亡，理无叹息。纵复合然，不应反言于王允之坐。”甚至认为这是谢承的妄记！

南朝宋的史学家范晔在《后汉书·蔡邕列传》这样记载：“及卓被诛，邕在司徒王允坐，殊不意言之而叹，有动于色。”于是王允勃然大怒，狠狠地呵斥了蔡邕一番：“董卓，国之大贼，几倾汉室。君为王臣，所宜同忿，而怀其私遇，以忘大节！今天诛有罪，而反向伤痛，岂不共为逆哉？”除多了“有动于色”的神态细节刻画和“共为逆”的大帽子之外，其他大同小异。

然而，仅仅凭借蔡邕“反向伤痛”就判定为“共逆”，理由实在显得有些苍白。首先我们要看看蔡邕在事卓的三年里，都做了些什么。

蔡邕虽然官职不小，做过祭酒、侍御史、侍书御史，还当过一段短暂的尚书、郡太守和侍中，时间最长的要算左中郎将，因此世人皆称其为“蔡中郎”；他的爵位也不低，被封为高阳乡侯。但实际上，他也就是给董卓及其官僚捧捧场、弹弹琴、写写文章、说说话而已。史载：“每集宴，（董卓）辄令邕鼓琴赞事。”

《后汉书·蔡邕列传》中记载了这三年间蔡邕做的两件大事：

第一件事——初平元年（公元190年），董卓的部下要尊董卓和当年的姜太公一样为“尚父”。董卓就和蔡邕商量，蔡邕说：“姜太公辅佐周朝，主要是受命灭掉商朝，所以称其为尚父。现在您的威德尽管也很大，可是和姜太公比，我私下里认为还不行。应该等到关东平定了，回京以后，再做进一步商量！”结果是：“卓从其言。”

第二件事——初平二年，董卓问蔡邕：“怎么回事，为什么总是地震啊？”蔡邕回答说：“地震是因为阴气太盛侵犯了阳气，是臣子超越了礼制造成的。就像您前年春天去郊外乘坐了超规格的金华青盖一样。”于是，此后董卓改乘帛盖车。

作为文艺大师的蔡邕估计也只能做这些了，然而对于蔡邕的建议，董卓大多弃之一边。蔡邕自己也“恨其言少从”，多次想东奔兖州或者遁逃山东，后来考虑到自己“状异恒人”，“名头太大”，每到一个地方总会有很多人想一睹为快，藏不住，才作罢。

所以，对定罪蔡邕，当时的最高军事长官、太尉马日磾就不认可！他当众争辩道：“蔡伯邕是旷世逸才，知道的汉代史事最多，应当让他写完汉史，成就一代大典。况且蔡邕一向忠孝闻名，而仅仅因为一句叹息就连坐下狱，缺少说服力，杀了他定会让很多人失望的！”也就是说，一句叹息还不足以致人死罪，怪只怪蔡邕生不逢时。

当王允以“不可令佞臣执笔在幼主左右……复使吾党蒙其讪议”的严词拒绝后，马日磾绝望地说：“王公其不长世乎！善人，国之纪也；制作，国之典也！灭纪废典，其能久乎？”

事实不幸让马日磾全部言中。随后，董卓的女婿、中郎将牛辅的辅军（参谋）贾诩鼓动校尉李傕、郭汜、张济等率众而西，直取长安，王允最后落了个灭族的下场！

《三国演义》中，罗贯中将蔡邕之死渲染铺陈为蔡邕伏尸哭董卓，“哭卓”虽不曾有，但从诸多史料来看，谢承的“妄记”也未必！“叹卓”倒有可能最为接近事实的真相！这种争议我们姑且放下，假设蔡邕不“叹卓”，他能不能逃此一劫，续成一代大典汉史，终成万世楷模呢？

也未必！蔡邕的人生际遇、政治眼光、文人性情注定了他只能是一个千古悲剧！

蔡邕之获罪而死，可谓是生不逢时。蔡邕出生于汉顺帝阳嘉元年（公元132年），至灵帝建宁三年（公元170年）出补河平长，长达38年，蔡邕均没有当官。要说，凭借父亲贞定公蔡棱的老关系和曾经师事太傅胡广的渊源，再加上其本人的绝世才华，38岁还不曾出仕就很不正常。当然也不是没有机会。桓帝（公元147—167）在位时，中常侍徐璜、左倌等专权的太监们听说蔡邕琴弹得不错，便建议皇帝调他到皇宫来当差。蔡邕走到偃师，便以身体不好为由回家了，在家中

“闲居玩古，不交当世”。

此时的蔡邕头脑清醒地认识到“天之所废，不可支也”和“大木将颠，非一绳所维，何为栖栖不遑宁处”的形势。

当时的政治环境极其险恶。自顺帝建康元年（公元 144 年）30 岁的顺帝刘保驾崩后，不足两年，小皇帝先后换了 4 个。随之而来的是大将军梁冀专权，诛杀太尉李固、杜乔；桓帝刘志于延熹二年（公元 159 年）在中常侍单超、徐璜、具瑗、左倌、唐衡及尚书令尹勋的内外相助下，一举杀掉了大将军梁冀及其党羽。然而，才送恶狼去，后脚疯狗来，接着又是“五邪肆虐”的宦官时代。

建宁元年（公元 168 年），汉桓帝刘志驾崩，又一个小皇帝，年仅 12 岁的刘宏即位，这就是汉灵帝。大将军窦武、太傅陈蕃为了改变“国政多失，内宦专宠”的局面，决定谋诛宦官，却又被中常侍曹节矫诏所杀。在这样的环境下，连诸葛孔明尚且“苟全性命于乱世，不求闻达于诸侯”，蔡邕的“闲居”哲学，不失为明智之举。

也许是生存需要，也许是官本位思想，也许是才华必卖帝王家的心愿……最终，38 岁的蔡邕还是出仕了！虽然官并不大，一个小小的河平长，随着时间的推移，又升到郎中、议郎，然而事却做得不小：一套《熹平石经》下来，蔡邕再也不是名不见经传了，而是赫然成为一代大儒，动不动连皇帝也会“待诏问曰”！

“唯识忠悫，出命忘躯，不顾后害”的蔡邕学问已做到极致，名头也足以撼岳，但他竟然相信了桓帝“宜披露得失，指陈政要，勿有依违，自生疑讳”的鬼话。夸夸纯厚老成的廷尉郭禧、聪达方直的光禄大夫桥玄、忠实守正的太尉宠参也就罢了，千不该万不该直陈太尉张颢是霍玉推荐的，光禄勋姓璋是个大贪污犯，长水校尉赵玹、屯骑校尉盖升都是一时得志的小人。

说就说了，做好保密工作有时也未尝不可。殊不知又让阉竖小人曹节偷听并泄露，以至于“为邕所裁黜者，皆侧目思报”！

这就是不懂政治了，标准的一个刀尖上的拙劣舞者。生逢乱世，虽然学问做得极大，但不懂得政治，只管长袖乱舞，不落得个悲剧下场，那才奇怪。

当然，蔡邕的书生意气、意气用事也让他一步步走向了万劫不复的深渊。

第一次，是光和元年七月，灵帝因为妖异数见，灾变互生，下诏召集杨赐、马日磾、张华、单飏等人询问原因以及消除的方法，并专门密问蔡邕。蔡邕意气风华地指陈政要，说："太尉张颢是奸臣霍玉引荐的，光禄勋姓璋是有名的大贪官，长水校尉赵玹、屯骑校尉盖升都是受到宠幸，才享尽荣华富贵。"尽管蔡邕一再强调要做好保密工作，仍然被中常侍曹节偷听并泄露出去，导致被蔡邕提出要制裁和裁黜的人都对他恨之入骨，并日夜图谋报复。

最终，蔡邕因为"仇怨奉公，议害大臣，大不敬"，判"弃市"（斩首示众）。幸好清廉忠直的吕强为蔡邕求情，灵帝又联想到蔡邕的密封奏章，才使得蔡邕罪减一等，和全家人一起被剃光头发，戴上脚镣手铐，贬逐到朔方，即使遇到赦令也不得赦免。

而事情并没有结束，将作大匠阳球又是派刺客又是施毒药，必要置蔡邕于死地而后快。幸运的是这些人都被蔡邕为国为民的高义所感动，才让蔡邕捡了一条性命。

第二次，是第二年，灵帝觉得政府还是需要蔡邕这样才华横溢的文人的，又赶上大赦，就让蔡邕回到本郡，时间不知不觉过去了9个月，五原太守王智为他饯行，喝到高兴时，便邀请蔡邕共舞。蔡邕不理他的邀请，竟然拂袖而去。王智是中常侍王甫的弟弟，平常骄纵惯了的人，怎受得了如此羞辱？王智不是人才，是标标准准的小人，做不到韩信胯下之辱的大度，干出点儿小人之事却正常，蔡邕不明白，最后落得亡命江海，远迹吴会长达12年。

第三次，就是"叹卓"之举了。面对董卓这样的独夫民贼，千刀万剐尚且不足以平民愤，你的一声叹息，让自己何以自处？且不说王允已是被胜利冲昏了头脑，即使王夫之、顾炎武这等硕儒生在当世，能容忍几何？一时意气让一代大儒名浇身毁！

蔡邕至真至孝的高风以及卓越的文学艺术成就让人们称道，然而，他的人生悲剧却让人不无感伤。

诸葛亮：娶得丑妻为哪般

有句歇后语叫“诸葛亮的丑妻——家中宝”。《三国志》引《襄阳记》亦载：黄承彦者，高爽开列，为南名士，谓诸葛孔明曰：“闻君择妇，身有丑女，黄头黑色，而才堪相配。”孔明许，即载送之。时人笑以为乐，乡里为之谚曰：“莫作孔明择妇，正得阿承丑女。”丑是丑，但人家确实很有才，上知天文，下知地理；凡韬略遁甲诸书，无所不晓，确实是家中宝，给了诸葛亮极大的帮助。但有这么一种说法：诸葛亮甘愿娶丑妻是否别有所图，虽是亏本的买卖，却是政治生涯的转折点。

诸葛亮到隆中没有沉寂多久，就弄出个动静来：娶了黄承彦以丑闻名的女儿为妻。

黄丑丫究竟丑不丑？人家大家闺秀，大门不出，二门不迈，谁知道是俊是丑？那么是谁放出风来，说黄承彦的女儿奇丑无比？一种可能是吃不着葡萄的人，另外就是黄丑丫的父亲黄承彦了。

黄承彦是多有城府的人，他为什么要对外宣传女儿奇丑无比呢？还不是不让别人惦记着，而由他这个当爹的来左右女儿的婚事？当他替女儿选中了如意郎君，便主动将女儿送上了门。

这是从黄承彦这方面讲。凡事一个巴掌拍不响，搞对象必须要两相情愿。自古结婚追求的是郎才女貌，英雄爱美人。在外人都认为黄承彦的女儿奇丑无比的情况下，诸葛亮怎么会答应这门亲事呢？他肯定是经过深思熟虑，反复权衡比较，才做出出乎世人意料的决定。

不妨来做如下几种假设——

假使黄丑丫真的奇丑无比，诸葛亮会娶她吗？不会。

假使黄丑丫确实很丑，但她是自己恩师的爱女，诸葛亮能娶她吗？犹豫，很难同意。

假使黄丑丫确实很丑，但她极有才华，而她的才华是诸葛亮所不具有的，又是恩师的爱女，怎么样？动心，可以考虑，如果丑得不是那么可怕。

假使黄丑丫确实很丑，但她是名门贵族，家庭成员极有权势，又是恩师的女儿，其本人不仅极有才华，还可以帮助自己进入上流社会，为自己驰骋天下提供非常有利的机会与条件，怎么样？倾心。天下哪有十全十美的事情，无盐女钟离春不就是很好的先例。为什么不答应呢？

诸葛亮一口答应丑丫的这门婚事，顿时成了襄阳百姓茶余饭后谈论的话题。诸葛亮又一次成为襄阳地区议论的焦点。

俗话说成家才能立业，诸葛亮成家以后，确实为自己建功立业打下了良好的基础。

诸葛亮17岁时，抚养他的叔父诸葛玄死了，他成了真正的孤儿。

诸葛玄从南昌辗转来到襄阳，也许是身心受到严重摧残的缘故，他和哥哥诸葛珪一样，患上了咳血的毛病。大约是在豫章受到的打击太大了，他的精神十分沉郁。刘表虽然没有给他安排什么位置，但是每月的银两钱粮，却让下边人按时送到府上。他整日闭门不出，待在家中长吁短叹，甚至将郎中也拒之门外。这样勉强支撑了一年多，诸葛玄撒手人寰。

都说诸葛亮娶的媳妇奇丑无比，与诸葛亮站到一起极不般配。叔父诸葛玄死后，诸葛亮完成了自己的婚姻大事。这段婚姻对他来说，究竟是得大于失，还是失大于得？其中是否有什么难言的隐情？

《三国志》的作者陈寿，在表章中说：诸葛亮“少有逸群之才、英霸之器，身长八尺，容貌甚伟”。刘备在隆中第一次见到诸葛亮时，按照罗贯中先生的描述是，诸葛亮“身高八尺，面如冠玉，头戴纶巾，身披鹤氅，眉聚江山之秀，胸藏天地之机，飘飘然有神仙之概”。而对黄氏的容貌仅用了四个字表达：“黄发黑肤”，既没有谈到黄氏的五官长相，也没有说到她的身材如何。

这不禁让人感到疑惑不解：黄头发是丑的标准吗？皮肤黑就没有美的元素？这样的断语未免牵强。或许在那个时代，大家普遍都是黑头发、黄皮肤，而这位怎么黄头发、黑皮肤呢？

让很多人不解的是：罗贯中为什么这么描述诸葛亮的媳妇呢？目的无非是让读者为诸葛亮打抱不平，这么漂亮的小伙子，干吗偏找了这么一副尊容的女人为妻呢？罗贯中不愧是小说大家，应当说，这个目的，他达到了。在人们的印象中，诸葛亮的媳妇很丑，似乎已经是定论了。

过去讲，郎才女貌，那是一般人理想当中的婚姻。男儿才貌双全，女人奇丑无比，这一对怎么会走到一起，成为一家人呢？

对黄氏而言，诸葛亮是模范丈夫吗？有史书为证，诸葛亮与黄氏婚后很长一段时间没有孩子。在东吴的哥哥诸葛瑾，特意将自己的儿子送给诸葛亮为养子。有了养子以后，夫妻二人也不知道怎么“理顺关系”了，开始了生儿育女。不过，诸葛亮在蜀国生活安定下来以后，也还是纳了妾。由此，不能不让人推断，他们的婚姻不一定美满。

有人讲，诸葛亮与黄氏结婚，纯粹是上了老师黄承彦的当。黄承彦在襄阳属于社会名流，经常出入于上层社会，与诸葛亮是亦师亦友。经过观察，黄承彦看诸葛亮这小伙子不错，要才有才，要模样有模样，说不定将来能有什么大一点儿的出息；加之诸葛亮父母双亡，家庭没有什么负担，在襄阳除了姐弟之外也没有什么亲戚，这不是打着灯笼也难找的好事吗？何不让他成为自己的女婿呢？于是，老谋深算的黄承彦一步步采取行动，让诸葛亮一步步就范。

诸葛亮当时在襄阳的处境，不说举目无亲，也是没有什么依靠。他知道，要打算在襄阳安身立命，出人头地，就得有个依靠，就得有个家。黄老先生既然有意，我还有什么说的呢？当诸葛亮一表示同意，黄承彦生怕夜长梦多，立马将女儿给送到了卧龙岗。简直是急不可耐，或许是担心诸葛亮醒过梦来反悔。这样一来，生米煮成熟饭，小子，你就踏踏实实当黄家的姑爷吧！

黄承彦的这一手，不说是拉郎配，也是欺负人家诸葛亮在襄阳人地两生。黄家丑丫头拣了个大便宜不说，让当年的襄阳城街谈巷议，把诸葛亮当作傻小子，是上当成婚的反面教材。

诸葛亮在与黄丑丫的婚姻上吃亏了吗？诸葛亮真的在择妻问题上冒了一回傻气？诸葛亮是什么人，他能干亏本的买卖吗？有人说，诸葛亮娶黄丑丫为妻是一点儿也不亏，要说般配，那也是一点儿不假。因为，若论诸葛亮当时的自身条件，没打光棍就相当不错了。

要知道诸葛亮当时要权没权，要势没势，要钱也没有几文。一个山野村夫，襄阳郊外的农民，高攀一个大家闺秀，那还不是天上掉馅饼？让诸葛亮自个儿说："臣本布衣，躬耕于南阳，苟全性命于乱世，不求闻达于诸侯。"就是说：咱一个普通老百姓，靠种地活着，这兵荒马乱的年月能保着命就不错了，哪还有什么非分之想？

再说，你诸葛亮的模样高大英俊，可那也不能当饭吃。要是靠体力吃饭，你诸葛亮的身体也不怎么样，腿脚受过伤，还有风湿性关节炎。就这金玉其外败絮其中的条件，老黄家不说瞎了眼，也是把女儿往火坑里推呢！你还有什么委屈的呢？

还有人说，诸葛亮是受齐文化的影响过重，中了流毒。诸葛亮祖籍琅琊郡阳都县，乃春秋时齐国故地。他娶丑媳妇，是学齐宣王娶丑女无盐的典故。古今中外，爱江山更爱美人的政治家、军事家不乏其人，有道是"英雄爱美人"，历史上为了美人丢了江山的也大有人在。

单就诸葛亮娶黄承彦之女来说，应该说是他政治生涯的一个转折点。不说老丈人为女婿有一个锦绣前程竭尽全力，黄丑丫为日后蜀国军队科技进步作出贡献，单是通过与刘表、蔡氏集团的这种姻亲关系，诸葛亮至少可以经常接触荆襄地区的上层人士，洞悉天下大事和荆襄军政人物的动向，了解和掌握各个政治集团的利害关系，快捷地获取全国形势的资讯。

正因为有了这些便利条件，才让他对天下形势有了一个正确的估价，为刘备提出了重整河山“三分天下”的战略设想。

周瑜：心胸狭小不能容人是一种假象

一部《三国演义》让周瑜蒙受了难以洗刷的“不白之冤”，一代名将也几乎成为了嫉贤妒能、心胸狭隘的“代名词”。然而大量的史实告诉我们，周瑜并非我们传统印象中的样子，他的心胸狭小、不能容人更是一种人为的恶意的假象。《三国演义》刻意“贬低”周瑜，更多的是出于小说艺术的需要。罗贯中承袭了“帝蜀寇魏、尊刘贬曹”的创作思路，诸葛亮作为小说的第一主人公，作者当然会不遗余力地去烘托、渲染。为了突出诸葛亮，罗贯中不仅虚构了许多情节，还巧妙地“移植”了周瑜的功劳。比如，诸葛亮舌战群儒，智激周瑜，这才使得孙刘成功联盟共同抗曹；草船借箭，巧借东风，周瑜方能赤壁建功，否则就会“东风不与周郎便，铜雀春深锁二乔”了。对周瑜性格上的“恶搞”，也是为了映衬和对比诸葛亮，周瑜气量狭小、意气用事，方能显示诸葛亮的宽宏大量、沉稳老辣；周瑜处心积虑，诸葛亮则从容不迫；周瑜魔高一尺，诸葛亮就道高一丈。可叹！周大都督虽智勇兼备，但在诸葛亮面前，却总是捉襟见肘，生生地沦为了陪衬。

尽管《三国演义》里周瑜的“劣迹”已家喻户晓，但是，小说终究是文学艺术作品，不能等同于历史的真实，对于那个“声誉不佳”

的周瑜，我们不妨一笑置之。

周瑜幼年与孙策相识，结为生死之交。后孙策脱离袁术自立后，周瑜主动投奔孙策。在孙策平定江东的战争中起到了谋士和武将的双重作用，用计谋收服了太史慈。孙策平定江东后，周瑜任水军都督。公元200年，孙策早逝，临死前对孙权说“外事不决问周瑜”。孙权即位后，也十分信任周瑜。公元208年，孙权西征黄祖，周瑜立下了大功。公元208年，曹操南下，目标直指江东，孙权战和未定。周瑜及时从鄱阳湖赶回，正确分析了曹操远来的种种弊端，使孙权决定与曹操一战。周瑜身为水军大都督，用火攻之计大破曹操，这就是有名的赤壁之战。赤壁之战后，周瑜攻打南郡时中毒箭，但还是拼死取下了南郡。随后周瑜割长江南岸给刘备，但刘备至京口见孙权，要求得到整个荆州，孙权同意，因此周瑜只得退往柴桑郡养伤，在生病期间周瑜提醒孙权要提防刘备。公元210年，周瑜领兵攻打西川，行至巴丘城时箭伤发作，英年早逝，年仅36岁。孙权闻讯后，立即素服迎接周瑜灵柩回柴桑。

历史上的周瑜风姿英发，心胸广阔。东吴老将程普，早年跟随孙坚，自以功高，瞧不起年轻的周瑜。但周瑜并不与程普计较，最后使程普自己折服，程普说道：“与周公瑾交，如饮醇醪，不觉自醉。”到宋代时，世人还是很喜欢周瑜，这一点从苏轼的《念奴娇》一词中就可以看出。但到了元代以后，人们就逐渐对周瑜进行丑化，直到《三国演义》成书时，周瑜就完全成了另一个人了。这其中有一个很重要的原因就是周瑜和刘备的关系，周瑜一方面主动割长江南岸地给刘备，但这很大程度上是一种外交行为；另一方面周瑜又看出刘备的枭雄本色，不愿刘备一天天壮大，因此上书孙权，要求孙权将刘备软禁在京口（这就是《三国演义》中美人计的由来，但其实周瑜本人并未施美人计，孙尚香也是由孙权主动嫁给刘备的），但孙权不愿。在对刘备一方的态度上，周瑜和鲁肃采取了完全不同的方法，周瑜是激进派，而鲁肃则眼光看得更远。遗憾的是，千百年之后，这两个人都成为当时还默默无闻的诸葛亮的垫背人，周瑜成了心胸狭窄的代名词，而鲁肃则变成了一个老实得笨得出奇的人。

《三国演义》里的周瑜，大家都说是心胸狭窄的，气量很小，嫉贤妒能。这真是对《三国演义》最大的谬误！

大家看《三国演义》，周瑜与诸葛亮明争暗斗，孔明处处计高一筹，周瑜怀恨在心，必欲除之而后快，有些人就说《三国演义》把周瑜写的是气量狭窄。这是这本书表面上给我们的印象，但我们不能只看到问题的表面，要看到问题的实质！

客观来说，瑜亮之争不是个人之争，是国家之争，是各为其主、代表各自集团的利益之争。个人之争是名利之争，是小人之争，为各自集团之争是代表国家利益之争，是君子之争。瑜亮之争显然是君子之争，是站在各自集团利益的基础之上的斗争，所以显然他们之间的争斗不是为自己，是为各自集团的长治久安而进行的斗争，所以，周瑜欲除诸葛亮，是想为东吴减少一个潜在对手，而不是对诸葛亮之才在自己之上的小人的嫉妒心作祟。

这其中的道理，《三国演义》中都有交代，只是被太多的人无视罢了！改编自《三国演义》的94版电视剧，很好地领会到小说的这些思想，在周瑜死后诸葛亮前去吊孝，之前诸葛亮与赵云之间有一段对话——

子龙："周瑜去世，荆州少一劲敌，军师当高兴才是！况且那周郎心胸狭窄，几次欲置军师于死地。我听江南来人言，周瑜死前遥望江北，叹乎'既生瑜何生亮'，可见他对军师之恨，军师又何必伤感?"

诸葛亮："人言周公谨忌才妒能，非也！否则，当年他也不会叫我兄诸葛瑾劝我归顺东吴。可见周公谨并非忌我之智有胜于他，而是恨我之才不能为东吴所用。周公谨风雅超群，乃一代儒将。今壮志未酬，如星陨落，怎不令天下英雄同悲！"

可见《三国演义》里通过诸葛亮之口，高度评价了周瑜，也解释了他们两人之间的斗争的真谛，这就是站在集团利益基础之上的君子之争。在古代对于人才的争夺是残酷的，诸葛亮这样的大才对于当时的局势能起关键性的作用，这样的人才要是在友方那是大幸，要是对手那就是大麻烦，周瑜先派其兄诸葛瑾劝降不得，不得不采取非常手段——除之！正如诸葛亮所言“周公谨并非忌我之智有胜于他，而是恨我之才不能为东吴所用也”。后来的事实也证明诸葛亮的确给东吴带来了很多麻烦，不正说明周瑜有远见吗？

用现在的话说，周瑜是东吴集团里的“鹰派”，与他对应的是鲁肃的“鸽派”。“鹰派”人物的特点就是铁腕政策，通常的表现方式就是军事打击。周瑜欲对诸葛亮动刀也是“鹰派”惯用手法的一种表现。比如，在赤壁之战中周瑜用反间计通过曹操之手杀掉蔡瑁、张允也是一个实例，除去敌对阵营中对自己有威胁的人才，这跟欲除诸葛亮是同一个道理。不能说杀掉蔡瑁、张允二人是智谋体现，欲杀孔明就是心胸狭窄。

有时候你的对手才是最了解你的人，周瑜深知诸葛亮是狠角色，将来是东吴的大患，这是周瑜想杀诸葛亮的根本原因。他是为东吴的长远大计着想，用“鹰派”的思维和手段去消除心中所患、所虑，并不是通常所理解的“嫉贤妒能、心胸狭窄”。反之诸葛亮对周瑜的了解也很透彻、精准，如上面与子龙的对话。另外诸葛亮在祭奠周瑜的祭文中对周瑜做了高度评价，虽然这里有诸葛亮作秀的成分，但基本上道出了周瑜的平生贡献以及为人、品德。这些感动了所有东吴将士，包括孙权（孙权：“人曰孔明与公瑾不和，今观其祭奠之言，人皆虚言也！”）。周瑜推荐与诸葛亮私交甚笃的鲁肃接替自己的位置，而不是其他“鹰派”，由此看出，两位英雄相惜，心照不宣。何来有为私欲而除之的私念？

对众口一词的对《三国演义》的误解让人无奈，罗贯中对周瑜处处设有伏笔，只要细心领悟不难看出，我们不能只看到其表面，要站在他们所处的环境、所处的各自集团以及他们的出发点的角度来看待问题。

阿斗：并非烂泥扶不上墙

《三国志》中有这么一段记载，说诸葛亮对射君（身份不可考）称赞刘禅，射君又将这件事告诉了刘备，刘备很高兴。“说丞相叹卿智量，甚大增修，过于所望，审能如此，吾复何忧？勉之，勉之。”（刘备遗诏）意思是连诸葛亮都称赞刘禅“智量甚大”，比想象中聪明，我还有啥可担忧的？表示鼓励。诸葛亮不会阿谀奉承，刘备不会不识人，陈寿也不会弄虚作假，所以，刘禅绝不是像传统观念中那么无能。

诸葛亮在《与杜微书》中评价刘禅：“朝廷年方十八，天资仁敏，爱德下士。”

事实上：“后主任贤相则为循理之君。”

纵观历史，刘禅就任蜀汉皇帝共计 41 年，是三国时期所有领导人中在位时间最长的一个。其中，诸葛亮辅佐刘禅 11 年，在诸葛亮去世后，刘禅还在贤臣的辅助下做了 30 年的皇帝。在那个群雄割据的动乱时代，能执政这么久，刘禅肯定有其过人之处。

刘禅继承帝位时，年仅 17 岁。刘备临终前特意叮嘱：“汝与丞相从事，事之如父。”于是乎，“政事无巨细，咸决于亮”，所有的事情刘禅都“按丞相说的办”。对于大权独揽的诸葛亮，刘禅也做到了凡事谦让，“以父事之”。

后来刘禅年纪渐长，按照汉代朝廷的常规，诸葛亮应当逐渐地将大权交还给刘禅，让刘禅顺利“转正”，彻底摆脱“见习”皇帝的命运。可是，诸葛亮仍紧握大权。诸葛亮的理由也很简单，因为刘禅没有工作经验，没有治国经验，所以他才总揽全局。这让人不禁要问，刘禅现在是没有经验，你不给他实践的机会，他哪儿来的经验，他不是永远没经验吗？

诸葛亮带兵出外征战，对已年满22岁的刘禅依旧不放心，特派心腹董允为侍郎，统宿卫亲兵，“监管”刘禅。在诸葛亮的《前出师表》中，诸葛亮对刘禅的口气和语感，简直犹如一个严峻的父亲在冷酷地调教不懂事、不听话的孩子。

对这些，刘禅一让再让，不想引起国内的政治混乱。诸葛亮发动北伐战争，刘禅虽然不赞成，但还是为诸葛亮鼓劲加油。可以说，刘禅深知“君臣不和，必有内变”的道理，充分领会并严格执行了刘备的教导以及对长辈的尊重，更重要的是他团结了内部领导班子，保持了领导集团的稳定，这样最终得实惠的还是老百姓。难怪有人评价刘禅“后主之贤，于是乎不可及”，可见刘禅具有一个政治家宽容大度的胸怀。

刘禅不仅对诸葛亮宽宏大量，对其他大臣也是如此。比如魏延叛乱被杀，刘禅对于魏延没有一概否定，而是下旨：“既已名正其罪，仍念前功，赐棺椁葬之。”魏延作为其父亲最信任的将领之一，对他信任程度犹胜于马超，怎么会忽然叛乱？说白了，魏延的智慧不比诸葛亮的差，不过是刚愎自用，人际关系不好，诸葛亮逝世后，诸葛亮利益集团没人制服得了，所以被杀。刘禅以“既已名正其罪，仍念前功，赐棺椁葬之”来证明其志，这也一定程度上体现了他的智慧。毕竟阵前叛乱，可不是能以仁德和“念前功”就可以“赐棺椁葬之”的。

刘禅生活腐化时，学者谯周和老臣董允上书劝谏，刘禅最多也就是无可奈何，而不是一怒之下大开杀戒。后主刘禅可能是中国历代帝王里对大臣动刀较少的一个了，这点非常难得。

刘禅不仅有容人之量，而且头脑清楚，知人善用，有很强的分析能力，绝对不是弱智。刘禅专用诸葛亮来治国，就是他聪明的地方，虽然诸葛亮有穷兵黩武的问题，但是他治理蜀国的措施确实给蜀国带来了发展。所以即便在孔明死后，刘禅仍然继续延用诸葛亮的措施，甚至重用诸葛亮所选拔的人。

诸葛亮急于北伐，刘禅此时头脑非常清楚，他非常清楚魏蜀的实力根本不在一个水平线上，又不好直接反对，只能规劝诸葛亮说：“相父南征，远涉艰难；方始回都，坐未安席；今又欲北征，恐劳神思。”尽管诸葛亮执意北伐，没有听从刘禅的劝告，刘禅还是全力支持诸葛亮的北伐。诸葛亮死后，刘禅立刻停止了空耗国力、劳民伤财的北伐。

在人事任免上，刘禅也表现出过人的一面。鉴于诸葛亮生前权力太重，刘禅废除了丞相制。以费祎为尚书令和大将军，以蒋琬为大司马，两人的权力相互交叉，相互牵制，但又各有侧重。蒋琬以管政务为主，兼管军事；费祎以管军事为主，兼管政务，军政及内政大权不再同一人一把抓。这种新的政治格局安排，意味着刘禅决不允许再次出现“事无巨细，皆决于丞相一人”，而自己则大权旁落的尴尬局面。蒋琬死后，刘禅更进一步“自摄国事”。任官封爵，要刘禅同意；人事任免，要刘禅同意；出兵征讨，要刘禅同意，几乎所有的大事，都要刘禅同意。刘禅总统一切，直接掌管蜀汉政权达 19 年之久。这一系列举措，能是一位智商低的人想得出和做得到的吗？

《魏略》中还记载了这样的一件事：曹爽与司马懿争权被杀后，夏侯霸害怕受到株连而入蜀，刘禅亲自出迎。夏侯霸的父亲夏侯渊为老将黄忠所杀，刘禅安抚前来投降的夏侯霸时，说：“你父亲的遇害，非我先人所为。”一语带过之后，套近乎说：“我的儿子还是你外甥哩！”原来，刘禅之妻乃张飞女，而张飞之妻又为夏侯渊的从妹，所以刘禅才这么说。之后，刘禅对夏侯霸“厚加爵宠”。刘禅对夏侯霸的这一套怀柔拉拢的手段，即使其父刘备在世，大概也不过如此，足见刘禅绝非平庸之辈。

作为三国中实力最弱的一国君主，刘禅有自己的一套治国理念，绝对不是昏庸低能之辈。

历来各方专家对后主刘禅的评价一直囿于暗弱无能、贤愚不辨，其中最大的一个诟病就是不战而降、苟且偷安。

“乐不思蜀”一个词语让刘禅彻底被定格为一个反面人物，被认定是个没皮没脸的窝囊废，从而对其进行口诛笔伐。

话说曹魏兵围成都，刘禅心里很清楚，要是抵抗，士兵的伤亡一定会很大，而且很有可能招致曹魏屠城，让百姓遭殃。为了保全子民，刘禅在深思熟虑后，决定开门投降。刘禅投降后，北上到达洛阳，被封为安乐公。这样一来，刘禅多了一个卖国的骂名，却保全了百姓的生命财产，无论在当时老百姓来看，还是从当代历史学的角度来看，都应该是一件好事。对于刘禅不战而降，实乃“全国为上之策”。刘禅这样注重国人现实利益的政治家，与“打肿脸充胖子”的面子政治家所不能同日而语，他没有为一己私利而不断地鼓动老百姓为自己卖命。

亡国之后，作为亡国之君，不仅刘禅自家生命，而且蜀地百姓的幸福都掌握在人家手里。所以，刘禅必须装憨卖傻，处处隐藏自己的才能，才能瞒天过海，养晦自保。某个西方的著名文学家说过：“装傻装得好也是要靠才情的……这是一种和聪明人的艺术一样艰难的工作。”在刘禅表面的麻木和愚懦的背后，潜藏着过人的狡诈和机智。

刘禅降魏后，司马昭在一次大宴蜀国君臣时，特意令人奏起了蜀地音乐，以观察刘禅的反应。蜀国旧臣听后无不现出悲戚之容，只有刘禅一人不悲反笑，开心得不得了，活脱脱是一个缺心少肝、苟且偷安的皮相。司马昭当时就跟人说，一个人没有心肝怎么可以到这种地步！后来司马昭又去问刘禅，说你还想念蜀国吗？刘禅马上回答：“此间乐，不思蜀。”

“乐不思蜀”这个成语从此诞生。说完这个话以后，刘禅带来的一个旧臣就跑去找他说：“不能这样说呀，这样说实在太没心肝了，下回司马昭再问你，你就说，先人的坟墓在蜀国，我没有一天不想，然后把眼睛闭起来。”果然，不久司马昭再次问刘禅，说想念蜀国吗？刘禅说：“啊呀，先人的坟墓都埋在那儿，我没有一天不想。”司马昭说：“不对啊，这话我怎么听着不像你说的，像你某个大臣说的。”刘禅马上把眼睛一睁：“哎，对啊，就是他说的，就是他教我这么说的！”乍一看，刘禅的确是一副没皮没脸的嘴脸，而且无耻到了无可救药的地步。可细细一想，刘禅不如此回答又能如何？

司马昭若想杀刘禅，可谓易如反掌，身为阶下囚的刘禅，不可能不明白这一点，想要保全自己的性命，就必须让司马昭觉得他懦弱无能、不足为虑，而“此间乐，不思蜀”正是刘禅所释放的一个烟幕弹，给司马昭留下了“禅无忧矣”的印象，成功地保住了性命。在当时的环境中这是最为明智的选择，堪称上上之策。在这个问题上，刘禅实在是一个能称得起大智若愚的智者。

在“成者王侯败者寇”的主导文化氛围里，人们不愿意接受失败的英雄，似乎只有干得轰轰烈烈的人才是英雄。刘禅投降后在洛阳的一段表演，为他博得了“全无心肝”的臭名，从此“扶不起的阿斗”的帽子就牢牢地扣在了他的头上。

历史也好，现实也罢，你越是正着看，越看越是雾里看花，糊里糊涂；假若你颠倒过来，倒也能看出个一二来。在魏蜀吴三个集团中，刘禅领导的蜀国一直处于弱势，然而41年来，刘禅能知人善任，政权稳固，重现实轻面子，使百姓免受战争涂炭，要是阿斗真的扶不起，又怎能做到这一点？

综上所述，蜀汉皇帝刘禅有容人之量、头脑清楚、知人善任，而且，乐不思蜀并不等于没皮没脸，所以，刘禅并非烂泥。

狄仁杰：是神探更是名相

狄仁杰，这是一个中国老百姓早已耳熟能详的名字。他在人们心中的形象是武周一位断案如神、摘奸除恶的传奇神探。民间传说，唐高宗年间狄仁杰升任大理丞，他执法廉明，刚正不阿，兢兢业业。一年中判决了全国各地大量的积压疑案、难案，大约有15000多起。所有案件无一人诉冤，无一人对判决结果不满。一时间狄仁杰成为朝野推崇备至的断案如神、铲奸除恶的大法官。电视剧《狄仁杰》《神探狄仁杰》《神断狄仁杰》《狄仁杰前传》等，也更进一步起到了推波助澜的作用。

但是，事实并不是这样。照民间的说法，狄仁杰出任大理寺寺丞的时间大约在500天左右，差不多每天办理的案子大约30起，这以当时的社会条件办上万起案件是不可能的，况且还让案件相关人心服口服。首先，案件的审理需要大量的时间，一年多的时间内审理上万起案件，平均下来每天要审理30多件案子，这是非常大的工作量，在当时社会没有飞机、电话的情况下，根本不可能办到。其次，办案需要实地考察，在当时的社会里，在一年多的时间内要认真考察全国15000多个疑案、难案的案发现场，这是绝对不可能的；还有，办案需要传唤案件相关人，在一年多传唤上万起疑案、难案的相关人也是不可能的。

当然，民间对狄仁杰的传说自然是有夸张的成分在里面。关键是狄仁杰为何得到民间很高的评价。在真实历史上，狄仁杰是以廉洁勤政著称的清官，他是武则天最器重的宰相，是推动唐朝走向繁荣的重要功臣，可以说是“振兴武周、再造李唐”的第一功臣。

垂拱四年，博州刺史李冲起兵反对武则天当政，豫州刺史越王李贞起兵响应，武则天平定了这次宗室叛乱后，派狄仁杰出任豫州刺史。当时，受越王株连的有六七百人在监，籍没者多达5000人。狄仁杰深知大多数黎民百姓都是被迫在越王军中服役的，因此，上疏武则天恳请赦免这些人，武则天听从了他的建议，特赦了这批死囚，改杀为流，安抚了百姓，稳定了豫州的局势。

狄仁杰被唐高宗任命为侍御史期间，负责审理案件，纠劾百官。任职期间，狄仁杰恪守职责，对一些巧媚逢迎、恃宠怙权的权要进行了弹劾。调露元年，司农卿韦弘机建造宿羽、高山、上阳等宫殿。狄仁杰上奏章弹劾韦弘机引导皇帝追求奢泰，狄仁杰毫不留情地揭露其为非作歹的罪行，请求交付法司审理。后来，狄仁杰官迁度支郎中，唐高宗准备巡幸阳宫，任命狄仁杰为知顿使，先行布置巡幸途中的食宿。并州长史李冲玄为讨好皇帝，征发数万人为高宗开御道。狄仁杰坚持以简行事，如此大肆征派劳力，必然危害百姓，因此免除了并州数万人的劳役。

在彭泽令任内，狄仁杰勤政惠民。赴任当年，彭泽干旱无雨，百姓无粮可食，狄仁杰上奏疏要求朝廷发散赈济，免除租赋，救民于饥馑之中。万岁通天元年十月，契丹攻陷冀州。为了稳定局势，武则天起用狄仁杰为与冀州相邻的魏州刺史。狄仁杰到职后，让百姓返田耕作。契丹部闻之引众北归，使魏州避免了一次灾难。当地百姓歌颂之，相与立碑以记恩惠。

狄仁杰官居宰相之时，也正是武氏兄弟显赫一时、踌躇满志的时候。他们认为狄仁杰将是其被立为皇嗣的最大障碍。武氏兄弟欲根除后患，多次奏请武则天杀害狄仁杰，都被武则天拒绝。狄仁杰的社会声望不断提高。为了表彰他的功绩，武则天赐给他紫袍、龟带，并亲自在紫袍上写了“敷政木，守清勤，升显位，励相臣”十二个金字。久视元年，狄仁杰身患重病，即将不久于人世，武则天闻讯以后立即赶到狄仁杰病床前大哭一场，感叹道：“朝堂空也！”

狄仁杰一生为官清明，一心为国为民，神探的传奇故事只是民间对他的精神和功绩歌颂的一种方式而已。狄仁杰生前不仅是一位断案如神的大法官，更是一位爱国爱民的好宰相，推动当时社会极大进步的重要功臣。

唐伯虎：悲怆困厄更胜风流倜傥

唐寅，字伯虎，流传有一枚刻着“江南第一才子”的印章。他风流倜傥，才华横溢，传说中他有9个老婆，还扮成小书童混进华府带走了秋香。因此，坊间在“江南第一才子”的才子前又加上“风流”两字，成了“江南第一风流才子”。唐伯虎琴棋书画样样精通，不仅是吴中四大才子之一，还是明代四大书画家之一，诗书画三绝，几乎无人可及。

从冯梦龙的《唐解元一笑姻缘》开始，一直到周星驰的《唐伯虎点秋香》，似乎就注定了人们对唐寅这个明代才子“风流”的共识。风流才子属于很多人，而风流才子之冠却只能属于他——大明朝苏州的著名书画家唐寅！然而，他的风流却不同于李白狂傲不羁的风流，也不同于毛泽东“指点江山，激扬文字”的风流。他的风流是一种恣情凄凉的风流，他的风流是一种笑对苦难的风流，他的风流是一种历代封建社会草根文人满怀对社会无奈的风流。是的，就是这样。现在，让我们绕开在脑海中形成已久的唐解元拈花惹草、寻花问柳的那种放荡形象，还原一个历史中真实的唐寅。

“唐伯虎点秋香”的典故在民间可谓传播甚广。据研究者和唐寅的粉丝考证，历史上确有秋香此人，而且与唐寅生活的时代基本相符。历史上的秋香其实并不叫秋香，也不像巩俐那样是太师府华夫人最宠爱的丫环，当然她也更不是唐伯虎的某一任老婆。其实，秋香的原型是明代的江南名妓林奴儿，林奴儿之所以能够艳名远播，那是因为她不但容貌绝世，而且才气非凡，尤擅诗画，并且还和唐伯虎一样是吴门画派开山鼻祖沈周的学生。这也许是他俩唯一能够扯上关系的了。一个谦谦才子，一名盈盈才女，按常理来说，我们都很希望在接下来能够真的像野史中所说的那样有点儿什么故事发生。但是很失望，在唐伯虎还在他父亲唐广德的酒店里杀鸡的时候，林奴儿就已经从良嫁给了当地一位文人。并且，唐寅出生于公元 1470 年，而林奴儿则出生于 1446 年，比唐寅大了整整两轮。所以，所谓“典故”只是在杜撰而已。

唐寅先后娶过三个老婆，至于唐寅屋纳九美之说则是无稽之谈，仅仅是因为他的第三个妻子名叫沈九娘，而他正好又画过一幅《九美图》，于是，在传说中他就成了夜拥九美的布衣天子。

无论民间传说如何杜撰，都没有漏掉一点，唐寅是才子。正因为他是才子，所以才有人愿意去杜撰他。他的父亲唐广德属于明代资本主义萌芽的受益者，开了一家酒店，薄有资产，所以唐寅幼年生活还是很幸福的。和所有封建社会的小资产阶级一样，唐广德殷切希望他的儿子能够“朝为田舍郎，暮登天子堂”，金榜题名，光耀门楣。所以唐寅在幼年受到了良好的封建体制教育，他也非常聪慧，但却性情放诞，常有惊人的举止言行。16 岁那年，唐寅考中秀才，此后就一直工于书画，与好友祝枝山、张灵等未来的著名大书画家整日混在一起。但唐广德认为只有专心于科举那才是正道，看到自己的儿子这样颓靡，对于他来说是难以接受的。为了约束唐寅，在 19 岁那年，便为他娶了老婆，当然，在现在来说这属于早婚。果然如其父唐广德所料，婚后的唐寅开始有所收敛，不羁的心也开始逐渐回归到家庭，并且育有一子，日子倒也过得其乐融融。然而，幸福对于唐寅来说总是短暂的。

明弘治八年（公元 1495 年）唐寅 25 岁，这是改变唐寅一生命运的一年。在这一年，他连丧五位亲人，他父亲唐广德、母亲、妻子、幼子、妹妹，在这一年相继去世。这对于正沉浸在幸福生活中的唐寅来说，无疑是致命的打击！25 岁的他何曾经历过如此沉痛的灾难，最亲的人相继意外离去，“不幸多故，哀乱相寻，父母妻子，蹑踵而殁，丧车屡驾，黄口嗷嗷”，那是怎样的一种凄凉！一向诗风诙谐率然的他，在此时也写出了《白发》《伤内》等一系列流露着人间最为真挚婉丽情感、字字喋血的悼亡之诗。“清朝揽明镜，元首有华丝。怆然百感兴，雨泣忽成悲。”（唐寅《白发》）“凄凄白露零，百卉谢芬芳。槿花易衰谢，桂枝就销亡。迷途无往驾，款款何从将？晓月丽尘梁，白日照春阳。抚景念畴昔，肝裂魂飘扬。”（唐寅《伤内》）

此后的很长一段时间里，他陷入深深的自责和悲痛之中。幸好，他还有祝枝山、张灵、文徵明这样的好友在安慰着他，与他一起承受着这突然降临的灾难。

也就是在这段时间，唐寅才把自己的表字改为子畏。由于伯虎和白虎谐音，他不想做那妨人克亲的白虎星！丧失亲人的悲凄久久困扰着他，直到明弘治十一年，他才又背负起父亲临终前最后的夙愿，在张灵等人的鼓励下，参加了当年的乡试，并独占魁首，取得乡试的第一名——解元。明朝的科举考试分为乡试、会试、殿试，乡试的第一名叫做解元，会试的第一名叫做会元，而由皇上亲自主考殿试的第一名就是状元了。由于唐寅在乡试中力夺解元，春风得意，来自四面八方的恭维和祝贺，才使他逐渐从丧亲的悲痛中解脱出来。他又诗画双绝，很快就名震江南。经人介绍，他又娶了当地一乡绅的女儿做了续弦，性情才逐渐开朗起来。然而，站在世俗的角度理解，这段时间也是他人生最后的巅峰时刻了。命运的阴影在不远的将来，又一次向他悄然袭来。

不久，在乡试中成绩斐然的唐寅开始上京参加会试。在前去北京赶考的路上，他结识了同样来自江南的士子、富家公子徐经。徐经对唐寅十分仰慕，而且既有钱人也豪爽，很符合唐寅的性格。很快，他们就成为了莫逆之交。说徐经大家可能不太熟悉，但他的后代徐霞客却是声名远播。总之，唐寅就这样和富商徐经一路吃喝玩乐到了北京。因为徐经有的是钱，和其他士子不同，他带着唐寅和那些权贵高官们流连于花街柳巷。

那年主持会试的主考官叫程敏政，程敏政是当时朝中很有名望的大学士，翰林中有这样的说法："学问渊博程敏政，文章最好李东阳。"由于唐寅当时已经名声在外，程敏政也很赏识他的才华，就这样又凭着徐经和权贵高官们千丝万缕的关系网，他们二人竟然在"众目睽睽"之下前往程府拜访了程大学士。而且程敏政也破天荒地接见了他们，并且与唐寅长谈很久，至于究竟还做了其他什么，就只有他们三人知道了。徐经和唐寅也就罢了，要说这程敏政也的确在政治上不怎么成熟，也不想想你身为主考官居然接见了当科举子，全然不顾瓜田李下之嫌嘛。

程敏政为饱学之士，在这次考试中出的考题就偏难了一点儿，大多数举子都交了白卷，他们自然对这个出题的程敏政恨得咬牙切齿。然而程敏政却颇为得意，难倒了天下士子啊，在朋友圈中这是多么值得炫耀的一件事。

唐寅却不一样，以他的才华，程敏政这点儿小把戏自然难不倒他。唐寅不但答得很好，而且书法清丽，第一个就交了卷。不难想象，一群审卷的老学士们在一堆白卷中发现这么好的答卷是怎样惊愕的表情。连忙拿去给主考官看，程敏政一看，拈须微笑着说道："这准是唐寅的。"

他这么无意中一说，就改变了他自己以及唐寅和徐经三个人的命运。有道是说者无意，听者有心。尤其在钩心斗角的官场之中，更需要保持十二分的警惕。程敏政也是死读书读死书才在八股考试中脱颖而出的农村秀才，如前所述，他在政治上十分地不成熟，更何况还是当着那么多同僚的面说出这样的话，立刻就有人状告程敏政泄题。于是相关三人全被收监。此事为皇上所知后，非常震怒，责令一查到底，查到谁惩办谁，决不姑息。

唐寅是和徐经一块儿去程敏政家的，主办人员决定先查徐经。把徐经的卷子调出来之后，居然发现徐经也是对答如流。这个徐经还是有点儿才华的，否则也不可能考上举人。但是急于扳倒程敏政的办案者不管，认为这就够了，就等着你们供认不讳签字画押结案了。但在这一节上却遇到了麻烦，他们三人皆拒不招供。于是严刑拷打。在那个法制还不健全的封建社会，自然也没有不准刑讯逼供这一说。首先是徐经，他是富家子弟，禁不住板子，就招了，说是贿赂了程敏政的书童，把考题给偷了出来，但他不承认把题给了唐寅。就这一点来看，这个徐经确实还讲点儿义气。唐寅则不同了，稀里糊涂地就被抓进了监狱，还硬是严刑拷打逼着招供科考作弊了。对于他这种视清白高于性命的书生来说，是无论如何也不会就这么认下的。程敏政也是。

由于徐经的招认和他二人均无干系，案子就一直拖了下来。但这是皇上亲自下旨彻查的，不查个水落石出不会结案。于是，案子就这样一直拖到唐寅31岁那年，才被释放。但革除仕籍，发配浙江为吏。本来可以金榜题名的唐寅，却成了科场舞弊案的从犯。这是天下士子最为痛恨的事情，而心高气傲的唐寅竟然遇上了。虽然他没有作弊，但是没有人相信他的解释。面临“世人皆欲杀”的呼声，却没有人像杜甫那样站出来高喊“吾意独怜才”来给他一丝安慰。在之后他写给好友文徵明的信中这样描述了这段遭遇：

“……至于天子震赫，召捕诏狱，自贯三木，吏卒如虎，举头抢地，涕泪横集。而后昆山焚如，玉石皆毁；下流难处，众恶所归。缋丝成网罗，狼众乃食人……海内遂以寅为不齿之士，握拳张胆，若赴仇敌。知与不知，毕指而唾，辱亦甚矣！”

是啊，对于他唐寅来说，半睡半醒之间都应该能够对答如流高中榜首，又何齿于舞弊弄假！本来士气高昂、志在必得的唐寅，此时全然没有了那般高傲。他还有何面目再去面对南京的父老。不若死了算了，这样就可以不去浙江当那小吏，受那份屈辱。站在北京护城河边，他思绪万千，又想起了那年相继逝去的亲人。在饱含热泪准备纵身而下之时，他又迟疑了，自己这样，又有何颜面去见对他寄托着殷切期望的父亲唐广德！生也辱，死也羞。已经被牢狱生活和内心煎熬折腾的半人半鬼的唐寅只能选择逃避。

作为人生的又一个转折点，又一次打击，他妥协了。愤然出走，留恋于山水之间，自此开始了他辛酸的漂泊生涯，开始了他低调而又传奇的下半生。不再对仕途抱任何期望了，就这一点来说，他比李白明智多了。逃避只是一时，逃避不了一生。过了一段，他回到家乡之后，又深切感受到世态的炎凉，妻子离他而去，乡人冷眼相视，使他更加颓然。既然已经这样了，无可改变了。索性就放达一些罢，写写诗，画画画，也挺好。

桃花坞里桃花庵，桃花庵里桃花仙。桃花仙人种桃树，又摘桃花换酒钱。酒醒只在花前坐，酒醉还来花下眠。半醒半醉日复日，花落花开年复年。但愿老死花酒间，不愿鞠躬车马前。车尘马足贵者趣，酒盏花枝贫者缘。若将富贵比贫贱，一在平地一在天。若将贫贱比车马，他得驱驰我得闲。别人笑我太疯癫，我笑别人看不穿。不见五陵豪杰墓，无花无酒锄作田。

这首流传千古的《桃花庵》就是他给自己最大的安慰。

唐寅永远也没有入朝为官，最终也没有实现他父亲的期望。唐寅这多灾多难的一生，一个才华绝世的江南才子就这样在“阳间地府俱相似，只当漂流在异乡”的坦然中消逝。但由于他在诗歌和艺术领域的超凡成就，却也使他名垂青史了。五百年后的今天，谁又记得当年高中的举子和那些腐朽的八股文章……

纪晓岚：立身之地也要好风水

在民间，纪晓岚是一位才华横溢、忠直正义的人物，有关他的故事广为流传。他 31 岁中进士，入翰林院做庶吉士，继授编修，因为擅长词对而被乾隆留在身边，升为侍学士。但纪晓岚一生并未做过一天大学士，只是在临终前勉强做了一个月的协办大学士。纪晓岚一生著述甚丰，既有以官方身份主持编纂的《四库全书》《四库全书总目提要》等，也有以私人身份著述的《阅微草堂笔记》。纪晓岚入主四库馆，惨淡经营了13年，编纂的《四库全书》几乎囊括了乾隆以前中国历史上的主要典籍。正是因为主管如此浩大的编书工程，才使他青史留名。

纪晓岚小时候，正是鬼神之说盛行的时候，人们或多或少地相信，在这大千世界上，还到处游荡着一种人类以外又非动物的精灵。纪晓岚也深信世界上有鬼，但是鬼并不可怕，它们甚至可以像对待人一样对待他们。

据传在一个秋天的夜晚，纪晓岚在塾馆中读书到深夜，一个人打着灯笼去茅房。茅房早有一个人蹲在那里，在幽暗的灯光下，纪晓岚看不清那个人是谁，就问了一声："谁呀?""我是鬼。"蹲着的人低头说话。

纪晓岚听了一愣，看那鬼觉得也没什么可怕的，便笑着说了一声："鬼也会屙屎，没听说过。"那鬼低头不语。纪晓岚的灯笼没有地方放，看那鬼的大头顶平平的。于是，他就把灯笼往它头上一放，说道："你是个善鬼，这次你干点儿好事，给我顶会儿灯笼吧!"那鬼等纪晓岚解完手，把灯笼交还给他说道："你好大胆!"纪晓岚笑哈哈地摸摸鬼的头，说道："小鬼小鬼，你好，大头!"然后他又狡猾地笑道："小鬼儿，你为我顶灯笼，我也没什么可赏你的东西，就赏你块煎饼吃吧。"说着他就把一直捏在手中的那张刚才用过的手纸，塞进鬼的嘴里。鬼闻到一股臭味，明白塞进嘴里的是手纸时，嗥地大叫一声，跑出茅房不见了。

纪晓岚也不追赶，笑得腰都直不起来了。同窗的学童听到叫声赶来时，纪晓岚一走三晃地笑着，大家莫名其妙，回到屋中询问，都听得大笑起来。

纪晓岚祖籍是江苏应天府上元县，遵奉朝廷迁大户实畿辅的诏命，纪晓岚的父亲带领家人，千里迢迢奔向直隶。

从江苏到直隶，虽然仅隔山东一省，但人地两生，直隶又地面宽广，官府也未指定移民何处定居。途中，纪晓岚一家一直在盘算着，到哪儿去好呢？正当在没有主意的时候，在徐州遇上了一个算命的先生。纪晓岚立即来了兴趣，心想何不向他问上一问，请他给指个明路，心里有个实底。然而，当纪晓岚将要算的事讲明后，算命先生用手指掐算了一回，说道："你向前走吧，待见到车上树、牛上房的地方，那便是你安家落脚的地方。"这下子，可使得纪晓岚为难了。他想，车怎么能上树，牛怎么能上房呢？看来，这是算命先生在瞎蒙人了。可是，也无奈，只好这样走着看。纪晓岚跟随着全家人，越过山东境，便入了直隶界。经吴桥，过东光，穿越交河诸县，一路上都没有见到适宜的地方。

这天，他们全家进入了献县境内，来到了一个古镇。时当初夏，天色将午，一家人只好停车，来到一棵树的树荫下歇息。树荫下，坐着几个妇女，一边说笑，一边纺线。这儿是一个偏僻的地方，从来没有见过什么大官。今天忽然有位大官从这里路过，穿着奇异，车饰华丽，马铃摇脆，自然都感到新奇无比。于是，那些在田里做活儿的，在家里闲居的，无论是大人或是小孩，都跑到这里来看官儿。那些用纺车纺线的人怕人多踩坏了纺车，于是索性便把纺车举起，挂在这棵树的树丫上了。

碰巧，在这株大树北面不远的地方，有个由高向低的坡坎。一户穷人家，在那个坡坎处盖了一个房子。这房子一面利用坡坎挖掘成墙，一面再另砌新墙，上面盖上苫。由于前来看官儿的人多，再加上喧嚷声大，把正在附近吃草的一个牛犊吓惊了。那牛犊儿没处去，就沿着那个坡坎跑到了这家房顶上了。

这时，纪晓岚抬头一望，看见了摇挂在树上的纺车；一回身，又看见了跑上地窨子房顶的牛犊儿。于是，他心机一动，拉着父亲的衣袖说：“你看，这不是车上了树、牛上了房吗？咱们就住在这儿吧！”纪晓岚的父亲看了一看，接着又打量了一下这里的地形地貌，只见这里三面环河，一面着陆，交通豁达，树木繁茂，物产丰饶，真也是个好地方。于是便在这儿定居下来。古代的人都迷信风水，纪晓岚相信，就是家人选择的这一块“风水宝地”，才有了他以后的博学才华和高官厚爵。

清代文献中都有记载，纪晓岚是个大胖子，喜欢用大烟袋锅子。他大约从30岁以后开始发胖，身材偏矮，远远地望去犹如水桶一般。而纪晓岚的对头和珅，则是乾隆年间著名的美男子，精通满、汉、藏等多种语言，尤其擅诗文。乾隆用人不仅要能干的，还喜欢长得英俊的。

相貌丑陋却偏偏又碰上乾隆，所以即使他再才华横溢，也难得到真正的重视，只能以文字安身立命。纪晓岚只能做乾隆的词臣，而难以做乾隆的宠臣、重臣。他一生中两次任乡试考官，六次任会试考官，三次任礼部尚书，均是这种际遇的体现。这种官职并无重权、实权，只是大清朝廷的摆设而已。

即便是乾隆派他出任督察院，因判案不力，本应受罚，乾隆却说：“这次派任的纪晓岚，本系无用腐儒，本来只不过是凑个数而已，况且他并不熟悉刑名等事务，又是近视眼，他所犯的过错情有可原。”可见，皇帝并不对他寄予厚望。

有一次，内阁学士尹壮图指陈弊政，称各省督抚“声名狼藉，吏治废弛。我经过各省地方，问起官吏的好坏，人们都皱眉叹息，各省风气大抵皆然”。由于这些话惹恼了年事已高、再也听不进忠言的乾隆，结果军机大臣要将尹壮图拟斩。尹壮图之父尹松林与纪晓岚是同年进士，当纪晓岚打算为尹壮图求情时，乾隆勃然大怒，当即骂道：“朕以你文学优长，故使领四库书，实不过以倡优蓄之，尔何妄谈国事！”原来，皇帝让纪晓岚总纂《四库全书》，并不是真正把他当成独当一面的重臣。

"刘罗锅"：从清正刚直到圆滑世故

当下清宫戏盛行，刘墉也因此为人所知。不过，清宫戏向来有胡编乱造的成分，刘墉其人，早已被刻画得面目全非了。比如，关于"刘罗锅"的说法，便取自民间传说，似乎没有什么历史依据。我们知道，古人选贤为官，向来以"身言书判"为四要素，五官端正，且仪表堂堂，是选择的重要标准之一。后人在发掘刘墉墓时，发现其身高大约在 1.90 米以上，并不是一个矮小且驼背的糟老头子。当年，姜纬堂先生曾在《北京晚报》撰文《刘墉绰号"罗锅"考》，也说明过类似的观点。

刘墉（1719—1804 年），字崇如，号石庵。公认的清朝政治家和书法家。山东诸城逄戈庄（今属高密市）人。据史书记载，刘墉机敏绝伦、忠君爱民、刚正不阿，算是一个清官了。不过，刘墉之官居高位，似乎是与此无关的。应该说，刘墉平步青云，关键之处，仍是他的家庭背景决定的。因为，按现在的说法，他是一个不折不扣的"太子党"，其在官场之发达，显然是其家族、特别是其父亲影响力的结果。

其实，刘家在满清入关之后，已有数代为官的记录。刘墉的高祖父刘通，是明末秀才，清军入关时已归顺大清。刘墉的曾祖父刘必显在 1652 年参加清顺治年间的进士考试，一举考中，刘必显后任户部广西员外郎（清朝备选官员）。刘墉的祖父刘棨，则官至四川布政使，也是康熙年间著名的清官，曾入选《国朝循吏传》一书。刘棨的二哥刘果官至江南学政，相当于主管江南地区学生学习和参加科举考试的官员，类似于今天的教育厅厅长。

可以说，刘墉是在刘统勋的光环之下长大的。刘墉于清乾隆十六年（公元 1751 年）中进士。王培荀《乡园忆旧录》卷二记载："刘石庵相国，文正公子，幼即工书。殿试卷前十本进呈，已列第一，高宗皇帝欲得寒畯，遂拔吴云岩鸿居榜首，相国终以书法名天下。”据说，他当时考了第一名，不知何故，被皇上改为了第二。也有一说，是因为他个子太高了，常年读书，背看上去有点儿驼，这大概就是民间传说“刘罗锅”的由来。不知真假。

刘墉一年后即授编修，再迁侍讲，仕途看好。然而，其父刘统勋却出了问题。乾隆二十年（公元 1755 年）十月，时任陕甘总督的刘统勋因办理军务失宜下狱，刘墉也受株连。不过，乾隆皇帝最终网开一面，没有过多为难刘统勋，刘墉也因此“宽释”，被放到外地为官。比如，广西乡试正考官、安徽学政、江苏学政、太原知府、冀宁道台、江宁知府、江西盐驿道、陕西按察使等，都是地方官员而已。

公元 1773 年，刘统勋病故，刘墉回家服丧，“丁忧”三年。乾隆四十一年（公元 1776 年）三月，刘墉丧期满还京，他的仕途才予以改变。乾隆皇帝念刘统勋多年功绩，且察刘墉确实可用，诏授刘墉为内阁学士，入直南书房。十月，任《四库全书》馆副总裁。其间，刘墉既做京官，也在外地做过官，比如，江苏学政、吏部右侍郎、湖南巡抚等。乾隆四十六年（公元 1781 年），刘墉升为都察院左都御史。次年三月，仍入直南书房；不久，又充任三通馆总裁。刘墉亦查办了许多著名案件，比如“国泰案”等，他公正廉洁，既受皇上赏识，也受百姓爱戴。刘墉后被任命为吏部尚书，兼管国子监事务、工部尚书，仍兼署吏部，并充任上书房总师傅、直隶总督、协办大学士、体仁阁大学士等职，刘墉成了京官，进入中央任职了。

刘墉人生最大的辉煌，乃是在嘉庆朝查办和珅案。他同他的父亲刘统勋一样，成了皇帝的“枪杆子”，他们要处置的对象也是一样的，先朝重臣。

嘉庆四年（公元 1799 年）三月，刘墉加太子少保，后奉旨办理文华殿大学士和珅植党营私、擅权纳贿一案。刘墉奉旨查明和珅及其党羽横征暴敛、搜刮民脂、贪污自肥等罪行20条，嘉庆皇帝据此处死了和珅，并没收了他的家产。

众所周知，和珅之死，则在于嘉庆皇帝的不容，刘墉只不过是受命而行罢了。清宫戏中，刘墉与和珅较量的情节，似乎是没有什么依据的。因为，刘墉的官职和品位始终比和珅低一等，而且刘墉也一直没有机会与和珅较量。道理很简单，和珅一直在北京上班，而刘墉则一直在外地工作。他们同为军机大臣相处的时间，满打满算，也只有两年时间，他们俩见面机会就很少的，何来“争斗”一说呢？

相反，在和珅一案处理之中，刘墉甚至表现出宽容之心。其实，刘墉入京任职之后，他早已调整自己的为官处事策略，刚直方正不见了，滑稽模棱之风倒显现无遗。野史有说刘墉圆滑，比如，乾隆皇帝曾问刘墉：“朕属马的，你呢？”也属马的刘墉垂手说：“臣属驴。”乾隆惊奇：“朕属马，爱卿怎么属驴？”刘墉说：“万岁属马，臣怎能同属？只好属驴了。”其圆滑由此可见一斑。

嘉庆帝命刘墉处理和珅案时，各省督抚纷纷弹劾和珅，要求将其凌迟。不过，刘墉建议，和珅虽然罪大恶极，但毕竟是先朝大臣，请从次律，赐令自尽，保其全尸。同时，为防止有人借和珅案打击报复，避免案件扩大化，刘墉又及时向嘉庆帝建言，妥善做好善后事宜。结果，在处死和珅的第二天，嘉庆帝即发布上谕，申明和珅一案已经办结，借以安抚人心。刘墉是饱读史书之人，他自然明白，历史上的任何酷吏都是没有好下场的。

嘉庆九年（公元1804年）十二月二十五，刘墉在北京驴市胡同家中逝世，享年85岁。去世的当天，他还到南书房当值，晚上曾设宴招待客人，“至晚端坐而逝”。《啸亭杂录》记载，刘墉死时，其“鼻注下垂一寸有余”，暗合佛语中的解脱之意。如此看来，刘墉也算是无疾而终、寿终正寝、功德圆满了。

刘墉去世后葬于原籍，即今山东高密市注沟镇逄戈庄村。不过，早年墓碑被毁。文革之中刘墓曾被挖开，却没发现金银珠宝，仅有玉片一块。可见，刘墉为官清廉，也是确实的。前些年，山东高密市政府在原墓地重修刘墉墓，并为其立黑色花岗岩墓碑。有人据此感叹，写下诗一首，很贴切，抄录如下：少听刘公廉，半百吊石庵，千秋埋铮骨，长抱残玉眠。